国家社科基金
GUOJIA SHEKE JIJIN HOUQI ZIZHU XIANGMU
后期资助项目

刑事管辖权基本问题研究

Research on Basic Issues of Criminal Jurisdiction

王新清　著

中国人民大学出版社
·北京·

国家社科基金后期资助项目
出版说明

后期资助项目是国家社科基金设立的一类重要项目，旨在鼓励广大社科研究者潜心治学，支持基础研究多出优秀成果。它是经过严格评审，从接近完成的科研成果中遴选立项的。为扩大后期资助项目的影响，更好地推动学术发展，促进成果转化，全国哲学社会科学规划办公室按照“统一设计、统一标识、统一版式、形成系列”的总体要求，组织出版国家社科基金后期资助项目成果。

全国哲学社会科学规划办公室

作者简介

王新清，河南新野人，法学博士、教授。现任中国青年政治学院（中央团校）常务副校长、党委副书记。兼任教育部法学教育指导委员会委员、中国刑事诉讼法学研究会常务理事，中国人民大学法学院教授、博士生导师。

自本科开始，王新清就在中国人民大学法学院学习，先后获得法学学士、硕士和博士学位；历任中国人民大学法学院助教、讲师、副教授、教授，博士生导师。在中国人民大学法学院工作期间，曾任兼职律师十余年，参加过我国律师法的起草工作。2002 年 1 月起担任中国人民大学党委副书记、纪委书记，2007 年 7 月调入中国青年政治学院（中央团校）。

主要研究方向是刑事诉讼法学、律师学。曾经获得“宝钢教育奖”、“北京市青年优秀教师”、“中国人民大学十大教学标兵”，“北京市优秀党务工作者”等光荣称号，入选首届北京社科理论人才百人工程，2011 年获国务院政府特殊津贴。其撰著的法学教材《刑事诉讼法》获全国普通高校优秀教材一等奖、北京高等教育精品教材。其主持的《诊所式法律教育》被北京市人民政府授予教学成果二等奖。

撰写法学著作二十余部，发表论文数十篇。

目　录

导　论

一、研究的目的与意义

本书以马克思主义、中国特色社会主义理论为指导，研究国家刑事管辖权、特别行政区刑事管辖权、地区刑事管辖权以及国际组织刑事管辖权产生的理论依据，梳理出刑事管辖权的基本原则，努力建立一个刑事管辖权的理论体系，为解决刑事管辖权的国际、区际冲突，开展广泛的刑事合作，打击国际犯罪提供理论依据。

刑事管辖权问题在刑事法研究领域是一个重要的基础性问题，研究它对于建立科学、完整的刑事法律理论体系，完善刑事实体法和程序法，指导刑事司法实践具有重要的意义。长期以来，我国法学界对刑事管辖权的研究虽有不少成果，但系统、深入的研究还比较缺乏，一些影响司法实践的深层次理论问题还没有解决。当前，随着国际交往的增多，国家间刑事管辖权冲突越来越多，国际刑事合作中发生的争议问题也越来越多，这些冲突与争议大多都与如何确定国家的刑事管辖权有密切的关系。我国是一个多法域的国家，香港、澳门依照各自的基本法行使刑事管辖权，台湾当局事实上也对台湾地区发生的刑事案件行使管辖权。香港、澳门特别行政区不是一个国家，它们为什么能够对当地发生的案件行使刑事管辖权，需要从理论上厘清；特别行政区如何与内地建立合法、合理的区际刑事司法协助，也首先需要对其刑事管辖权进行准确定位；对台湾当局事实上拥有的刑事管辖权，也需要从理论上进行探讨，这有利于建立两岸司法协助，促进两岸关系的良性互动。随着国际刑事法院的建立和开展工作，它所拥有的刑事管辖权以及与国家刑事管辖权的关系，也需要进行深入的探讨。总而言之，开展对这个问题的研究，具有重要的理论意义和实践意义。

二、主要内容和观点

本书共有十三章，研究内容涵盖刑事管辖权理论的基本问题；国家、地区和国际组织刑事管辖权问题；区际刑事司法协助和国际刑事合作。

刑事管辖权理论的基本问题包括刑事管辖权的概念、属性、来源、内容、分类以及原则等范畴。以前，我国学者研究刑事管辖权，分别从国内刑事实体法和国际法两个角度入手。笔者认为这没有抓住它们的共同特征，是对“刑事管辖权”概念的人为割裂。笔者认为，刑事管辖权是指享有独立司法权的国家、地区和国际组织，根据国际法和国内法的规定，对国际或国内犯罪进行起诉、审判和处罚的权力。

刑事管辖权分别来源于国家主权、国家间签订的条约和对国家司法主权的合法分配或非法分割。刑事管辖权可以体现在立法层面和司法层面，但更多体现在司法层面。根据不同的标准可以对刑事管辖权进行不同的分类。国内外学者提出了许多刑事管辖权的原则。笔者认为，刑事管辖权的原则，实际上是国家、地区及国际组织确定管辖权的依据。对这种“确定刑事管辖权的依据”进行理论概括——即将其概括成若干原则固然重要，但探讨“确定刑事管辖权的依据”是否科学更为重要。在确定其刑事管辖权原则时，必须考虑维护国家主权、有利于打击犯罪和便利案件诉讼这三个基本要素。从这个思路出发，笔者认为刑事管辖权原则主要有“领域管辖原则”、“属人管辖原则”、“保护管辖原则”和“普遍管辖原则”。

笔者认为，国家刑事管辖权是刑事管辖权体系中最主要的内容，是其他刑事管辖权的基础。与地区刑事管辖权、国际组织刑事管辖权相比，国家刑事管辖权具有独立性、完整性和广泛性等属性。国家刑事管辖权包括刑事立法权、刑事司法权（含刑罚执行权）。国家刑事管辖权的政治渊源是国家主权，法律渊源是宪法、刑法等国内法与国际法。刑事管辖权作为国家司法主权的重要组成部分，理应得到国际社会的尊重。因此，国家刑事管辖权的实现一般来说是有保障的。但是，事物都是一分为二的。在一些国家，由于存在一些客观原因，其刑事管辖权往往不能得到完全实现，对一些特殊种类的犯罪，不能适用。笔者将这种情况称为“国家刑事管辖权的阻却”。国家刑事管辖权的阻却，是指国家的刑事管辖权因为受到客观因素的阻挡而退却，不发挥它应有的效力。国家刑事管辖权的阻却表现为不对特定的犯罪起诉、审判和处罚，但不表现为不对这些案件立案、侦查或采取其他临时性的措施。

地区刑事管辖权包括“法定地区”的刑事管辖权和“事实存在地区”的刑事管辖权。香港、澳门与台湾一样，都是中华人民共和国的一部分，但目前台湾地区的刑事管辖权与香港、澳门享有的刑事管辖权是不同的。香港、澳门的刑事管辖权，是中华人民共和国最高权力机关——全国人民代表大会通过制定法律授予它们的，是中华人民共和国刑事管辖权的一个组成部分，属于一种对国家刑事管辖权的合法分配。台湾目前具有的刑事管辖权，没有法理根据，没有主权基础，属于一种“事实存在”的刑事管辖权，是对国家刑事管辖权的非法分割。

特别行政区刑事管辖权是特别行政区独立司法管辖权的组成部分，这是一种整体性质的权力，具有自始至终、独立自主地处理特别行政区刑事案件的效力。特别行政区刑事管辖权是国家刑事管辖权的组成部分，是国家刑事管辖权的体现。我国最高权力机关——全国人民代表大会根据《宪法》的规定，通过颁布《香港特别行政区基本法》和《澳门特别行政区基本法》，授予香港、澳门特别行政区刑事管辖权，体现了全国人民的意志，是一种独立自主的主权行为，是将国家刑事管辖权在特别行政区的依法分配。特别行政区的刑事管辖权服从、服务于国家的刑事管辖权，不得与国家的刑事管辖权相抵触。各特别行政区的司法机关在特别行政区之内，依照法律管辖刑事案件，是在特别行政区实现国家的刑事管辖权。本书根据我国的宪法、特别行政区基本法以及香港、澳门各自的法律，对特别行政区刑事管辖权原则、特别行政区刑事管辖权的阻却进行了分析和论证。

特别行政区与内地以及相互之间刑事管辖权的冲突（以下简称“三地刑事管辖权的冲突”），包括两种情况：一是三地或三地中的两地对同一个刑事案件竞相行使刑事管辖权；二是三地对同一个刑事案件都不行使刑事管辖权。三地刑事管辖权的冲突包括三个层次。第一个层次是“法律上的冲突”，第二个层次是“实际上的冲突”，第三个层次是“观念上的冲突”。实际上的冲突如果处理不好，不仅不能很好地打击犯罪，而且可能影响内地与特别行政区的政治关系。本书在研究了三地刑事管辖权冲突的成因和主要特征后，提出了解决我国三地刑事管辖权冲突的原则。笔者认为，解决我国三地刑事管辖权的冲突，必须以我国宪法、特别行政区基本法为依据，坚持“有利于打击犯罪、维护三地社会秩序原则”、“犯罪地管辖为主、居住地管辖为辅原则”和“先理优先原则”。解决三地刑事管辖权的冲突，涉及国家刑事管辖权在三地的分配，属于国家的主权行为，除了国家最高权力机关外，哪一个机关和地方政府都不得为之。所以，通过全国人民代表大会制定法律来协调三地刑事管辖权的冲突是唯一的办法，舍此并无他途。在研究了三地刑事管辖权冲突之后，笔者对香港、澳门、内地区际刑事司法协助的概念、特点、途径、原则和基本内容进行了分析和论证。

台湾地区的刑事管辖权是一种“事实存在”，其内容由台湾“刑法”及其他关系法规规定。根据台湾“刑法典”的规定，台湾的刑事管辖权包括“属地管辖权”、“属人管辖权”、“保护管辖权”等内容。在台湾地区与祖国大陆统一前，海峡两岸客观上是两个刑事管辖权并存的局面。随着人民交往日益频繁，发生一些涉及两岸的刑事案件或者此岸犯罪嫌疑人潜逃到对岸，是产生刑事管辖权冲突的实际因素，海峡两岸司法机关对一些涉及海峡两岸的犯罪都主张刑事管辖权，是刑事管辖权发生实际冲突的关键因素。协调这种冲突的前提，是要在一个中国的原则下承认两岸“分治”的现实，并在一定程度上承认对方的法律和刑事管辖权。在“一个中国”和承认对方刑事管辖权的前提下，考虑到两岸政治对立的现实，只能按照“犯罪地管辖原则”和“实际控制原则”，对刑事管辖权进行大体的划分，以有限协调刑事管辖权的冲突。

国际组织刑事管辖权包括国际特设刑事法庭管辖权和国际刑事法院管辖权两类。国际特设刑事法庭是国际社会专门为某一事件或者某一地区设立的起诉、审判和惩处严重违反国际法、国际惯例犯罪的刑事司法机构。迄今为止，国际社会特设的国际刑事法庭共有四个：欧洲国际军事法庭、远东国际军事法庭、前南斯拉夫国际刑事法庭、卢旺达国际刑事法庭。欧洲国际军事法庭和远东国际军事法庭是第二次世界大战后设立的审判德、日主要战争罪犯的法庭。笔者认为，这两个国际军事法庭的审判，不是胜利者对战败者的审判，而是战争中受害的国家和人民对侵害国犯罪集团和犯罪分子的审判。国际军事法庭的刑事管辖权，是受侵害国家刑事管辖权的联合，它来源于战争受害国家的“属地管辖权”和“保护管辖权”。前南斯拉夫国际刑事法庭的设立，是特殊情况下的无奈选择，是处理前南各国武装冲突、维护地区和平的权宜之计。前南斯拉夫国际刑事法庭管辖权的正当性基础是：“前南斯拉夫境内发生了大量的违反国际人道主义法的事件”；“前南斯拉夫社会主义联邦共和国及其冲突后纷纷独立的国家不能管辖、不愿管辖”；“联合国安理会依照《联合国宪章》设立前南斯拉夫国际刑事法庭”。笔者认为，建立卢旺达国际刑事法庭的正当性是存在的。

理由是：第一，国际刑事法庭具有现实的必要性；第二，在联合国宪章中也能找到一定的法律依据；第三，有卢旺达国家的请求。在“地球村”已然形成的今天，为维护国际社会秩序，打击危害人类共同利益的犯罪，有必要成立国际刑事法院来严密法网，弥补以前控制犯罪存在的漏洞。笔者认为，国际刑事法院的刑事管辖权具有一定的正当性，但《罗马规约》对国际刑事法院管辖权的规定存在制度性的缺陷，容易被西方少数国家所操纵。应当对国际刑事法院的管辖权进行重新规制，使其体现公平和公正。我国应当派员参与国际刑事法院，这样才能防止国际刑事法院沦为西方霸权国家欺凌弱小国家、破坏国际和平的工具。本书对国际组织刑事管辖权的渊源、内容、存在依据、遵循原则以及它与国家刑事管辖权的关系进行了深入的探讨。

刑事管辖权的国际冲突表现为国家与国家之间、国家与国际组织之间在行使刑事管辖权方面所发生的竞合或者“盲区”。在国际社会，刑事管辖权发生实际冲突的表现形式有两种：“审前争管”和“重新起诉”。国际刑事管辖权的冲突是大量存在的，而目前又缺乏协调刑事管辖权冲突的有效机制和手段。笔者认为，国际刑事管辖权的冲突属于国际争端，应当通过协商对话来解决。协商对话的途径包括“事后协商”和“事前协商”两种。所谓“事后协商”，是指在国际刑事管辖权冲突发生以后，由有关各方就由哪一方实际行使刑事管辖权来进行磋商。“事前协商”是指在刑事管辖权还没有发生冲突的情况下，有关各国就今后可能出现的刑事管辖权冲突达成协议，当刑事管辖权冲突发生时，依照协议执行。“事前协商”有三种途径：(1) 有关国家签订刑事司法协助协议时，增加协调刑事管辖权冲突的条款。(2) 今后制定惩治国际犯罪的公约，应该在规定哪些国家有刑事管辖权之后，明确有刑事管辖权的数个国家行使刑事管辖权的先后顺序。(3) 由国际社会制定专门的协调刑事管辖权冲突的公约。

刑事管辖权和国际刑事合作有密切关系。刑事管辖权的合理界定是广泛开展国际刑事合作的基础，国际刑事合作是国家、地区、国际组织实现刑事管辖权的必由之路。笔者认为，把刑事诉讼从一个国家转移到另一个国家，首先转移的是刑事管辖权。因此，把这种国际刑事合作称为刑事管辖权的转移更为准确。刑事管辖权的国际转移，是国家司法主权转让的一种表现形式，它产生了新的刑事管辖原则。这种深层次的国际刑事合作需要深厚的国际政治关系基础。本书还对国际刑事合作、刑事管辖权国际转移的有关问题，进行了系统的探讨。

三、创新之处与学术价值

本书的创新之处有：第一，全面系统地论述了国家、地区和国际组织的刑事管辖权，对建立刑事管辖权理论体系进行了有益的尝试；第二，对刑事管辖权的来源及法律渊源进行了新的概括；第三，提出了国家刑事管辖权阻却的理论；第四，系统论证了特别行政区刑事管辖权的有关问题，提出了协调特别行政区与内地刑事管辖权冲突的新建议；第五，对欧洲国际军事法庭、远东国际军事法庭管辖权进行了新的解释；第六，对重构国际刑事法院管辖权提出了建议。

本书理论联系实际，将对完善我国的刑事管辖权理论，建立国际刑事管辖权秩序，完善大陆与港、澳、台地区刑事管辖权冲突的协调制度，推动国际和区际刑事合作的深入发展提供理论指导。

第一章　刑事管辖权理论的基本范畴

一、刑事管辖权的来源

什么是刑事管辖权？我国学者对此尚无统一的认识。研究国内法的学者从刑法的角度对刑事管辖权下定义，认为刑事管辖权“通常在以下两种含义上使用：第一，根据主权原则国家所享有的对其主权权力范围内所发生的一切刑事犯罪进行起诉、审判和处罚的权力，这是从动态的角度对该词所作的概括；第二，是指国家刑事实体法律运用的地域和主体的法定范围，这是从静态的角度对刑事管辖权所作的概括。”① 研究国际法的学者从国际法的角度对它下定义，认为刑事管辖权“就其性质来说，可分为两类：一类是国际法承认的、根据国内法行使的刑事管辖权。这类刑事管辖权的对象是国内的犯罪行为。对这类犯罪行为行使管辖权，是国家主权的一项主要内容……另一类是根据国际法和国际条约行使的刑事管辖权。这类刑事管辖权的对象是国际犯罪行为。规定这类犯罪行为的定义，以及对它们的起诉和惩罚，是国际刑法的组成部分。”② 从不同的角度来说，上述两种定义都是正确的，但它们也都存在一定的缺陷。首先，这两个定义都比较冗长，没有对刑事管辖权作一个简明扼要的概括；其次，国内刑法中的刑事管辖权和国际法中的刑事管辖权，有共同的本质属性，上述两个定义，没有抓住它们的共同特征给刑事管辖权下一个统一的定义，而是分别从国内刑法、国际法的角度下定义，这在某种程度上是对“刑事管辖权”概念的人为割裂。国家的刑事管辖权应该是统一的，只是分别体现在国内法律和国际法律当中。

---

① 高铭暄主编：《刑法学原理》，1版，第1卷，276页，北京，中国人民大学出版社，1993。

② 林欣：《国际法中的刑事管辖权》，1版，2页，北京，世界知识出版社，1999。

从上述两个定义，我们可以看出，刑事管辖权是一种针对犯罪的权力，这种权力的内容是对犯罪的起诉、审判和处罚。从目前国际社会起诉、审判和处罚犯罪的司法实际情况来看，只有享有独立司法权的主体才有起诉、审判和处罚犯罪的整体权力。因此，所谓刑事管辖权，是指享有独立司法权的国家、地区和国际组织，根据国际法和国内法的规定，对国际或国内犯罪进行起诉、审判和处罚的权力。

刑事管辖权首先来源于国家的主权。

主权（soverelgnty）一词，源于拉丁文“super”和“superanus”，其含义有个演变的过程。近代意义上的主权概念，最早由法国政治思想家J. 博丹提出。他在1557年发表的《论共和国》一书中，认为主权是国家的特殊属性，是国家区别于其他集团的标志，它意味着最高的、绝对的和永久的权力，具有不可分割和转让等特点。法国著名的思想家卢梭，在其1762年发表的《社会契约论》中也指出，主权是公共意志的运用，是一个政治体所享有的超乎其各成员之上的绝对权力，所以主权是至高无上的，是不可让与、不可分割和不可侵犯的。从现代政治学、法学的观点看，“主权是一个国家固有的，是指它在国内的最高权力和国际上的平等权和独立权。也就是说，它的领土神圣不可侵犯，在其领土范围内国家具有独立自主地处理自己的内外事务、管理一切人和物的权力。”① 从以上论述可以看出，主权是国家最根本的权力，它是国家最高的、也是最原始的权力，它在国内和国际上都具有排他性。“没有一个国家对其他国家拥有最高的法律权力和权威，而各国一般地也不从属于其他国家的法律权力和权威。”② 拥有主权的国家，可以独立自主地在它的领域内，针对它的人民制定法律，进行行政管理和司法管理，因此，国家主权通常表现为独立的立法权、司法权和行政权。司法权也称为司法管辖权，刑事管辖权是司法管辖权的重要内容。

一个国家根据主权对刑事案件行使管辖权，往往通过制定本国的宪法、法律的形式进行规定。在国家制定的刑法中，一般都规定国家对发生在其领域内的案件具有管辖权。如《中华人民共和国刑法》第6条规定：凡在中华人民共和国领域内犯罪的，除法律有特别规定的以外，都适用本

① 陈志尚：《霸权主义的理论根据——评所谓“人权高于主权”》，载《新华文摘》，1999（8）。

② ［英］詹宁斯、瓦茨修订：《奥本海国际法》，1卷，1分册，94页，北京，中国大百科全书出版社，1995。

法。凡在中华人民共和国船舶或者航空器内犯罪的，也适用本法。犯罪的行为或者结果有一项发生在中华人民共和国领域内的，就认为是在中华人民共和国领域内犯罪。”德国刑法第 3 条规定：“德国刑法对于国内之犯罪适用之。”瑞士刑法第 3 条规定：“本法适用于瑞士国内所犯之罪。”奥地利刑法第 62 条规定：“奥地利刑罚法规，适用于一切在奥地利境内所为之犯罪行为。”日本刑法第 1 条规定：“本法不论何人于国内犯罪适用之。在日本国外之日本船舶或日本航空机内犯罪者，亦同。”

刑事管辖权是国家主权的组成部分，国家主权是神圣不可侵犯的，在国际关系方面，主权具有独立性和平等性的特征，因此，基于国家主权的刑事管辖权也具有神圣不可侵犯的特性。一个国家在本国领域内行使刑事管辖权，理应得到他国的尊重，他国不得干涉。干涉他国的刑事管辖权，会对他国主权造成严重的侵害，它不仅破坏国与国的关系，而且扰乱国际社会秩序，造成国际社会和有关国家国内的局势动荡。

刑事管辖权其次来源于国家间签订的国际条约。

一个国家对在本国领域内发生的刑事案件、对本国公民实施的刑事案件以及针对本国或者本国公民实施的刑事案件进行司法管辖，那是基于国家的主权，这是毫无疑问的，任何国家对此都应当予以尊重，不得无端干涉。但是，当一个国家对上述三种刑事案件以外的刑事案件进行管辖，比如，甲国对在其境内发现的在乙国贩毒的丙国公民进行起诉和审判，根据的是什么呢？这不是根据国家的主权，因为它的主权不可能及于乙国境内，也不能及于丙国的公民。如果甲国声称根据其主权管辖该刑事案件，就是对乙国、丙国主权的严重侵犯。甲国对该案件进行刑事管辖，只能根据国家间签订的国际条约。

近现代以来，随着交通运输条件的不断改善，各国人民之间的来往非常方便，跨国犯罪、国际犯罪也随之不断增多。如果各国固守刑事管辖权的主权原则，很多国际犯罪就不能受到打击。为了维护人类的共同秩序，保护国际社会的共同利益，国家间签订、缔结了一系列国际条约或者国际公约，规定了缔约国对国际犯罪、跨国犯罪的管辖权。如 1970 年 12 月 16 日在海牙签订的《制止非法劫持航空器公约》第 4 条规定：“一、凡属下列情况，各缔约国应采取必要措施以确立其对犯罪，以及与犯罪有联系的所称案犯以暴力侵害旅客与机组人员的任何其他行为管辖权；（甲）在该国登记的航空器上发生犯罪；（乙）机上发生犯罪的航空器在该国降落，而所称案犯仍在机上；（丙）在不带机组人员的租用航空器上发生犯罪，而承租人的主要营业地在该国，或者承租人无这类营业地而其永久居所在该国；二、凡在其境内发现所称案犯的缔约国，不按第八条将该人引渡给本条第一款所列的任一国家者，同样应采取必要措施以确立其对犯罪的管辖权。三、本公约不排除依本国法行使的任何管辖权。”根据这个条约的规定，凡是缔结了海牙公约的国家，发现了某一个劫机案件的犯罪嫌疑人，尽管这个人不是本国人，也不是在本国犯罪，也不是针对本国的飞机和公民犯罪，也可以对他行使刑事管辖权。这种刑事管辖权的根据是海牙公约。为了惩治根据国际条约而行使刑事管辖权的国际犯罪，很多国家在它的刑法典中，都规定有根据承担的国际条约义务对某些犯罪行使管辖权的条款。例如，《中华人民共和国刑法》第 9 条规定：对于中华人民共和国缔结或者参加的国际条约所规定的罪行，中华人民共和国在所承担条约义务的范围内行使刑事管辖权的，适用本法。

除了国家依据国际条约对国际犯罪行使管辖权外，国际组织也可以根据国际条约对国际犯罪行使刑事管辖权。例如，第二次世界大战后欧洲国际军事法庭对轴心国首要战犯的审判，就是依据 1945 年 8 月 8 日苏、美、英、法四国政府在伦敦缔结的《关于对轴心国首要战犯起诉和惩处的协定》(简称《伦敦四国协定》）来行使刑事管辖权的。再如，国际刑事法院在 2002 年 7 月 1 日以后对一些国际犯罪行使刑事管辖权，也是根据 1998 年 7 月 17 日罗马外交官大会通过的《国际刑事法院规约》。

刑事管辖权的第三个来源是对国家司法主权的合法分配。

一个国家的司法主权不可以被别国分割，否则构成对该国家主权的侵犯。但是，一个国家可以根据其宪法和法律，对自己的司法主权在本国的不同法域间进行分配。例如，联邦制的国家允许组成国家的“邦”对一定的案件行使独立的司法权和终审权。非联邦制的国家也可以通过立法，赋予一些地方政府在一定的时期内享有独立的司法权和终审权。例如，根据中英两国政府签署的关于香港问题的联合声明，确认中华人民共和国在 1997 年 7 月 1 日恢复对香港行使主权后，按照“一个国家，两种制度”的方针，建立香港特别行政区，不在香港实行社会主义制度，50 年不变。《中华人民共和国香港特别行政区基本法》第 2 条规定：全国人民代表大会授权香港特别行政区依照本法的规定实行高度自治，享有行政管理权、立法权、独立的司法权和终审权。《中华人民共和国澳门特别行政区基本法》也有类似的规定。中国的香港特别行政区和澳门特别行政区享有的独立的司法权和终审权，就是对中国司法主权的依法分配。这种分配，是主权国家自主自愿的，它由该国的最高权力机关依照国家的宪法、法律来进行，它是一种有秩序的分配。从理论上讲，主权国家可以根据人民的意志，通过正当的立法程序改变或取消这种分配。

刑事管辖权的第四个来源是对国家司法主权的强行分割。

国家的司法主权除了存在依法分配外，有时还可能被“非法分配”或者称为“强行分割”。这种情况是指一个国家的某一个政治集团，用武力控制了一定的地域，对该地域实施了有效的控制，在较长的时间内，对该地域的刑事案件行使起诉、审判和处罚的权力。这包括两种情况：第一，旧的中央政府在全国范围内被推翻，但还用残存的武力控制一定的地区，对控制区按照旧政府的“法统”行使刑事管辖权，这属于旧政府刑事管辖权的事实延续；第二，国内出现了武装割据的政治集团，这个政治集团没有宣布成立一个国家，或者虽宣布成立了“国家”，但是没有得到国际社会的广泛承认，还没有成为国际法主体。这种政治集团控制的地域，通常称之为“地区”。如果这种“地区”存在的时间足够长，这种政治集团可能对控制的地区行使事实上的刑事管辖权。例如，目前被台湾当局控制的台湾，就属于第一种情况。在“地区”存在的“政权”，由于没有得到国际社会的广泛认同，它并不具有主权，但是由于它的实际控制，在一定的时期具有事实上的“独立司法权”。国家对其领域内的“地区”，从国际法的角度看是享有主权的，但是，国家无法对该“地区”发生的案件行使司法权。对于这些“地区”具有“独立司法权”的情况，有的国家从事实上加以承认，而有的国家则置之不理，依然宣称对这些“地区”行使名义上的司法权。不论国家对这种情况采取什么态度，“地区”对其境内发生的刑事案件行使司法权则是客观事实，在“地区”存在的期间，国家无法对这些案件行使刑事管辖权；在“地区”被国家统一后，国家也不可能对“地区”存在期间发生的所有刑事案件重新进行起诉、审判和处罚。因此，“地区”的“独立司法权”是一种客观的事实。

从刑事管辖权的来源可以看出，国家主权仍然是其最具有决定性的因素。因为国家刑事管辖权来源于国家主权，合法存在的地区刑事管辖权来源于国家主权的合法分配，国际组织的刑事管辖权是在有关国家通过签订条约对其司法主权主动让渡的基础上形成的。没有国家主权发挥作用，合法存在地区的刑事管辖权和国际组织的刑事管辖权都不能存在。

从司法层面而言，刑事管辖权包括三项内容：对刑事案件的起诉权、审判权和处罚权。起诉权是指依法对刑事犯罪提出控告，要求行使审判权的国家机关（国际组织）对犯有罪行的人进行审判，并处罚犯罪人的权力。对犯罪的控告和追诉，伴随阶级、国家的产生而产生，发展至今已有几千年的历史。在不同的历史时期，或者在不同的国家，对于如何起诉犯罪，由国家的哪个机关行使起诉权以及是否允许公民直接起诉犯罪，是有不同规定的。但是，无论起诉权的行使方式如何不同，其中有一点是相同的，它们都是由国家（地区）① 通过立法来决定起诉制度的。"在不同的历史时期，统治阶级为更好地维护自身利益和统治秩序，均以法律的形式对怎样对犯罪进行追诉和控告作出规定。"② 因此，从整体上说，享有独立司法权的主体，才拥有真正的起诉权。审判权是指对案件所拥有的审理和裁判的权力。在一个国家内部，审判权如何行使，由哪些机关行使可能各不相同，但从世界法制发展的历史来看，审判权都是由国家（地区）机关和国际组织行使的，它属于一种公权力，不允许私人或者民间组织拥有。国家（地区）可以通过立法来分配它所拥有的审判权。处罚权是指对犯罪分子确定刑罚并实施惩罚措施的权力。它包括国家（地区）在法律中确定刑罚种类和刑罚幅度以及对具体的犯罪分子量刑和行刑的权力。一个国家（地区）内的某一个法院可能具有对具体的刑事案件的量刑权和行刑权，但是，法院不可能具有对犯罪的完整的处罚权。只有国家、地区和国际组织才有整体意义上的对犯罪的处罚权。

起诉权、审判权和处罚权构成了刑事管辖权的完整内容，它使得国家（地区）和国际组织具有了对其管辖的刑事案件进行起诉、审判和执行刑罚的系统权力，保证了处理刑事案件的完整性和独立性。缺少了任何一项内容，刑事管辖权都将是不完整的，国家的司法主权都将受到侵害。

对刑事案件的侦查权并不是刑事管辖权的必有内容。侦查权是一种查明案件事实、收集证据、查获犯罪嫌疑人的权力，侦查是为起诉服务的，但侦查并不必然引起起诉程序。有的案件经过侦查，发现犯罪嫌疑人的行为不构成犯罪，就要撤销案件，不对犯罪嫌疑人提起控诉；有的虽构成犯罪，但本国（地区）对它没有刑事管辖权，在他国（地区）的请求下，可能将该案件移送给有管辖权的国家（地区）去处理。因此，在这里，侦查权是一种可以相对"独立"存在的权力。而起诉、审判和处罚则不同。对

① 国际组织起诉犯罪的方式，有时也由参加相关条约的国家共同决定。比如，在纽伦堡审判和东京审判中，对哪些战犯进行起诉，是由组成法庭的国家共同确定的。

② 卞建林：《刑事起诉制度的理论与实践》，2页，北京，中国检察出版社，1993。

刑事案件提起控诉后，审判是必然的，而且审判机关只能由本国（地区）有关法律规定的法院来充当，不可能由他国（地区）的法院来充当。审判后，多数案件被告人是要被判处刑罚的，对刑罚的执行原则上也要由同一国家（地区）的司法机关进行。所以，一个国家（地区）对刑事案件行使了侦查权，并不表明也不必然引起它对刑事案件行使刑事管辖权。因此，侦查权并不是刑事管辖权的必要组成部分。

二、刑事管辖权的分类

根据不同的标准，我们可以对刑事管辖权作几种不同的分类。分类的目的在于对刑事管辖权作进一步的研究。

（一）国家刑事管辖权、地区刑事管辖权和国际组织刑事管辖权

根据行使刑事管辖权的主体不同，可以将其分为国家刑事管辖权、地区刑事管辖权和国际组织刑事管辖权。

1. 国家刑事管辖权

国家刑事管辖权是指一个国家所享有的对刑事案件进行起诉、审判和处罚的权力。国家刑事管辖权的来源是国家的主权和国家间所缔结、签订的国际条约。由于国家的主权是目前人类社会至高无上的权力，国际条约的缔结和签订主要是国家之间的行为，所以，国家刑事管辖权是当今社会最主要的刑事管辖权，国家是最主要的刑事管辖权主体。国家的刑事管辖权是国际组织刑事管辖权和地区刑事管辖权的基础。因为国际组织刑事管辖权是“建立在主权国家对国家的刑事管辖权可以允许的一些合理背离的基础之上”①；地区刑事管辖权则是建立在主权国家的合法授予或暂时默认的基础之上的。

2. 地区刑事管辖权

地区刑事管辖权是指地区作为一个司法实体所享有的对犯罪案件起诉、审判和处罚的权力。要弄清地区刑事管辖权的实质，首先要搞清楚“地区”的真正涵义。在我国的汉语词典中，“地区”一般有以下四个方面的含义：第一，地区是指大地；第二，地区是指较大范围的地方；第三，地区是指我国省、自治区以下，县以上的行政区域；第四，地区是指未获

① 高燕平：《国际刑事法院》，82 页，北京，世界知识出版社，1999。

得独立的殖民地、托管地等。① 上述四个含义是不完全的，它们都难以准确定义我们平时最常用的“台湾地区”以及类似台湾地区的那些地区。所以，我此后在本书中用到的“地区”一词，与上述的定义略有区别，它是指具有独立的司法权的地方，包括三种情况：一是国内依宪法、法律享有独立司法权的特别行政区；二是构成联邦国家的“州”或者“邦”；三是一个国家内还没有被中央政府统一、暂时具有“独立司法权”的地方，如我们国家的台湾地区。这些地区可以分为“法定的地区”和“事实上的地区”。前两种地区属于法定的地区，它的独立司法权是由国内法与国际法确认的；后一种地区属于“事实上的地区”②，它的“独立司法权”不是由国内法与国际法确认的，而是由于历史或者其他原因形成的客观事实，属于事实上存在的刑事管辖权。地区的共同特点是：虽然不是国家，但却有一个立法机构和统一适用的法律，以及一套完整的司法机构和独立的司法体制。

地区刑事管辖权来源于它所享有的独立司法权。地区的独立司法权有的来源于法律的规定，有的是历史或者其他原因形成的，属于一种“客观存在的事实”。例如，中国香港特别行政区享有的独立司法权就是根据中国法律的规定。中国台湾目前具有的“独立司法权”就是一种“客观存在的事实”，这种“客观存在的事实”是不会长期存在的，它可能随着国家的统一而消灭，或者随着国家的统一而被中华人民共和国法律所确认。

3. 国际组织刑事管辖权

国际组织刑事管辖权是指由国家间通过签订条约，或者联合国通过决议成立的国际组织行使的对特定国际犯罪进行起诉、审判和处罚的权力。

国际组织刑事管辖权问题，历来是国内外学者关注的一个重要话题。在过分强调国家主权的学者们看来，国际组织刑事管辖权不仅现在不应该存在，而且将来也不应该存在。但是，也有学者指出，为了打击国际犯罪，维护正常的国际社会秩序，在一定的条件下，应该通过缔结国际条约的方式，主动放弃一部分国家主权权力，包括司法主权权力，建立国际刑

① 参见罗竹风主编：《汉语大词典》，1版，2册，1029页，上海，汉语大词典出版社，1988。

② 通常情况下，“事实上的地区”是一个政治集团通过武力占据一定的区域，与所在国的中央政府进行对抗，并对该区域内的居民实行“法律管制”。这种地区也可以称之为“割据地区”。

事审判机构，来对国际犯罪行使管辖权。① 1948 年联合国大会通过的《防止及惩治灭绝种族公约》规定，惩办灭绝种族犯罪的机关是行为发生地国家的主管法院和缔约国接受管辖的国际刑事法庭。在 1979 年 10 月提交联合国讨论的《防止与惩治酷刑公约》（草案）中，也曾提出创设像《防止及惩治灭绝种族公约》规定的国际刑事法院一样的法庭并赋予其世界管辖权。②

在 20 世纪的人类历史上，曾经有过几次建立国际刑事审判机构审判国际犯罪的尝试和实践。

第一次世界大战之后，为了追究战争中的罪犯，战胜国曾经在凡尔赛签订了《凡尔赛和约》，规定由战胜国设立军事法庭，惩办战争罪犯。《凡尔赛和约》第 227 条规定：协约及参战各国公开控诉前德国皇帝霍亨索伦皇朝威廉二世破坏国际道义和条约尊严的最大罪行。组织一个由美国、英国、法国、意大利和日本各任命一名法官组成的特别法庭以审判威廉二世。特别法庭有权决定该法庭认为应加之刑罚。第 229 条规定：凡对于协约及参战各国中之一国人民犯有刑事罪行者，应提交该国军事法庭。凡对于协约及参战各国数国人民犯有刑事罪行者，应提交由各有关国家之军事法庭人员组成的军事法庭。③《凡尔赛和约》签订后，协约及参战各国要求荷兰政府引渡威廉二世，要求德国引渡 896 名战争罪犯，以便由战胜国组成的军事法庭审判，但均遭拒绝，使得这次国际军事法庭的审判仅仅成为一次纸面上的尝试。

第二次世界大战期间，世界上爱好和平的人民在强烈谴责法西斯侵略者的暴行的同时，纷纷要求严厉惩罚战争罪犯。1943 年 10 月 30 日，苏联、美国和英国在莫斯科发表了严惩战争罪犯的宣言。1945 年 8 月 8 日，苏联、美国、英国和法国在伦敦签订了《关于控诉和惩处欧洲轴心国主要战犯的协定》。该协定第 1 条规定，在同德国管制委员会协商后，将建立一个国际军事法庭，以审判那些罪行没有特殊地理位置的战犯，不问他们是否以个人身份被起诉，或者是以组织或团体的成员的身份被起诉，或者是同时以两种身份被起诉。该国际军事法庭自 1945 年 10 月 18 日开庭，至 1946 年 10 月 1 日最后宣判，实际审判了包括戈林在内的 22 名首要战争罪犯。其中，

① 参见高燕平：《国际刑事法院》，29 页，北京，世界知识出版社，1999。

② 参见刘亚平：《国际刑法与国际犯罪》，34～35 页，北京，群众出版社，1986。

③ 参见林欣：《国际法中的刑事管辖权》，153～154 页，北京，法律出版社，1988。

被判处死刑的12人，无期徒刑的3人，10—20年有期徒刑的4人，宣判无罪的3人。1946年1月19日，远东盟军最高统帅部根据苏、美、中、英、法等国外交谈判达成的协议，发表特别通告，决定在日本的东京设立远东军事法庭，审判第二次世界大战期间日本首要战争罪犯，同时颁布了《远东（东京）国际军事法庭宪章》。同年4月25日又颁布了《远东国际军事法庭规则》。远东国际军事法庭由中国、苏联、美国、英国、法国、澳大利亚、加拿大、印度、荷兰、新西兰和菲律宾11国派遣的代表组成，自1946年5月3日至1948年11月12日对日本28名首要战争罪犯进行了审判。经过审理，认为其中25名被告人犯有破坏和平罪、战争罪和反人类罪，判处东条英机等7人绞刑，16人无期徒刑，2人有期徒刑。

继国际社会对第二次世界大战首要战争罪犯的审判以后，国际组织行使刑事管辖权的司法实践，也是丰富多彩的。其一是联合国安理会1993年成立的前南斯拉夫问题国际刑事法庭的审判实践；其二是1994年成立的卢旺达国际刑事法庭的审判实践；其三是成立于2002年的国际刑事法院及其审判实践。

自1991年6月起，在前南斯拉夫社会主义联邦共和国境内爆发了一场民族间的武装冲突。在这起长达数年的冲突中，一些交战团体及其成员，违反了国际人道主义法，构成了国际犯罪。为了惩治这些国际犯罪，联合国安理会于1993年2月22日通过决议，决定建立一个“起诉对1991年以来在前南斯拉夫境内所犯的严重违反国际人道主义法行为的人员的国际法庭”。1993年6月，联合国安理会通过了第827（1993）号决议，宣告前南斯拉夫问题国际刑事法庭成立，并通过了《前南斯拉夫问题国际刑事法庭规约》。1993年9月17日，联合国大会选举产生了11名法官，1994年7月8日联合国安理会最后任命了法庭检察官。自1994年7月，前南斯拉夫问题国际刑事法庭开始正式行使职能，到目前为止，前南斯拉夫国际法庭共指控161人，其中136名被指控者的案件已经审结，还有25名被告人的案件仍在诉讼中。①

自卢旺达1962年7月1日独立那时起，图西族和胡图族就多次发生武装冲突。1990年10月，侨居乌干达的由图西族人组成的反政府组织——“卢旺达爱国阵线”向卢旺达发动武装进攻，引发了内战。1994

① 参见http：//www. icty. org/sections/the cases/key figures of the cases，2013年8月19日浏览。

年 4 月，卢旺达总统哈比亚利马纳因飞机失事死亡，导致卢旺达内战全面爆发。在这场内战中，共有数十万人被杀害，200 多万人逃往国外。鉴于这场内战中卢旺达境内发生了严重的灭绝种族罪行为，联合国安理会于 1994 年 11 月 8 日通过了 955（1994）号决议，决定设立一个“卢旺达问题国际法庭”，专门对 1994 年 1 月 1 日至 12 月 31 日在卢旺达境内发生的灭绝种族罪和其他国际犯罪行使刑事管辖权。卢旺达问题国际法庭的组织结构与前南斯拉夫问题国际刑事法庭相同。“卢旺达国际刑庭成立后到 2009 年底，总共对 48 名被告人作出了一审判决，对 26 人作出了上诉判决，此外，审判分庭和上诉分庭还作了 2 000 多个书面裁决和口头裁决，积累了大量的判例。”①

国际上有些学者从第二次世界大战以来几个国际法庭行使刑事管辖权的成功实践中得到启发，极力推动制定国际刑法，设立常设的国际刑事法院，以便对所有的国际犯罪行使有效的“国际刑事管辖权”。经过半个多世纪的执著追求，1998 年 7 月 7 日在罗马外交官大会上，《国际刑事法院罗马规约》（以下简称《罗马规约》）终于诞生了。2002 年 7 月 1 日，在达到《罗马规约》要求的法定缔约国数目的情况下，人类社会创设的有史以来第一个常设国际刑事法院正式成立了。2012 年 3 月，国际刑事法院对刚果民主共和国前武装领导人卢班加被控战争罪作出有罪判决，成为国际刑事法院成立近十年来作出的首例判决。国际刑事法院成立及其审判实践，对维护国际秩序，打击国际犯罪有一定的积极意义。但是，由于它无法摆脱受西方大国政治摆布的困境，其公正性越来越受到世界人民的质疑。国际刑事法院得不到多数国家特别是当事国的实际支持，目前是“投诉多、成案少”，“扯皮多、效率低”②，令人失望。

国际组织刑事管辖权产生与发展的曲折历史表明：国际组织行使的刑事管辖权——国际组织刑事管辖权，是一个比较“脆弱”的权力，其实现的前提条件是有关主权国家主动让予司法主权。在有关当事国强调国家主权而不与行使刑事管辖权的国际组织合作的情况下，国际刑事管辖权的行使就可能成为空话。第一次世界大战后，协约国之所以没有能够组成国际刑事法庭审判德国战犯，就因为荷兰和德国不予配合所致。第二次世界大战后，纽伦堡国际军事法庭和东京国际军事法庭的成功实践表明，国际刑

① 凌岩：《卢旺达国际刑事法庭的理论与实践》，304 页，北京，世界知识出版社，2010。

② 关于国际刑事法院目前的状况，笔者将在本书第十章进行详细的论述。

事管辖权是可以在特定的历史条件下，适用于特定的国际犯罪。如果将其推而广之适用于一切国际犯罪，在各国强调国家主权的时代，是有相当困难的。因为，当一个国际犯罪发生在某一个国家，或者犯罪人、被害人是该国公民，即使这个国家是联合国成员国或者参加了国际刑事法院规约，它也会根据属地原则、属人原则或者保护原则行使国家的刑事管辖权，而很难将该案件拱手让与国际特设的刑事法庭或国际刑事法院。关于这个问题，本书将在有关章节进行专门论述。

（二）排他性管辖权、平行管辖权和优先管辖权

根据刑事管辖权的关系属性，可以将其分为排他性管辖权、平行管辖权和优先管辖权。

如前所述，刑事管辖权的主体有国家、地区和国际组织，刑事管辖权也因此分为国家刑事管辖权、地区刑事管辖权和国际组织刑事管辖权，这三种刑事管辖权之间必然存在一定之关系，这就使不同种类的刑事管辖权具有了一定的关系属性。

1. 排他性管辖权

排他性管辖权是指一个主体所享有的对特定类型的刑事案件进行起诉、审判和处罚的专属权力。排他性管辖权是一种绝对的权力，它排斥另外的主体对它所管辖的案件行使管辖权。

根据国家主权原则，世界上很多国家都主张，凡是发生在一个国家领域内的犯罪，不论犯罪人是本国人还是外国人、无国籍人；也不论犯罪侵害的是本国人的利益还是外国人、无国籍人的利益，均应当由犯罪发生地国行使管辖权。例如，“英国和美国，在它们的司法判例中强调，国家对在其领土内的人和事以及发生的民事和刑事案件，具有排他的和绝对的管辖权。”① 奥地利刑法第 62 条规定：“奥地利刑罚法规，适用于一切在奥地利境内所为之犯罪行为。”但是，从实际情况来看，一个国家并不能对发生在其领域内的一切犯罪，行使完全的排他性管辖权。首先，根据国际惯例和互惠原则，国家对享有外交特权和豁免权的外国国家元首、政府首脑、外交使节等其他人员的犯罪行为，都不主张刑事管辖权；其次，对与犯罪行为或者犯罪结果有一项发生在本国领域内，另一项发生在外国领域内的犯罪，也不可能行使排他性管辖权。因此，国家行使排他性管辖权的刑事案件，只能局限在具备以下条件的刑事案件方面：第一，犯罪行为和

① 林欣：《国际法中的刑事管辖权》，6 页，北京，法律出版社，1988。

犯罪结果等构成要素均发生在本国领域内；第二，行为人是本国人或者是不具有外交特权和豁免权的外国人、无国籍人。

除了国家以外，地区和国际组织都不享有排他性的刑事管辖权。法定地区是国家的一个相对独立的区域，它本身不具有主权，它所享有的刑事管辖权，来源于所在的国家，国家可以通过立法赋予它独立的司法权，也可以通过立法取消它独立的司法权，所以，从国家分配来的地区刑事管辖权，只具有相对性，不具有绝对性。“事实上的地区”由于其存在就没有国际法和国内法的依据，其主权国有可能随时管辖其区域内发生的案件，挤压其刑事管辖的空间，故也难以有排他性的刑事管辖权。有的学者主张，2002年成立的国际刑事法院，应当享有排他性刑事管辖权。“他们认为，在理论上，只有排他性管辖权才可以保障国际刑事法院的权威地位，保证国际刑法和国际刑事诉讼程序的统一，才可以真正做到对一切犯罪嫌疑人的公平审判和处罚。”① 笔者认为，授予国际刑事法院排他性管辖权是错误的，也是不可能实现的。首先，授予国际刑事法院排他性管辖权，是把国际刑事法院凌驾于主权国家之上，违背了国际社会公认的国家主权原则。根据目前各国奉行的“属地原则”、“属人原则”、“保护原则”和“普遍原则”，世界上几乎不存在刑事管辖的真空，国际刑事法院管辖的案件，有关国家一定也享有刑事管辖权，如果国际刑事法院享有排他性刑事管辖权，国家势必无法行使刑事管辖权，这是对国家主权的侵犯。其次，国际刑事法院也难以行使排他性管辖权。从世界范围来看，刑事案件发生后，犯罪嫌疑人一般都处在一定国家的领域内，为了维护国家的主权，犯罪嫌疑人所在国往往会根据国内法或者国际法的规定，依照一定的联系因素，对该犯罪行使管辖权，很少会有国家将有管辖权的刑事案件拱手让与国际刑事法院。所以，即使国际法规定了国际刑事法院有排他性刑事管辖权，在司法实践中也多半会是徒劳的。

2. 平行管辖权

所谓平行管辖权，是指几个主体根据国内法和国际法的规定所平等享有的对特殊刑事案件的起诉、审判和处罚的权力。平行管辖权所适用的刑事案件，是跨国家、地区的刑事案件和国际犯罪案件，它可以体现国家、地区和国际组织刑事管辖权之间相互尊重的关系。平行管辖权的优点是扩大了刑事案件管辖主体的范围，能较好地防止刑事管辖权的“消极冲突”，

① 高燕平：《国际刑事法院》，92页，北京，世界知识出版社，1999。

缺点是可能出现多个主体的刑事管辖权在同一案件上的重叠，导致刑事管辖权的“积极冲突”。

平行管辖权广泛规定在国际条约中。例如，1963 年 9 月 14 日签订于东京的《关于在航空器上犯罪及其他某些行为的公约》第 3 条规定：“一、航空器登记国有权对航空器上的犯罪与行为行使管辖权；二、每个缔约国都应采取必要措施，以确立其作为登记国对在该国登记的航空器上的犯罪的管辖权；三、本公约不排斥依本国法行使的任何管辖权。”从这个条文可以看出，东京条约的缔约国和依照本国法有管辖权的国家，对在航空器上的犯罪都有相同的管辖权。当某一个航空器被劫持后，可能出现多个国家、地区和国际组织对该案件享有刑事管辖权的情况。这就是平行管辖权。

平行管辖权除了适用于国际社会外，一个国家内的不同法域之间也可以有平行管辖权。香港特别行政区和中国内地分属两个不同的法域，对于跨香港和中国内地的犯罪案件，例如张子强案件，香港和中国内地均有管辖权。在中国法律没有规定哪一个法域的刑事管辖权优先，或者哪一个法域的刑事管辖权具有排他性的情况下，两地的刑事管辖权就是平行管辖权。

国家刑事管辖权和国际组织刑事管辖权之间是不是应该建立平行关系，换句话说，国际组织的刑事管辖权是否应该是平行管辖权，学者们有不同的见解。例如，在国际刑事法院刑事管辖权和国家刑事管辖权的关系问题上，多数学者主张平行管辖权，多数国家也愿意接受平行管辖权。① 如果把国际组织的刑事管辖权和国家刑事管辖权确立为平行关系，国家的主权会得到维护，国际犯罪会得到处罚，国际刑事法院的刑事管辖权也会得到尊重。但是，少数学者认为，国际刑事法院和国家间建立一种对国际犯罪的平行管辖权的关系，会造成对相同国际犯罪的不同处罚，不利于形成和发展统一的国际刑法和国际刑事诉讼程序。有的学者甚至还认为，“平行管辖权实际上是剥夺了国际刑事法院行使管辖权的机会，因为犯罪分子永远是在某一个国家的实际控制之下，而国家几乎不太可能选择把罪犯交给国际刑事法院来进行审判。”② 笔者认为，国际组织和国家之间，原则上只能有平行管辖权。从目前的国际情况来看，国家的刑事管辖权几乎囊括一切刑事犯罪案件和犯罪分子，国家主权和国家刑事管辖权是现代国际生活的基石，国际组织刑事管辖权实际上是国家把本来属于自己的刑

① 参见高燕平：《国际刑事法院》，92～93 页，北京，世界知识出版社，1999。

② 高燕平：《国际刑事法院》，93～94 页，北京，世界知识出版社，1999。

事管辖权让与有关国际组织的，因此，两者之间只能是平行的关系，不应该是国际组织刑事管辖权优于国家刑事管辖权。

3. 优先管辖权

优先管辖权是指在几个主体都有刑事管辖权的情况下，其中一个主体所享有的在其他主体之前对案件进行起诉、审判和处罚的权力。具有优先管辖权的主体在行使管辖权时，不需要征得其他主体的同意，其他主体也不得对享有优先管辖权的主体的管辖提出异议。

确定优先管辖权有利于建立管辖权的行使秩序，减少甚至避免管辖权纠纷。但是，优先管辖权的确定是相当困难的。因为确定了一个主体的优先管辖权，就等于将其他主体的管辖权置于次要的地位，在国家与国家之间、国家与国际组织之间，不论确定哪个国家或者国际组织有优先管辖权，就会将它凌驾于其他刑事管辖权之上，对其他主体行使刑事管辖权带来一定的影响，甚至侵犯其他国家的司法主权。在国际社会，确有学者主张在国家管辖权和国际组织管辖权方面，国际组织管辖权应当是优先管辖权。在我们国家，也有学者曾经认为："向未来的国际刑事法庭让予部分主权——对国际犯罪的普遍的、优先的司法管辖权——恐怕是国际刑法赖以存在和发展的核心问题。"① 这种主张在联合国制定的《前南斯拉夫问题国际法庭规约》和《卢旺达问题国际法庭规约》中得到了体现。但是，相当多的学者并不支持国际法院有优先管辖权，司法实践中也对国际法庭的优先管辖权提出过质疑。例如，《前南斯拉夫问题国际法庭规约》第 9 条规定，前南斯拉夫问题国际法庭对前南斯拉夫境内发生的国际罪行及特定被告，享有优先管辖权。该法庭审判的第一个案件，是被告人叫 Dusko Takic 的案件，在法庭审理时，Dusko Takic 的律师团认为，《前南斯拉夫问题国际法庭规约》规定的优先管辖权是非法的。②

在国家与国家之间，国家与国际组织之间虽然难以确定优先管辖权，但也不是绝对不可能。为了建立刑事管辖权的国际秩序，我们可以根据刑事案件与不同国家、国际组织的联系因素，确定一个行使刑事管辖权的先后顺序。例如，属地管辖优于属人管辖；主要犯罪地国管辖优于次要犯罪地国管辖等。

一个国家内部依法成立的不同法域之间可否有优先管辖权呢？笔者认

---

① 宋建强：《国际刑法与中国刑事法》，载《法学与实践》，1990（2）。

② 参见高燕平：《国际刑事法院》，94 页，北京，世界知识出版社，1999。

为在理论上是可以的。因为一个国家内部依法成立的不同法域，政治上同属于一个国家，它们拥有一个共同的国家主权，法域享有的刑事管辖权，是由其所在国家宪法、法律授予的，不同法域之间对刑事案件的管辖，是对司法主权的分配，即使这种分配是不合理的，它也与国家主权无关。所以，国家完全可以通过立法，确定某个法域对特定刑事案件的优先管辖权。但是，“割据地区”和所属国家间的刑事管辖权，由于政治主张不同，是难以确定优先管辖权的。

（三）域内刑事管辖权和域外刑事管辖权

根据刑事管辖权效力所及的地域不同，可以将刑事管辖权分为域内刑事管辖权和域外刑事管辖权

1. 域内刑事管辖权

域内刑事管辖权，是指国家或者地区对发生在其地域内的刑事犯罪所享有的起诉、审判和处罚的权力。域内刑事管辖权是与域外刑事管辖权相对应的一个概念，国家对发生在其领域内的刑事案件行使管辖权，是其司法主权的主要体现，国家的域内刑事管辖权理应得到其他国家以及国际社会的尊重。

国家行使域内刑事管辖权的法律根据，是国家立法机关制定的国内法。从各国的刑事立法情况看，域内刑事管辖权的对象有：（1）犯罪的一切行为都发生在一国的领域内；（2）犯罪行为或者犯罪结果有一项发生在一国领域内，另一项发生在该国的领域外；（3）犯罪发生在处于一国领域外的挂有该国国旗的船舶或者航空器内。

根据国际惯例，国家的域内刑事管辖权是一种绝对的权力，除非犯罪人是具有外交特权、豁免权的外国人，否则均应受到国家域内刑事管辖权的支配。

2. 域外刑事管辖权

我国学者对域外刑事管辖权的研究，始于改革开放以后。20 世纪 80 年代，倪征燠先生在其所著的《国际法中的司法管辖问题》一书中，比较详细地介绍了外国刑法关于域外刑事管辖权的规定以及国际上根据域外刑事管辖权管辖的案例。[①] 林欣先生在《法学研究》1992 年第 4 期发表的《论国际刑法问题的新发展》一文中，也对域外刑事管辖权问题作了一定的探讨。这些探讨尽管是初步的，但为刑事管辖权的研究开辟了一个新的

---

① 参见倪征燠：《国际法中的司法管辖问题》，51～61 页，北京，世界知识出版社，1985。

领域。

什么是域外刑事管辖权？有学者认为："域外刑事管辖权乃是域外管辖权的一种，它专指一国或地区（指具有独立司法权的地区，下同）法律规定的超越其地域界限的刑事司法权力。"① 笔者不敢苟同这个定义，因为一个国家或者地区的司法权力，只能在其地域内发生效力，在其地域之外是不能也无法发生效力的。我认为域外刑事管辖权，是指一个国家或者地区根据国际条约和国内立法的规定所享有的，对发生在其地域以外的特定刑事案件进行起诉、审判和处罚的权力。这里说的"发生在其地域以外的刑事案件"，是指犯罪行为、犯罪结果等犯罪构成要件均是在其地域外发生的。

域外刑事管辖权不同于刑法的域外效力。从字面意思上理解，刑法的域外效力，是指一个国家的刑法在它的领域之外发挥法律效力，或者说外国的司法机关也可以适用内国的刑法。实际上，刑法是没有域外效力的。因为"刑事审判与民事审判不同。在民事审判中，按照国际私法中冲突规范的规定，本国法院可以适用外国民事法律作为准据法，进行案件审理；而在刑事审判中，没有一个国家的司法机关会以外国刑法作为定罪量刑的根据"②。域外刑事管辖权的实质是一国的刑法可以适用于域外发生的刑事案件，但这并不是说其刑法在域外发生法律效力。对域外发生的刑事案件行使管辖权，是在本国内进行的，是由本国的司法机关适用本国的刑法进行的。

一个国家（地区）有无域外刑事管辖权，国际社会曾经有过一个多世纪的争论。历史上的法国、美国和英国都曾反对国家享有域外刑事管辖权。法国于1927年就"荷花号"一案向常设国际法院诉土耳其的诉状中，就有一项内容是反对土耳其根据受害人国籍原则来对发生在土耳其领域外的刑事案件行使管辖权的。法国认为：国际法不允许一个国家仅仅因为受害人具有它的国籍，就对外国人在外国的犯罪提起诉讼。③ 1965年公布的《美国对外关系法重述》（第二部）第3节第2款规定："一个国家不能仅仅因为外国人在其领土之外的行为影响其国民而行使管辖权"。然而，随着历史的发展，国家刑事管辖权扩张成为国际潮流。目前，国际条约和

① 谢望原：《域外刑事管辖权及其实现》，载《法学论坛》，2002 (1)。

② 高铭暄主编：《刑法学原理》，1版，1卷，291～292页，北京，中国人民大学出版社，1993。

③ 参见［美］亨金、皮尤、沙赫特、斯特米：《国际法：判例和资料》，47页，Western Publishing Co. 1980。

很多国家（包括历史上反对域外刑事管辖权的国家）的刑法都赋予国家对特定刑事案件行使“域外刑事管辖权”。例如，1958 年在日内瓦订立的《公海公约》第 19 条和 1982 年于蒙特哥湾订立的《联合国海洋法公约》第 105 条都规定，在公海上或在任何国家管辖范围以外的任何地方，每个国家均可逮捕海盗，并由其法院判定应处的刑罚。依照 1971 年议定书修正的《1961 年麻醉品单一公约》第 36 条第 2 项（4）的规定，在一缔约国领土内发现的、在外国犯有该公约规定的罪行的本国人或外国人，虽经向该缔约国要求引渡，但依该国法律规定不能予以引渡，而该罪犯尚未受到诉究裁判者，应由罪犯所在地的该缔约国诉究之。除了国际法以外，一些国家的国内法也规定了域外刑事管辖权，包括曾经反对过“域外刑事管辖权”的国家，例如法国。1975 年修正的法国刑事诉讼法第 689 条规定：在共和国领土以外的任何外国人犯罪，不论是主犯还是从犯，如果受害人是法国国民，可以按照法国法律在法国起诉和定罪。美国 1986 年修正的刑法典第 2331 节规定：在美国国外杀害美国国民者，应以谋杀罪或杀人罪处罚；在美国国外杀害美国国民未遂者，或共谋杀害美国国民者，应根据美国联邦刑法典判处徒刑或罚款；在美国国外对美国国民使用暴力，致使美国国民身体遭受严重伤害者，应根据本节判处罚款或处 5 年以下的有期徒刑，或者两项刑罚并处。印度刑法典第 3 条规定：凡在印度境外犯罪而依照任何印度法律应受审判的任何人，应就他在印度境外实施的行为，如同在印度境内实施的一样，依照本法典予以处理。我国刑法第 7—10 条也规定了我国的域外刑事管辖权。

根据国际条约和有关国家的法律规定，域外刑事管辖权适用于以下案件：第一，本国公民在其领域外犯罪。如我国刑法第 7 条规定：中华人民共和国公民在中华人民共和国领域外犯本法规定之罪的，适用本法，但是按本法规定的最高刑为 3 年以下有期徒刑的，可以不予追究。中华人民共和国国家工作人员和军人在中华人民共和国领域外犯本法规定之罪的，适用本法。第二，外国公民在本国领域外对本国国家或者公民犯罪。如我国刑法第 8 条规定：外国人在中华人民共和国领域外对中华人民共和国国家或公民犯罪，而按本法规定的最低刑为 3 年以上有期徒刑的，可以适用本法，但是按照犯罪地的法律不受处罚的除外。第三，国际犯罪。“国际犯罪是国际社会通过国际公约的形式予以明文禁止并确认其实施者应当受到刑事制裁的行为。”[①] 对国际犯罪行使域外刑事管辖权，是多数国际条约对国家的授权。有的国家的国内法也有规定。如我国刑法第 9 条规定：对于中华人民共和国缔结或者参加的国际条约所规定的罪行，中华人民共和国在所承担条约义务的范围内行使刑事管辖权的，适用本法。

域外刑事管辖权的行使是一个复杂的问题。域外刑事管辖权适用的案件，有的发生在其他国家的领域内，他国对案件也有刑事管辖权；有的虽然发生在国际空间，但与其他国家也往往有一定的联系，他国也可能根据属人原则、保护原则对其享有管辖权。因此，域外刑事管辖权经常与他国的刑事管辖权发生冲突，为使其正常行使，国家间往往需要礼让和协作。关于这方面的问题，我们将在本书的以后章节中进行讨论。

三、刑事管辖权与刑法空间效力、刑事诉讼管辖的关系

（一）刑事管辖权与刑法空间效力的关系

刑法的空间效力，也称刑法的地域的适用范围，指刑法的效力所及的地域，亦即刑法在什么地域内对什么人适用。[②] 刑事管辖权与刑法的空间效力是两个既有联系又互相区别的概念。刑事管辖权是一个权力的范畴，刑法的空间效力是法律效力的范畴。刑法的空间效力是刑事管辖权的一种表现形式。通过刑法的空间效力，人们在法律上看到了刑事管辖权的存在。刑事管辖权是内容，刑法空间效力是形式。国家刑法、地区刑法以及刑事性国际条约的空间效力，分别是国家、地区和有关国际组织刑事管辖权的表现形式。刑事管辖权决定刑法的空间效力。因此，相对于刑法的空间效力而言，刑事管辖权是一个更高层次的概念，它是相对稳定的，恒久起作用的，而刑法的空间效力是可以随刑法的修改而发生变化的。

（二）刑事管辖权与刑事诉讼管辖的关系

刑事诉讼管辖是一种由刑事诉讼法规定的，确定法院、检察院和公安机关（警察机关）之间立案受理刑事案件的权限以及法院系统内审判第一审刑事案件的分工的制度。根据我国刑事诉讼法的规定，刑事诉讼中的管辖分为两种：一是立案管辖，也称职能管辖，它解决的是法院、检察院和公安机关之间立案受理刑事案件的职权范围问题；二是审判管辖，它明确的是法院系统内各个法院之间审判第一审刑事案件的职权范围。

---

① 张智辉：《国际刑法通论》（增补本），104 页，北京，中国政法大学出版社，1999。

② 参见高铭暄、马克昌主编：《刑法学》（上编），46 页，北京，中国法制出版社，1999。

管辖是刑事诉讼法规定的一项重要的诉讼制度。在现代的刑事诉讼体制下，任何一个国家参加刑事诉讼的司法机关都不只有一个，当案件发生后，由哪一个司法机关先出面处理，是一个必须明确的问题。否则当社会上发生犯罪案件后，因职权不明，刑事诉讼无法发动，就会出现对犯罪的打击不力，无法保护被害人的合法权益和社会秩序。明确地、合理地确定刑事案件的管辖，对于保证刑事诉讼活动的顺利进行以及刑事诉讼任务的实现，具有十分重要的意义。

刑事诉讼管辖制度所能解决的问题，是一个法域内不同的司法机关之间受理刑事案件的权限划分，它无法解决不同法域（这里的不同法域，包括国际上的不同法域，也包括一国内的不同法域）的司法机关之间在起诉、审判和处罚犯罪方面的权限划分。解决不同法域之间司法机关起诉、审判和处罚刑事案件的权限划分问题，需要通过国际法和国内法对国家、地区和国际组织的刑事管辖权进行合理界定，并制定出刑事管辖权冲突的协调规范来解决。换句话说，解决不同法域之间起诉、审判和处罚犯罪的权限划分问题，属于刑事管辖权的问题，而不是刑事诉讼管辖的问题。因此，刑事管辖权和刑事诉讼管辖是两个既互相区别，又有一定联系的范畴。

刑事管辖权和刑事诉讼管辖的区别在于：首先，两者解决的问题不同。刑事管辖权解决的问题，是不同法域之间受理刑事案件的权限，它确定国家管辖权、地区管辖权和国际组织管辖权的界限和秩序，在刑事管辖权范畴内，国家、地区和国际组织是主体；刑事诉讼管辖只能解决一个法域内不同的司法机关之间受理刑事案件的权限，在刑事诉讼管辖的范畴内，国家和地区内的具体的司法机关是主体。因此，就二者的关系而言，刑事管辖权是第一位的，刑事诉讼管辖是第二位的，只有当刑事管辖权问题解决后，才可以确定刑事诉讼管辖。其次，两者涉及的法律领域不同。刑事管辖权涉及国（地区）与国（地区）之间、国家（地区）与国际组织之间的关系，其很多内容需要由国际法来加以确定，因此，刑事管辖权不仅仅是国内法的问题，而且也是国际法的问题；刑事诉讼管辖一般不涉及国（地区）与国（地区）之间的关系，一个法域内的立法机关通过制定刑事法律，就可以解决刑事诉讼管辖问题，所以，刑事诉讼管辖基本是一个国内法的问题，一般来说与国际法无涉。再次，两者的稳定性不同。决定刑事管辖权的主要因素是国家主权，因而刑事管辖权尤其是国家的刑事管辖权是相当稳定和不易改变的；刑事诉讼管辖是由国内法确定的，当刑事诉讼法被修改时，刑事诉讼管辖制度可能会发生变化，国家的最高司法机关也可能通过判例或者司法解释来改变刑事诉讼管辖的内容。

刑事管辖权和刑事诉讼管辖也是有密切联系的。首先，它们解决的都是刑事案件的管辖问题，都是关于确定和划分处理刑事案件的权限范围的；其次，国家（地区）的刑事管辖权可以制约国内（地区）刑事诉讼管辖的内容，刑事诉讼管辖在刑事管辖权的范围内发挥作用，不得违背刑事管辖权确定的基本原则。

第二章 刑事管辖权原则

一、刑事管辖权原则的基本含义

如第一章所述，由于行使刑事管辖权的主体有国家、地区以及国际组织之分，因此刑事管辖权分为国家刑事管辖权、地区刑事管辖权和国际组织刑事管辖权。为了保证刑事管辖权的行使能有秩序地进行，每一个主体在行使刑事管辖权时，都要遵守一定的原则。因此，对行使刑事管辖权的原则进行探讨，就成为刑事管辖权研究的一个重要问题。在国家刑事管辖权、地区刑事管辖权和国际组织刑事管辖权的关系方面，国家刑事管辖权是最重要的，因为地区刑事管辖权是对国家刑事管辖权的分配，国际组织刑事管辖权是国家刑事管辖权的合理让予，它们的基础都是国家刑事管辖权。所以，很多学者在论述刑事管辖权的原则时，就把它解释为国家刑事管辖权原则。如李海东在《论刑事管辖权》一文中认为"刑事管辖原则是一国刑事管辖权行使的具体原则与方式，也就是刑法空间效力的诸原则"①。那么，地区和国际组织在行使刑事管辖权方面就没有原则了吗？不是，地区和国际组织在行使刑事管辖权方面，也必须遵守一定的原则。如地区在行使刑事管辖权时，也要遵守"地域管辖原则"，即地区的司法当局一般只能管辖发生在本地区的刑事案件；国际组织在行使刑事管辖权时，必须严格依照国际条约的规定进行，严禁管辖国际条约没有规定的刑事案件，否则，就会侵犯有关国家的主权，这也应该是国际组织行使刑事管辖权的原则。此外，地区和国际组织在行使刑事管辖权时，还要遵守"尊重国家主权的原则"等等。所以，刑事管辖权原则，应该有"国家刑事管辖权原则"、"地区刑事管辖权原则"和"国际组织刑事管辖权原则"之别。

刑事管辖权的原则，是指国家、地区和国际组织在行使刑事管辖权时

① 李海东：《论刑事管辖权》，载《法律学习与研究》（《法学家》前身），1988（2）。

所依据的规则和标准。这些“规则和标准”主要是由国内的刑法规定的，如果涉及国际犯罪，有关的国际条约可能对有关国家及国际组织行使刑事管辖权进行确认。几百年来，很多国家在他们的刑法中自行规定行使刑事管辖权的原则，这一方面使得刑事管辖权原则内容不断得到丰富，另一方面使得刑事管辖权原则颇不统一，导致各国在行使刑事管辖权方面不断发生冲突。鉴于这种状况，法学家们一直在不断地努力，对各国刑法规定的刑事管辖权原则进行探索，以便使之不断规范和完善，建立一个规范的、没有冲突或者少有冲突的世界刑事管辖权秩序。但是，迄今为止，由于国家主权仍是国际社会必须尊重的最高权力，各国刑法如何规定它们的刑事管辖权原则，国际社会及他国不好给予干涉，国际社会也不可能通过一个国际公约来规范刑事管辖权原则，所以，目前国家行使刑事管辖权原则仍然是五花八门，没有形成一个国际通行的规范性体系。

一个国家规定的刑事管辖权原则，也是该国刑法空间效力的诸原则。它一方面确定了这个国家刑法空间效力的范围，另一方面，也在国际社会上对该国的刑事管辖权进行了“自我划分”。这种“刑法效力范围的确定和刑事管辖权的自我划分”可能不尽合理，但却为我们研究刑事管辖权的冲突，探索合理的刑事管辖权的国际分配提供了素材。正是对各国刑法关于刑事管辖权原则规定的研究，可以使我们找到确定国家行使刑事管辖权的科学依据。

刑事管辖权的原则究竟有多少种？每一个原则的内容包括什么以及如何表述？学者们有较大分歧。根据笔者的统计，由学者提出来作为刑事管辖权原则的，有“地域管辖原则”、“领域管辖原则”、“属地管辖原则”、“国籍管辖原则”、“属人管辖原则”、“保护管辖原则”、“普遍管辖原则”、“航空器登记国管辖原则”、“永久居所或者主要营业地管辖原则”、“国家主义原则”、“积极的国民原则”、“代理原则”、“域外特别管辖原则”、“引渡或起诉原则”、“降落地国原则”和“折中原则”等十几种。在这些原则中，有的原则之间内容相互有交叉，如“国籍管辖原则”与“属人管辖原则”；有的几个原则内容相同但名称不同，如“国家主义原则”与“积极的国民原则”、“地域管辖原则”与“领域管辖原则”和“属地管辖原则”；还有的原则实际不是国家行使刑事管辖权的原则，如“引渡或起诉原则”，是国家对捕获到的特定案件的犯罪嫌疑人如何处理时要遵循的原则，而不是确定国家是否行使刑事管辖权的依据。“引渡”实际是承认了他国的刑事管辖权，“被申请引渡国”并没有对该案件行使刑事管辖权。再如“折中原则”本身并不是一个刑事管辖权原则，而是各国在确定刑事管辖权时，通过规定数个原则而形成的一种刑事管辖体制。针对在这个问题上如此混乱的认识，有的学者提出了“确定刑事管辖原则的基本原则”①，试图统一大家的认识，但效果并不明显。因为这种认识上的“混乱”状况主要来源于各国刑法的不同规定，我们既然无法统一各国的刑法，因而也就无法统一大家的认识。

刑事管辖权的原则，实际上是国家、地区及有关国际组织对刑事案件确定管辖权的依据。对这种“确定刑事管辖权的依据”进行理论概括——即将其概括成若干原则固然重要，但更重要的是探讨“确定刑事管辖权的依据”是否科学。笔者认为，在确定其刑事管辖权原则时，必须考虑如下三个要素：

第一，维护国家主权。维护国家主权是任何一个国家在确定刑事管辖权原则时考虑的首要因素。我们知道，对刑事案件进行司法追究，是一个国家行使司法主权的重要标志，任何一个主权国家都会在它的宪法或者刑法中宣称：刑法适用于该国领域内的一切犯罪案件，除非其法律另有规定。不仅如此，很多国家还规定，它们的刑法适用于该国公民在国外的犯罪。一个国家在确定其刑事管辖权时，除了维护本国的主权外，还应当注意不侵犯他国的主权，这是维护国家主权的另一方面的含义。一个国家在行使刑事管辖权方面侵犯了他国的主权，势必遭到他国的报复，从而使本国的司法主权受损。在维护本国主权的同时也尊重他国的主权，本国的主权才会真正得到维护。

有关国际公约在规定对国际犯罪的刑事管辖权时，也应当注意平等地维护国家的主权，不注意维护国家主权的国际公约，就会得不到各国家的认可，它也会成为一纸空文。目前相当多的国际公约在作刑事管辖权方面的规定时，都有一个规定：“本公约不排除任一缔约国行使按照其国内法确立的任何刑事管辖权”。这种规定，就体现了对缔约国主权的尊重。

第二，有利于打击犯罪。确定和行使刑事管辖权，都是为了打击犯罪，通过刑事管辖权原则体系的构建，编织一个国内、国际和谐互动的打击犯罪的法网。因此，确定刑事管辖权的原则必须有利于打击犯罪。有些国家法律规定的刑事管辖权原则，从维护国家主权方面看是无可挑剔的，

① 高铭暄主编：《刑法学原理》，1版，1卷，280～281页，北京，中国人民大学出版社，1993。

但从打击犯罪的角度看，却有一些问题。例如，韩国刑法第 3 条规定："本法适用于大韩民国领域外犯罪的本国公民。"① 这就是说，不论韩国人在何地，也不管当地法律如何规定，只要该韩国人违反了韩国刑法，都要根据韩国刑法追究刑事责任。这种规定，势必使韩国的刑事管辖权与他国的刑事管辖权发生广泛的冲突，不利于打击犯罪。基于此种考虑，目前大多数国家均采取有限的"属人主义"原则，目的是尽量减少刑事管辖权冲突，有利于打击犯罪。

第三，便利案件诉讼。打击犯罪必须经过刑事诉讼程序，这是现代各国及国际社会共同的理念。确定刑事管辖权，必须考虑便利诉讼，否则，一个国家或地区即使争到了对案件的刑事管辖权，刑事诉讼也难以顺利开展，对犯罪的打击会流于形式，有时甚至使犯罪人逍遥法外。考虑"便利案件诉讼"时，应当注意以下情况：司法机关捕获犯罪嫌疑人、收集证据的可行性和方便程度；当事人参加诉讼的便利；证人和其他诉讼参与人参加诉讼的便利。如果一个国家对刑事管辖权的确定，极不利于案件的诉讼，该国刑事管辖权的实际行使就要大打折扣。在历史上，英美法系国家曾经严格采用"领域管辖原则"②，不处罚在外国犯罪的本国公民，就是基于便利诉讼的考虑。此外，有些国家规定的"世界性原则"，例如，意大利刑法③第 10 条第 2 款规定的"对外国人在外国犯有损害外国国家或外国人的罪行，在一定条件下，根据本国的刑法行使刑事管辖权"④，则是违背"便利案件诉讼"原则的。它一方面可能受到犯罪地国的抵制而无法查明案情、收集证据；另一方面因为与案发地距离遥远，使犯罪参与人无法参加诉讼。这种规定在实践中因为不便利诉讼而形同虚设。

二、领域管辖原则

所谓领域管辖原则，是指一个国家对于发生在其领域内的刑事案件，享有刑事管辖权。这个原则是国家刑事管辖权的原则。地区和国际组织没有"领域"，故这个原则不是它们行使刑事管辖权的原则。

---

① 本书所引之韩国刑法，均出自［韩］金永哲译，韩大元校：《韩国刑法典及单行刑法》，北京，中国人民大学出版社，1996。

② 林欣：《国际法中的刑事管辖权》，10～11 页，北京，法律出版社，1988。

③ 本书所引之意大利刑法，均出自黄风译：《意大利刑法典》，北京，中国政法大学出版社，1998。

④ 林欣：《国际法中的刑事管辖权》，17 页，北京，法律出版社，1988。

领域管辖原则是根据“刑事案件发生的地点在一个国家的领域内”作为联系因素，来确定国家的刑事管辖权的。称“领域管辖原则”比称“地域管辖原则”、“属地原则”要科学一些。因为“地域管辖原则”和“属地原则”都有一个“地”字，它常指“地域”。“地域”与“领域”是两个不同的概念，“领域”包括“领陆”、“领水”和“领空”，“地域”显然比“领域”的范围要小得多，它不包括“领水”和“领空”。如果称“地域管辖原则”和“属地原则”，国家只能对发生于“领陆”的刑事案件行使管辖权，而不能对发生于“领水”和“领空”的刑事案件行使管辖权，这显然有违国家主权原则。“地域管辖原则”和“属地原则”可以作为“地区”的刑事管辖权原则。“地区”没有“领域”，但有其管辖的地域范围。“地区”对于发生在其管辖的“地域”内的刑事案件行使管辖权，是确定其刑事管辖权的首要原则。

各个国家在它们的刑法中，无一例外地规定了领域管辖原则。例如，日本刑法[①]第 1 条规定：“本法适用于在日本国内犯罪的一切人”；韩国刑法第 2 条规定：“本法适用于在大韩民国领域内犯罪的本国公民和外国人”；意大利刑法第 3 条第 1 款规定：“除本国公法或者国际法规定的例外情况外，意大利刑法约束所有在本国领域内的本国人和外国人”；奥地利刑法[②]（2002 年修订）第 62 条规定：“奥地利刑法，适用于所有在国内实施的应受刑罚处罚的行为”；德国刑法[③]（2002 年修订）第 3 条规定：“德国刑法适用本国内的一切犯罪行为”。英美法系虽无成文法，但亦将领域管辖原则作为最基本的刑事管辖权原则。“例如英国和美国，在它们的司法判例中强调，国家对在其领土范围内的人和事以及发生的民事案件和刑事案件，具有排他的和绝对的管辖权”[④]。

领域管辖原则是最基本的刑事管辖权原则，也可以说是最好的刑事管辖权原则。因为它能很好地维护国家主权，也有利于打击刑事犯罪，同时还能够便利当事人参加诉讼，还不会与他国的刑事管辖权发生冲突。在交通不便、闭关锁国的古代，这个原则是绝对的和排他的。但在交通便利、

① 本书所引之日本刑法，均出自张明楷译：《日本刑法典》，北京，法律出版社，2006。

② 本书所引之奥地利刑法，均出自徐久生译：《外国法典新译系列》，北京，中国方正出版社，2004。

③ 本书所引之德国刑法，均出自徐久生译：《外国法典新译系列》，北京，中国方正出版社，2004。

④ [英] 斯塔克（J. G. Stark）：《国际法概论》，8 版，263 页，伦敦，Butter Worths Co. 1977。

各国交往非常频繁的现代，领域管辖原则不再是绝对的和排他的，任何一个国家都不可能对发生在其领域内任何案件无一例外地行使管辖权。按照国际惯例，国家对外国派驻在本国内的大使、来访的外国元首及其他外交人员给予外交特权、豁免权，对这些人在国家领域内的犯罪就不能行使刑事管辖权；按照有关国际条约，对于发生在一国领域内的国际犯罪，捕获犯罪嫌疑人的他国，也有权行使管辖权。

领域管辖权原则中的“领域”，是指一个国家主权所及的地球上的特定部分。“领域”与“领土”的空间范围是相同的，它们的区别只是在不同场合使用。“领域”往往用于法律范畴，“领土”一般作为政治概念使用。领域包括“领陆”、“领水”、“领空”和“底土”。在一国的“领陆”、“领水”、“领空”和“底土”内犯罪，该国均有刑事管辖权，这是国际社会公认的。但对于一国的飞机、船只和驻外使馆是否是一国领域，在航行于国外的飞机、船只和驻外使馆内犯罪，国家对其行使刑事管辖权，是否是依据领域管辖权原则，不论是在国内还是在国外法学界，均存在争论。有相当多的学者认为，航行于国外的飞机、船只是船旗国、机籍国的“领土”、“领土的延伸部分”或者“浮动领土”，在这些飞机、船只内犯罪，机籍国、船旗国可以按照领域管辖原则管辖。这种观点得到了一些国家刑法的赞成，例如意大利刑法第 4 条规定：“意大利的船舶和飞机，无论处于何地，均被视为国家领域，除非它们根据国际法受外国本地法的管辖”。也曾有国际判决对此观点加以确认。1926 年 8 月法国邮船“荷花号”在公海上撞沉一艘土耳其轮船，致使 8 名土耳其人死亡。法、土两国就此案的管辖权发生争议，提交海牙常设国际法院裁决。国际法院最后判决认为：土耳其对该案行使管辖权并不违反国际法原则，因为在“荷花号”船上所作的行为是在悬挂土耳其旗帜的波兹—库特号船上发生效果的，因而也就像在土耳其领土上发生效果一样，使土耳其取得对于该外国行为者的管辖权。①

把一国的船舶、飞机视为该国领土，不仅在逻辑上是牵强附会的，而且会引起国际关系的混乱。领土是一个特定概念，有特定的内涵和外延。将一国的船舶、飞机视为该国领土，会带来以下恶果：第一，为船旗国、机籍国领土扩张提供了“理论”根据。按照国际上公认的领土理论，领土

① 参见［英］詹宁斯、瓦茨修订：《奥本海国际法》，1 卷，1 分册，337～338 页，北京，中国大百科全书出版社，1995。

是一个立体的概念。当一国的船舶航行于他国领水、飞机飞行于他国领空时，不仅船舶、飞机是船旗国、机籍国的领土，而且船舶、飞机上的空间变成了船旗国、机籍国的领空；船舶、飞机下的水域变成了船旗国、机籍国的领水；飞机下的陆地变成了机籍国的领陆，这显然是荒谬的。帝国主义国家早年对他国的侵略，就打着"移动领土说"的旗子，四处抢占殖民地。第二，造成领土的"重叠"。因为当一国的船舶、飞机航行于他国领域时，船旗国、机籍国的"领土"就与他国的领土相"重叠"，从而引起国际关系的混乱。第三，阻碍国际关系的发展。如果认为船舶、飞机是船旗国、机籍国的领土，主权国家就不会允许它们进入其领水和领空，这样，国际交往将会遇到极大的障碍。所以，将"一国的船舶、飞机视为该国领土"的说法，是毫无道理的。船旗国、机籍国对船舶、飞机内的犯罪行使管辖权，并不是依据领域管辖权原则，而是依据"船旗国、机籍国管辖的原则"。

一国的驻外使馆是不是该国领土？中外学者也存在分歧。格劳秀斯曾经说过：依照法律假定，大使被认为是处在驻在国领土之外。我国有的学者也明确指出："我国驻外大使馆或公使馆也应视为我国领域"①。"根据我国承认的 1961 年 4 月 18 日《维也纳外交关系公约》的规定，各国驻外大使馆、领事馆及其外交人员不受驻在国的司法管辖，因此，凡在我国驻外大使馆、领事馆犯罪的，也应适用我国刑法"②。有很多学者反对上述观点。《奥本海国际法》指出："外交使节在实际上是在驻在国国境之内，而不是在驻在国国境之外"③。"把我国大使馆、领事馆视为我国领域是不正确的。因为它既缺乏国内法的根据，也缺乏国际法的根据"④

在历史上，由于受到格劳秀斯国际法理论的影响，18 世纪以前，大使馆、公使馆被视为派遣国的领土，外交代表的馆舍是处在驻在国领土之外的。由于大使馆、公使馆享有不受驻在国法律管辖的特权，"那里变成了流氓匪徒的避难所，他们不仅到那里去躲避法院的搜捕，并且还出来在附近行凶犯法，同时他们又把那里当做窝藏偷税漏税赃物的仓库"⑤。18

① 高铭暄主编：《刑法学》，51 页，北京，法律出版社，1982。
② 苏惠渔主编：《刑法学》（修订版），61 页，北京，中国政法大学出版社，1997。
③ [英] 劳特派特修订：《奥本海国际法》，8 版，上卷，2 分册，248 页，北京，商务印书馆，1981。
④ 于齐生：《关于我国刑法空间效力的几个问题》，载《中国法学》，1994 (3)。
⑤ [法] 西斯蒙第：《法国人的历史》，转引自于齐生：《关于我国刑法空间效力的几个问题》，载《中国法学》，1994 (3)。

世纪末，大使馆、公使馆享有的不受驻在国法律管辖的特权，在欧洲已被废除。但到了19世纪，随着帝国主义对亚洲、非洲的侵略，英、法、美等国通过签订不平等条约，使他们驻在亚洲、非洲一些国家的使馆、领馆又攫取了这种特权。这种特权不断膨胀，最后发展成为“治外法权”，不仅他们的大使馆、公使馆不受所在国法律管辖，而且他们的本国公民也不受居住地国国内法律的管辖。①第二次世界大战之后，这种不平等现象永远成为了历史。

根据《维也纳外交关系公约》的规定，外交代表在驻在国享有刑事豁免权和附条件的民事和行政管辖豁免权（第31条），使馆馆舍享有不受侵犯的权利（第22条）。各国的国内法大体亦作出这样的规定。这些规定可以概括为“外交特权和豁免权”。我们仔细研究一下这些规定，就可以发现，外交代表和使馆馆舍享有外交特权和豁免，不能推论出“使馆是派遣国的领域”这个结论。其理由是：第一，《维也纳外交关系公约》及各国国内法并没有规定使馆内的所有人均享有刑事管辖豁免，而是仅给予外交代表刑事管辖豁免；第二，外交代表并不仅仅是在使馆内享有刑事管辖豁免，而是在驻在国的所有领域内均享有刑事管辖豁免；第三，所谓使馆馆舍不受侵犯，是“指接受国官员非经使馆馆长许可不得进入使馆馆舍，使馆馆舍及设备以及馆舍内其他财产与使馆交通工具免受搜查、征用、扣押或强制执行，以及接受国应对使馆馆舍加以特别保护，使它免受侵入、损害和扰乱等。此外无其他含义。在国际法上外交代表的馆舍不受侵犯，决不意味着它可以被看作是外交代表本国的领土”②。国际社会不乏接受国司法当局对外国使馆内的不享有外交特权和豁免权的外国人犯罪行使刑事管辖权的事例。例如，1965年，法国最高法院裁定法国法院有权对一个苏联公民在苏联驻巴黎大使馆内殴打一随员的事件进行调查；德国最高法院1934年在一个判决中拒绝接受在阿富汗公使馆内杀害阿富汗公使的被告所提出的，以行为地是在德国领土之外为理由而主张德国无权管辖的抗辩。③

犯罪地是国家按照领域管辖原则行使管辖权时所考虑的一个重要因素。“犯罪地”的概念，在刑法学界仍有很多不同的观点，但犯罪地一般

① 参见［韩］柳炳华：《国际法》，193页，北京，中国政法大学出版社，1997。
② 于齐生：《关于我国刑法空间效力的几个问题》，载《中国法学》，1994（3）。
③ 参见于齐生：《关于我国刑法空间效力的几个问题》，载《中国法学》，1994（3）。

是指犯罪分子进行犯罪活动的一切地区，包括犯罪行为地、犯罪结果发生地等，犯罪行为地又包括预备行为地和实行行为地等。[①] 在某些案件中，犯罪预备地、犯罪实施地、犯罪结果发生地和销赃地可能不在同一个地区，甚至不在同一个国家领域内，刑法理论上称这种情况为“隔地犯”。对隔地犯如何依照领域管辖原则进行管辖，理论界有三种观点。第一种观点主张本国对始于其领土而终于别国领土的犯罪有刑事管辖权，这种观点称之为“主观领土管辖”或“行为地主义”。第二种观点主张本国对始于别国领土而终于或者完成于本国领土的犯罪行使刑事管辖权，这种观点称之为“客观的领土管辖”或“结果地主义”。第三种观点称之为“折中主义”或“行为与结果择一说”，即本国对行为与结果有一项发生在本国领域内的犯罪，都有权进行管辖。前两种观点由于仅选择了行为地或结果地一个方面来确定国家的刑事管辖权，因而是片面的，限制了国家行使刑事管辖权，目前各国刑法基本上都不采用。第三种观点可以扩大国家的刑事管辖权，故各国的刑法基本上均加以确认。如我国刑法第 6 条第 3 款规定：“犯罪的行为或者结果有一项发生在中华人民共和国领域内的，就认为是在中华人民共和国领域内犯罪。”意大利刑法典第 6 条第 2 款规定：“如果构成犯罪的作为或不作为的全部或部分在意大利境内实施，或上述作为或不作为所引起的结果发生在意大利境内，视为在本国境内犯罪。”其他诸如德国刑法（2002 年修订）第 9 条、奥地利刑法（2002 年修订）第 67 条第 2 项、瑞士刑法（2002 年修订）第 7 条、泰国刑法第 5 条、新西兰的《犯罪法》（1961 年）均采折中主义。日本刑法虽无明文规定，但日本学者则认为应包括中间现象地与结果地。[②]

国际条约关于“领域管辖原则”的规定，总体上是比较笼统的。与国内法不同，国际条约确定管辖权的目的不是维护某一个国家的主权，而是为了便于各缔约国积极主动地行使刑事管辖权，使国际犯罪及时受到打击。因此，每一个涉及国际犯罪的条约（公约），一般都规定有“领域管辖原则”、“属人管辖原则”、“国旗国管辖原则”、“普遍管辖原则”等几个刑事管辖权原则，同时也允许各缔约国按照国内法确定的刑事管辖权原则进行管辖。综观国际条约（公约）在“领域管辖原则”方面的规定，我们

① 参见赵秉志主编：《刑法总论研究述评》（1978～2008），144～146 页，北京，北京师范大学出版社，2009。

② 参见杨建华：《刑法总则之比较与检讨》，52 页，台北，台湾广益印书局，1988。

可以发现有以下不同的类型：第一，仅笼统规定“犯罪发生在其领土内”的国家有刑事管辖权，没有进一步说明这里的“犯罪”是指“行为”还是“结果”抑或“行为”和“结果”均包括在内。作这种规定的国际公约有：《反对劫持人质国际公约》（1979）、《制止危及海上航行安全非法行为公约》（1988）、《关于防止和惩处侵害应受国际保护人员包括外交代表的罪行的公约》（1973）等。第二，采“结果地主义”立法例，主张“犯罪在该国领土上具有后果”的国家有刑事管辖权。这类国际公约有《关于在航空器上犯罪及其他某些行为的公约》、《制止非法劫持航空器公约》（海牙公约）、《制止危害民用航空安全的非法行为公约》（蒙特利尔公约）等。第三，采“行为地主义”立法例。例如，《防止与惩治灭绝种族罪公约》第6条规定：“凡被诉犯灭绝种族罪或有第三条所列其他行为之一者，应交由行为发生地国家的主管法院，或缔约国接受其管辖权的国际刑事法庭审理之。”国际公约之所以分别采取不同的立法例，是考虑到各种不同的犯罪的特点以及管辖的便利。例如，非法劫持航空器的犯罪，降落地国行使管辖权甚为方便，故有关危害航空器犯罪的刑事管辖有“结果地主义”的立法例。

三、属人管辖原则

对于本国公民在境外犯罪，绝大多数国家均主张刑事管辖权。但是根据什么原则行使管辖权，有两种不同的观点。一种观点认为，国家对本国公民在境外的犯罪行使刑事管辖权，是根据“国籍管辖原则”。“即国家对于与本国有确定的法律联系（即具有本国国籍）的人犯罪，以及对于在具有本国国籍的航空器、船舶上发生的犯罪享有刑事管辖权。”① 在持这种观点的学者中间，也还有分歧。有学者认为“国籍管辖原则”包括对“具有本国国籍的航空器、船舶上发生的犯罪享有刑事管辖权”，也有学者认为“国籍管辖原则”仅指“在境外犯罪的犯罪嫌疑人具有本国的国籍，不包括对具有本国国籍的航空器、船舶上发生的犯罪享有刑事管辖权”这种情况。② 还有学者认为：“国籍原则还有另一个方面，那就是受害人国籍原则，亦称被动的属人原则。世界上许多国家为了保护他们的侨民，对于

① 李海东：《论刑事管辖权》，载《法律学习与研究》（《法学家》前身），1988（2）。

② 参见高铭暄、马克昌主编：《刑法学》（上编），54～55页，北京，中国法制出版社，1999。

外国人在外国对其公民犯罪，特别是犯谋杀、纵火、诽谤等罪，当这些外国人进入该国境内时，它们就对之行使刑事管辖权。”① 另一种观点认为，国家对于本国公民在境外的犯罪行使刑事管辖权，是根据“属人原则”。“该原则主张以行为人的国籍为标准，凡是本国公民，无论是在本国领域内或领域外犯罪，都适用本国刑法。”② 还有的学者认为“该原则最初只适用于拥有本国国籍的犯罪人，故称‘国籍原则’。但是在现代，该原则并不仅限于拥有本国国籍的犯罪人，而且适用于在本国有常住地的犯罪人”③。

笔者认为，国家对本国公民在领域外犯罪行使刑事管辖权，概括为“属人管辖原则”是准确的。该原则不适用于“具有本国国籍的航空器、船舶上的犯罪”，也不适用于被害人是本国公民或犯罪人在本国有永久住所的犯罪。一个管辖原则之所以能够成立，是因为它有一个大家公认的理论根据，一个管辖原则之所以能独立存在，是因为它的理论根据是明确的和唯一的。笔者所持的“属人管辖原则”的观点，符合这个要求。国家主权及于领域内的人和事，这是国际社会公认的准则。一个国家的公民在该国领域外，如果不是处在公海和公空，都会处在另一个国家的管辖之下，国籍国是不是不应该对他享有管辖权了？不是的。因为具有某国国籍的人，不论他走到哪里，都要遵守他所属国家的法律，这是公民应当遵守的法律义务，违背了这个法律义务，就要受到所属国家法律的制裁，这是法治的必然要求。因此，近代以来，“国际法不禁止国家在其领土内对其在国外旅行或居住的国民行使管辖权，因为他们仍受国家属人权威的支配”④。“属人管辖原则”的理论根据是“具有本国国籍的人有遵守国籍国法律的义务，国籍国对他享有属人权威”。而国家对“具有本国国籍的航空器、船舶上的犯罪”享有刑事管辖权，则绝非是因为这些“航空器、船舶”具有遵守本国法律的义务，它另有一定的理论根据（笔者将在另一个原则中论述）。国家对具有本国国籍的公民在领域外受到侵害的犯罪享有管辖权，是根据“国家承担的保护本国公民的法律义务”，而不是根据“国籍国对他享有属人权威”。国家对在本国有永久居住地的人在国外的犯

① 林欣：《国际法中的刑事管辖权》，11页，北京，法律出版社，1988。
② 苏惠渔主编：《刑法学》，58页，北京，中国政法大学出版社，1997。
③ 张智辉：《国际刑法通论》（增补本），76页，北京，中国政法大学出版社，1999。
④ ［英］詹宁斯、瓦茨修订：《奥本海国际法》，1卷，1分册，330页，北京，中国大百科全书出版社，1995。

罪行使刑事管辖权，常见于国际公约的规定。例如《关于在航空器上犯罪及其他某些行为的公约》第 4 条规定：非登记国的缔约国对“犯罪人或受害人为该国国民或在该国有永久居所”的危害航空器或者机上人员或财产的犯罪享有管辖权。国际公约作出这种规定的理论根据是什么？目前还缺乏研究。笔者认为，有些国际公约作出这样的规定，是为了扩大有管辖权国家的范围，以防止犯罪人逍遥法外。在本国有永久居住地的人很可能具有他国国籍，他们在居住地国领域内时，承担有遵守该国法律的义务，一旦他们到了居住地国的领域外，他们并不像居住地国的公民那样，亦承担遵守居住地国法律的义务。换句话说，当他们处于居住地国的领域外时，居住地国就不应该对他们享有属人的权威了。如果将“属人管辖原则”扩大到在本国有居住地的人在领域外的犯罪，就缺乏唯一、明确的理论根据，论证起来就相当麻烦。所以，国家对“具有本国国籍的航空器、船舶上的犯罪”、“对领域外发生的被害人是本国公民的犯罪”、“对在本国有永久居所的人在领域外的犯罪”行使刑事管辖权，是根据其他刑事管辖原则，而非属人管辖原则。

国家对本国公民在领域外的犯罪行使刑事管辖权，为目前各国刑法所认同。但国家对本国公民在领域外的哪些犯罪行使管辖权，在各国的法律规定上则宽严不一。归纳起来主要有四种类型：第一，对本国公民在领域外的所有犯罪均行使刑事管辖权。如韩国刑法仅规定该国人民在韩国领域外犯罪，亦应适用该刑法处罚，未有任何条件之限制。第二，以“犯罪地法律亦认为构成犯罪者”为限制条件。例如，瑞士刑法第 6 条规定“瑞士人在外国实施之重罪或轻罪，根据瑞士法律允许引渡的，如果该行为在行为地也被认为是犯罪，适用本法，但以行为人在瑞士或因该行为人被引渡给瑞士为限”；根据奥地利刑法第 65 条的规定，“行为人在行为时为奥地利人，在外国实施的其他应受刑罚的行为，如果外国法律同样规定予以处罚的，适用奥地利刑法”。第三，以“可能判处的刑罚较重为限制条件”。如意大利刑法规定，意大利对公民在国外的犯罪行使刑事管辖权，以可能判“无期徒刑或三年以上有期徒刑”为限。第四，在刑法中明确列举对本国公民在领域外犯罪行使刑事管辖权的罪名。如日本刑法第 3 条规定：本法于日本国民在日本国外犯放火（含激发物破裂）、溢水、伪造私文书、伪造印章、强制猥亵、强奸及重婚、杀人、伤害及伤害致死、堕胎致死伤、遗弃致死伤、非法逮捕监禁、略诱和诱罪、毁损名誉、窃盗及强盗、诈欺及背信与恐吓、业务侵占、故买赃物等 16 种犯罪适用之。对日本公务员在日本国外犯纵放人犯、为虚伪公文书之记载、滥用职权及暴行凌虐人犯、受贿罪等亦适用之。

在上述四种立法例中，采用第一种规定的国家不多，概因该种规定不加限制地对本国公民在领域外的一切犯罪行使刑事管辖权，既不切实际，亦无必要，还会与他国的刑事管辖权发生广泛的冲突。第二种立法例以“犯罪地法律亦认为构成犯罪者”为前提，将他国的法律规定作为对本国公民行使刑事管辖权的条件，有损本国对本国公民的属人权威，违背国家主权原则。第三种立法例明确宣布国家仅对本国公民在领域外犯较严重的犯罪行使管辖权，等于放弃了对较轻的犯罪的刑事管辖权，也和国家主权原则相违背。第四种立法例虽“较能个别斟酌，切合实际”，但易于挂一漏万，且明确宣布对列举的犯罪行使管辖权，对未列举的犯罪不行使管辖权，亦有违国家主权原则。笔者认为，我国刑法第 7 条的规定比较好。它一方面宣布我国对我国公民在领域外的一切犯罪均享有刑事管辖权，又规定“最高刑为三年以下有期徒刑的犯罪”可以不予追究，这既能较好地维护国家主权，还便于司法实践中对一些较轻的犯罪灵活处置，实现了原则性与灵活性的融洽结合。

属人管辖原则是国家刑事管辖权的原则，它不适用于国际组织行使刑事管辖权。因为每一个国际组织都没有受它长期管辖的民众，它对世界上的人民没有“属人权威”，国际组织的刑事管辖权只能根据具体公约的规定，对一些特定的犯罪行使刑事管辖权。一般来说，属人管辖原则也不是“地区”行使刑事管辖权的原则。地区与国家不同，它没有主权，它对管辖下的人民亦没有最高的属人权威。地区所在的国家才对“地区”的人民享有最高属人权威。在司法实践中，地区的司法机关对地区管辖下的人民在领域外的犯罪行使刑事管辖权，是地区所在国对地区行使刑事管辖权的授予或默许，应当视为地区所在的国家按照属人原则行使了刑事管辖权。因为地区的司法机关是它所在的国家的司法机关的组成部分，地区的刑法是它所在国家刑法的一部分。地区的刑法和司法机关只是相对于这个国家的适用于其他法域的刑法和司法机关来说是独立的。

四、保护管辖原则

保护管辖原则也称安全原则，它是指一个国家根据它所承担的保护国家整体利益不受侵犯和保护国民不受犯罪行为侵害的法定义务，对于外国人在该国领域外实施的针对其国家或国民的犯罪，行使刑事管辖权。[①] 这个刑事管辖权原则出现于19世纪初期，由欧洲大陆的一些国家首先主张。法国1808年的《刑事诉讼法》第694条规定，外国人在法国领土以外犯反对法国国家安全、伪造法国国玺或通行的法国国家货币的重罪或轻罪，不论是犯罪者或是同谋者，只要他在法国被捕获或者法国政府取得了对他的引渡，都可以按照法国法律的规定被起诉和审判。这种主张提出后，遭到一些学者的批评。著名的国际法学家奥本海认为，对国家是否有权管辖外国人在外国所犯的行为这个问题，“必须给予否定的回答”[②]。但是，第二次世界大战以后，包括以前持反对意见的英、美等国，也开始运用保护管辖原则惩治外国人在国外实施的针对本国国家或国民的犯罪。1946年英国审判的乔埃斯就是一个著名的案例。威廉·乔埃斯是一个曾居住于英国的美国人。1939年8月他来到德国，被柏林的一家德国广播公司雇佣为英语新闻的播音员，在近一年的广播中，他以一个英国勋爵的身份为希特勒德国效劳。二次大战结束后，英国在德国逮捕了威廉·乔埃斯，并把他押回伦敦，以叛逆罪对他提起诉讼并判处其死刑。威廉·乔埃斯不服判决，一直上诉到英国上议院。英国上议院驳回了威廉·乔埃斯的上诉，维持原判。[③]

外国人在本国领域外对本国国家或国民犯罪，要受到犯罪地国家属地权威及该外国人国籍国的属人权威的支配，犯罪地国或国籍国可能会对犯罪人行使管辖权。在多数情况下，本国无须行使刑事管辖权就可以达到保护本国国家或国民利益的目的。但是，在特殊情况下，本国如果不行使管辖权，就不能保护本国国家或本国国民的利益。例如，如果犯罪发生在公海上，犯罪人国籍国又没有行使刑事管辖权的；或者犯罪地国、国籍国出于某种原因，都没有追究犯罪人的刑事责任，本国如果不予追究，一不利于打击犯罪，二不利于保护受害国或被害人的利益。在这些情况下，本国根据保护管辖原则行使管辖权就成为必要。所以，目前多数国家的国内法

① 需要说明的是，国际法学者认为保护原则和被害人国籍原则是两个不同的管辖原则。我国刑法学者认为，保护国家法益和保护国民利益都是国家的责任，从强调“保护”的角度出发，将国际法学者认为的两个原则合并为一个“保护原则”。参见高秀东：《刑事管辖权专题整理》，43页，北京，中国人民公安大学出版社，2010。

② [英] 詹宁斯、瓦茨修订：《奥本海国际法》，1卷，1分册，333页，北京，中国大百科全书出版社，1995。

③ 参见 [美] 冯·格拉恩（Von Glahn）：《国家之间的法律》，3版，213～214页，纽约，Macmillan，1976。

都规定有“保护管辖原则”。例如意大利刑法第 10 条规定：“除第 7 条和第 8 条列举的情况外，外国人在外国领域实施侵害意大利国家或者公民的犯罪并且意大利法律对之规定适用无期徒刑或者最低不少于 1 年的有期徒刑的，依照意大利刑法处罚，只要该人处于意大利国家领域内并且司法部长提出了要求或者被害人提出了申请或者告诉”。日本刑法第 2 条规定：本法适用于在日本国外犯下列各罪的一切人：第 77 条至第 79 条（内乱、预备和阴谋、帮助内乱等）的犯罪；第 81 条（诱致外患）、第 82 条（援助外患）、第 87 条（未遂罪）和第 88 条（预备和阴谋）的犯罪；第 148 条（伪造货币和行使伪造的货币等）的犯罪及其未遂罪；第 154 条（伪造诏书等）、第 155 条（伪造公文书等）、第 157 条（公证证书原本不实记载等）、第 158 条（行使伪造的公文书等）以及与应由公务机关或者公务员制作的电磁记录有关的第 161 条之二（不正当制作和提供电磁记录）的犯罪；第 162 条（伪造有价证券等）和第 163 条（行使伪造的有价证券等）的犯罪；第 163 条之二至第 163 条之五（支付用磁卡电磁记录的不正当制作等、持有不正当电磁记录的磁卡、准备不正当制作支付用磁卡电磁记录、未遂罪）的犯罪；第 164 条至第 166 条（伪造和不正当使用御玺等、伪造和不正当使用公印等、伪造和不正当使用公务符号等）的犯罪以及第 164 条第二项和第 166 条第二项的未遂罪。此外，泰国、德国、奥地利、韩国等，均有保护管辖原则的规定。① 不少国际公约也承认国家以保护管辖原则行使自己的刑事管辖权。例如，《关于在航空器内犯罪和其他某些行为的公约》规定：“非登记国的缔约国不得为了对航空器内所犯的罪行行使其管辖权而干预飞行中的航空器，但有下列情况除外：罪行危及该国的安全。”《禁止酷刑和其他残忍、不人道或有辱人格的待遇或处罚公约》规定：“每一缔约国对下列情况中的罪行应采取一些必要的措施，以确立第四条中所述的管辖权：……（C）受害人是该国国民，而该国认为确系如此。”

保护管辖原则对于保护本国国家及国民的利益是有益的，但是，它可能侵犯他国的主权。为了维护国际社会的刑事管辖秩序，既尊重他国主权，又兼顾保护本国利益，必须对国家行使保护管辖原则有所限制。从各国刑法的规定来看，其限制方法主要有：第一，在本国刑法中明确规定保护管辖原则的适用范围。有的国家通过列举的方法规定保护管辖原则适用

① 参见杨建华：《刑法总则之比较与检讨》，42～49 页，台北，台湾广益书局，1988。

的范围，对外国人犯刑法列举的罪行以外的犯罪不适用。德国、日本、泰国的刑法均有此规定。如泰国刑法第 7 条规定：于泰国境外犯下列各罪者，应在国境内处罚之：(1) 侵犯皇室罪；(2) 伪造货币、邮政税务等票证、有价证券等罪；(3) 抢劫罪。该法还明确规定，犯罪行为人系外国人而泰国政府或人民为被害人并要求处罚者，虽在泰国境外犯下列各罪，依第 8 条第 1 项、第 2 项规定，亦应在国境内处罚之：(1) 危害公共安全罪；(2) 伪造文书罪；(3) 强奸罪；(4) 杀人罪；(5) 伤害罪；(6) 遗弃罪；(7) 妨害自由罪；(8) 窃盗罪及抢夺罪；(9) 恐吓勒索及抢劫罪；(10) 诈欺罪；(11) 侵占罪；(12) 赃物罪；(13) 毁损罪。有的国家还概括规定该原则适用于罪行严重的犯罪，如意大利刑法第 10 条的规定即属此类。第二，为保护管辖原则的适用规定条件。这方面的条件大多是“犯罪地的法律也认为是犯罪的”。如果犯罪地国法律不认为是犯罪的，本国不适用保护管辖原则。我国刑法就是这样规定的。

有的学者认为：“保护管辖原则在实际运用中应当受到一定的限制，即保护管辖原则对外国人在本国领域外实施的犯罪行使刑事管辖权时，必须尊重犯罪地国的法律。对于犯罪地国的法律不认为是犯罪的行为，任何国家不得以保护本国国家或公民的利益为由，按照保护管辖原则来对有关行为人行使刑事管辖权。”① 笔者认为，这种观点值得商榷。设立保护管辖原则的目的就是为了保护本国的国家利益和本国公民的合法利益不受侵犯。国与国之间的法律不同、关系也有友好与敌对之分，侵害国家利益的行为往往是有关国家指派某些公民以个人的身份实施的，在该国当然不认为是犯罪行为。如果把保护管辖原则的实施限制在“犯罪地国的法律也认为是犯罪”范围内，一些侵害国家利益的犯罪，尤其是有关国家指使的严重侵害国家利益的犯罪，就无法得到打击，保护管辖原则就失去了意义。从国际司法实践来看，有一些国家并不以此为条件来限制本国的刑事管辖权，其效果是很好的。在上文我们说到的乔埃斯案中，乔埃斯是为纳粹德国服务的，在犯罪地国（纳粹德国）看来，乔埃斯的行为不仅不构成犯罪，而且是有功的。如果将“犯罪地国的法律也认为是犯罪”作为行使保护原则的前提，英国就不能对乔埃斯起诉和审判。同样道理，一个国家也不可能对侵略本国的他国战争罪犯进行起诉和审判。可见，将“犯罪地国的法律也认为是犯罪”作为行使保护原则的条件，是不合适的。

---

① 张智辉：《国际犯罪通论》（增补本），281 页，北京，中国政法大学出版社，1999。

五、普遍管辖原则

在汉语中，“广大周遍为之普”，普遍谓之广泛、全面。从字面意思上说，普遍管辖原则是指管辖范围广泛的原则。普遍管辖原则存在于国际法和一些国家的刑法中，它是指一个国家管辖外国人在外国实施的并非侵犯本国国家利益和本国公民的犯罪案件而依据的原则。按照传统的刑事管辖权理论，国家管辖的刑事案件，都是与管辖国有联系因素的案件，这些联系因素是“犯罪发生在本国领域内”、“犯罪人是本国公民”以及“被害方是本国国家或本国公民”。国家管辖外国人在外国领域实施的并非侵犯本国公民和本国利益的犯罪，不存在上述的联系因素，它使国家的刑事管辖权扩展到本国领域外的广大地域，用“普遍管辖”一词概括，的确是非常恰当的了。

普遍管辖的理论最早出现于中世纪地中海沿岸的一些国家。著名的国际法学家格劳秀斯在他的名著《战争与和平法》中将其系统化。他认为，“对于影响到整个人类社会的罪行，他们（指的是受到犯罪影响的国家。本书作者注）就没有同样的至高的权力或裁量权，因为其他独立的国家或其统治者也有权利实施惩罚”①。

普遍管辖原则作为一种刑事管辖权原则，起源于 19 世纪，其直接动因是各国打击海盗罪——最初的国际犯罪的共同需要。

在海洋上有海盗的历史是很悠久的，最猖獗的年代是在资本主义前夕的资本原始积累时期。那时的海盗行为往往是某些国家纵容和支持的，是一些国家进行资本原始积累的手段。海盗们不仅抢劫黄金和白银，而且抢夺殖民地。有一些出名的海盗曾经获得官方的奖励。② 随着各国资本主义的日益发展，海上贸易和航海运输的发达，在海上抢劫船只、掠夺财产的行为成为阻碍资本主义发展的破坏因素，它侵害的是不特定多数人的生命与财产，引起世人的公愤。早期的英国国际法学家理奥林·詹金斯（Leoline Jenkins）在 1664 年的一次会议上提出：“所有的海盗，从法律的观点来看，都是人类的敌人，不是一个国家或者某一类人民的敌人，而是全人类的敌人。他们是非法的，每一个人都可以接受命令并武装起来反对他

---

① ［荷］格劳秀斯著，［美］A.C. 坎贝尔英译：《战争与和平法》，何勤华等译，317 页，上海，上海人民出版社，2005。

② 参见林欣：《国际法中的刑事管辖权》，60～61 页，北京，法律出版社，1988。

们，就像反对叛逆者和卖国贼那样去镇压和剿灭他们。”[①] 海上犯罪与陆地不同，它往往不在任何一国的范围内，而且犯罪分子在犯罪后的逃窜极为便利，靠一国的力量打击犯罪是相当困难的事情。自 19 世纪以来，世界各国在同发生在公海上的海盗行为作斗争中，逐渐形成了一种习惯国际法，即对于海盗罪，世界各国都有进行管辖的权力。[②] 20 世纪以后，上述惩治海盗罪的习惯法，开始被国际公约所确认。1922 年 2 月 6 日订于华盛顿的《关于在战争中使用潜水艇和有毒气体的公约》（未生效）第 3 条规定：服务于任何国家的任何人，如违反对商船进行攻击、拿捕和破坏现行法的人道规则，不论他是否奉有上级命令，一概认为是对战争法规的破坏，将按照海盗罪行受审判和惩罚，且该违法者在哪一个国家法律管辖的区域内被发现，即受哪一个国家的民事或军事法庭审判。第二次世界大战以后，为了有效惩治德国主要战争罪犯，根据《关于控诉和惩处欧洲轴心国主要战犯的协定》及其附件《欧洲国际军事法庭宪章》组成的欧洲国际军事法庭宣布，各国均可设立法庭，对犯有战争罪行的人进行审判和惩罚，只要该类罪犯处在受其实际控制的状态。1949 年 8 月 12 日的日内瓦四公约均明确规定：各缔约国有义务搜捕被控为曾犯或曾令人犯战争罪行的人，并应将此种人不分国籍，送交各该国法庭。这些规定，等于将习惯法中的普遍管辖原则法定化。1958 年的日内瓦《公海公约》和 1982 年的《联合国海洋法公约》再次确认了惩治海盗罪的普遍管辖原则。

20 世纪 70 年代以后，科学技术发展突飞猛进，交通运输变得极其便利，国际交往日益增多。与此同时，国际犯罪成为危害国际社会和平与安宁的心腹之患。按照各国国内刑法规定的“属地”、“属人”和“保护”原则打击犯罪，很多国际犯罪分子就会成为漏网之鱼。为了为国际犯罪编制一个严密的法网，很多国际公约效法以前有关国际公约惩罚海盗罪、战争罪的规定，将普遍管辖原则明确规定在条约文本里。这些公约主要有：1970 年 6 月的《关于制止非法劫持航空器的公约》、1971 年 2 月 21 日的《1971 年精神药物公约》、1971 年 9 月 23 日的《关于制止危害民用航空安全的非法行为的公约》、1972 年 3 月 25 日的《经〈修正 1961 年麻醉品单一公约的议定书〉修正的 1961 年麻醉品单一公约》、1973 年 12 月 14 日

---

① ［英］威斯特勒克（J. Westlake）：《国际法》（英文版），第一部分，177 页，伦敦，剑桥大学出版社，1904。转引自林欣：《国际法中的刑事管辖权》，62 页，北京，法律出版社，1988。

② 参见张智辉：《国际刑法通论》，82 页，北京，中国政法大学出版社，1999。

开放签字的《关于防止和惩处侵害应受国际保护人员包括外交代表的罪行的公约》、1979 年 12 月 18 日开放签字的《反对劫持人质的国际公约》、1988 年 12 月 19 日的《联合国禁止非法贩运麻醉药品和精神药物公约》。这些公约在确认有关当事国国内法规定的刑事管辖权的同时，都明确规定：每一个缔约国如发现被指控的罪犯在其领土内，如不将其引渡给有关当事国，应采取必要措施确立其对此类犯罪的管辖权。为了贯彻国际公约的这些规定，不少缔约国都在本国刑法中规定，本国刑法适用于对本国有拘束力的国际公约规定的犯罪。

仔细研究适用于管辖外国人在外国实施的并非侵犯本国公民和本国利益的普遍管辖原则，我们发现它们管辖的依据是不同的。有的国家是仅仅根据国内法管辖这类案件，有的是根据本国缔结和参加的国际条约以及国内法的规定管辖这类案件，我把前者称之为“绝对的普遍管辖原则”，把后者称之为“相对的普遍管辖原则”。

“绝对的普遍管辖原则”的理论基础是“犯罪的世界性说”。在这个理论的影响下，意大利、土耳其、西班牙、德国、比利时等国的刑法，在相当长的一段时期内坚持认为，任何犯罪都是对人类的一种危害，不论犯罪人是哪国人，也不论犯罪发生在哪里，只要犯罪人处在本国的主权范围内，本国就有权对其进行刑事管辖。① “意大利刑法典第 10 条规定，如果外国人在外国犯有损害外国国家或外国人的罪行，具备了下列 3 个条件，在意大利司法部长的要求下，犯罪分子应按意大利法律予以惩罚：(1) 犯罪分子在意大利领土内；(2) 罪行应处死刑，无期徒刑或三年以上有期徒刑；(3) 对该罪犯不能予以引渡；或者犯罪地的国家或罪犯所属国家不接受犯罪分子”②。“德国 2002 年国际刑法典第 1 条明确规定，对于本法所规定的一切严重违反国际法的犯罪行为，即使行为是在国外实施并且与本国没有任何联系，本法也应适用。1993 年 6 月比利时议会颁布的《关于惩治严重违反国际人道法行为的法律》，在行使普遍管辖权方面作出了突破性规定。该法律规定比利时法院对战争罪拥有管辖权，1999 年 2 月 19 日对该法进行修正后，又将管辖权扩大到灭绝种族罪和反人类罪，而无论此种罪是在何时何处犯下、被告是否在比利时领土上、被告或被害者是否具有比利时国籍或以该国为居所地。由此可见，该法律从传统的‘有限的普

① 参见张智辉：《论国际法中的普遍管辖原则》，载《法学研究》，1992 (6)。
② 林欣：《国际法中的刑事管辖权》，17 页，北京，法律出版社，1988。

遍管辖’向前迈进了一步，从而被人们称为‘万国管辖权法’”①。

“绝对的普遍管辖原则”的理论基础——“犯罪世界性说”的观点是难以成立的。根据马克思主义的法学观，国内犯罪只能是对具体的国家秩序的侵害，而不可能是对整个人类社会的一种侵害。犯罪是有阶级性的，没有超阶级的犯罪。马克思、恩格斯在《德意志意识形态》一书中深刻指出：犯罪——孤立的个人反对统治关系的斗争，和法一样，也不是随心所欲地产生的。相反地，犯罪和现行的统治都产生于相同的条件。正因为如此，各国在对犯罪行为的界定上也是千差万别的，一种行为，在一个国家认为是犯罪，在另一个国家则不认为是犯罪。这不仅在“法定犯罪”中是这样，在“自然犯罪”中也是如此。例如，各国刑法均有“盗窃罪”的规定，但是，盗窃多少数额的财产构成盗窃罪，各国刑法规定是不同的。因此，用本国的刑事法律去管辖与本国毫无关系的犯罪，不仅违反尊重国家主权原则，而且从司法的角度也是不可能的。因此，犯罪的“世界性说”和绝对的普遍管辖原则的在我国刑法学界被长期否定是有道理的。② 比利时等国的绝对普遍管辖权实行以来，不仅受到了许多国家的抵制，也给本国的司法带来无法克服的困难，这些国家不得不通过修改法律，予以改变或者通过司法程序限制它的适用。法学界也普遍不承认绝对的普遍管辖权在国际法中得到确立。③

绝对的普遍管辖原则和相对的普遍管辖原则的相同之处在于，一个国家均可以管辖与本国没有联系因素的犯罪。但是，这两个原则的区别是很明显的。首先，它们的理论基础不同。绝对的普遍管辖原则的理论基础是“犯罪的世界主义”，即认为不论发生在哪一国的犯罪，均是对人类的一种危害，所以，一国可以对发生在他国的犯罪进行起诉和审判。相对的普遍管辖原则的确立并不是根据这个理论，它基于人类打击国际犯罪的共同需要。每一个具体的国际犯罪侵害的是具体的国家或具体的人（某些战争罪行除外），犯罪地国、受害国或受害人所在国、犯罪人国籍国都有权管辖。但鉴于国际交通的便利，上述国家可能无法控制犯罪人，无法行使实际的刑事管辖权，如果他国在打击犯罪方面不予

① 高秀东：《刑事管辖权专题整理》，228～229 页，北京，中国人民公安大学出版社，2010。

② 参见高铭暄：《刑法问题研究》，46 页，北京，法律出版社，1994。

③ 参见高秀东：《刑事管辖权专题整理》，227 页，北京，中国人民公安大学出版社，2010。

配合，或者发现国际犯罪分子后不管不问，等于纵容犯罪。这种状况如果长期下去，各国都将受到损害。为了本国的长远利益，国家通过签订国际公约，承担一种打击国际犯罪的义务。相对的普遍管辖原则的理论根据，可以概括为“国家打击国际犯罪的义务说”，一个国家根据相对普遍管辖原则惩治犯罪，并非是本国也受到了该犯罪的侵害，而是根据其缔结或加入的国际条约的规定，履行其打击犯罪的国际义务。其次，它们包含的内容不同。绝对的普遍管辖原则是一国根据自己的国内刑事法律，去管辖发生在他国的刑事案件，按照这个原则行使国家的刑事管辖权，有的需要一个限制条件，即犯罪人在本国出现，有的甚至连这个条件都不需要。这种管辖原则容易为国际霸权主义提供理论根据。不论别国有无管辖权，只要本国认为构成了犯罪，本国就可以对其起诉和审判。英国的国际法学者代西（A. V. Dicey）曾说过：“任何一个国家的法院，对于任何案件，只要能够作出一个有效的判决，英国法律应承认它有权管辖（即有权对该案件进行裁判）。”① 为了惩治某个人，取得对案件的管辖权，某超级大国竟派军队到他国去，将他国的国家元首抓来进行审判。这样下去，国际社会就没有什么秩序和公理了。相对普遍管辖原则的内容，是一个国家根据有关国际公约和国内的刑事法律，对特定的国际犯罪案件行使刑事管辖权。这个原则的行使，有一系列限定条件。因此，相对普遍管辖原则与绝对普遍管辖原则相比较，它在一定程度上可以防止侵害他国主权，保障建立国际刑事管辖权秩序，避免在刑事管辖权领域出现霸权主义。

相对的普遍管辖原则是当前国际法和大多数国家公认的刑事管辖权原则，它对于打击国际犯罪有积极的作用。这个原则有没有消极的一面，会不会造成对他国主权的侵犯？学者们有不同的看法。有学者乐观地指出：“在国际刑法中适用普遍管辖原则，与尊重和维护国家主权并不矛盾。”② 笔者不敢苟同这种观点。根据相对的普遍管辖原则管辖的案件，绝大多数发生在他国领域内（在公海、公空发生的案件毕竟是少数），犯罪人多数是他国的公民（因为无国籍的人毕竟是少数），犯罪侵害的也可能是另一个国家的利益或是另一个国家的公民（有的案件没有明确的被害国或被害人，例如国际贩毒案件）。因此，对该案件享有管辖权的，可能不止一个

① 倪征燠：《国际法中的司法管辖问题》，5页，北京，世界知识出版社，1985。
② 张智辉：《国际刑法通论》（增补本），87页，北京，中国政法大学出版社，1999。

国家。一个国家对案件行使了管辖权，就等于否定了他国的管辖权。所以，正如有的学者指出的那样："对外国人在外国的行为行使刑事管辖权的任何主张，都有侵犯该外国对它的领土内发生事项加以规定的主权权利的危险。在极端情形下，管辖权的主张可能侵害不干涉和国家主权平等的原则。"① 此外，尽管相对的普遍管辖原则有国际公约作为管辖的根据，也可能侵害他国的主权。从目前国际法的实践来看，还没有一个国际公约的缔约国包括世界上所有国家。一个国家根据国际公约对某一个案件行使普遍管辖权，就会侵犯案件发生在其领域内的非缔约国的主权。因此，按照相对的普遍管辖原则行使刑事管辖权，可能造成对他国主权的侵害，加剧国家间刑事管辖权的冲突。这是相对的普遍管辖权原则的消极一面。为了减少这种侵害，任何一个国家在按照这个原则管辖案件时，必须遵守以下的条件：第一，各国必须按照国际公约的规定，将相对普遍管辖原则适用于国际犯罪，不得擅自扩大该原则的适用对象的范围。第二，"国际犯罪行为人的自动出现在管辖国领域"必须成为行使相对的普遍管辖权的前提。禁止任何国家先以武力（暴力）到他国抓获犯罪人而后再声称其根据普遍管辖原则享有刑事管辖权。第三，本国必须是有关国际公约的缔约国，而且对有关国际犯罪及普遍管辖权原则的有关条款没有提出保留。第四，没有国家对该犯罪行为人提出引渡，或者虽有引渡请求，但根据本国的法律规定，不能将行为人引渡给请求国。

六、其他刑事管辖原则

上文论述的四个刑事管辖权原则，是广大学者公认的、也是多数国家的法律、多项国际公约承认的原则。这些原则具有各自独特的内容和理论根据，已经比较成熟。除了这些原则外，还有一些确定刑事管辖的原则，尽管不够成熟，还存在争论，但对于确定刑事管辖权有一定的意义，笔者在这里一并作一介绍。

1. 旗（籍）国管辖的原则

如前文所述，把在一国登记、挂该国国旗的船舶、航空器解释为该国领土或"浮动领土"，是难以成立的，也不被广大国家所接受。因此，在船舶、航空器内发生的刑事案件，登记国就不能按照"领域管辖原则"实

① ［英］詹宁斯、瓦茨修订：《奥本海国际法》，1卷，1分册，336页，北京，中国大百科全书出版社，1995。

施管辖。船舶与航空器是现代化的运输工具，在国际航程中可能要穿越若干国家的领域、公海或公空。在它们上面发生的刑事案件，按照“领域管辖原则”进行管辖，有时是极为困难的。因为当航空器在公空、船舶在公海航行时发生了刑事案件，犯罪地不在任何国家。即使不是航行在公海或公空，因航行速度很快，有时难以确定犯罪发生时船舶、航空器是处在哪一国的领域内。使用“领域管辖原则”确定航行中的航空器、船舶内发生的刑事案件的管辖权，会有无尽的麻烦。

航行中的船舶、航空器有一个封闭且独立的空间，在其内发生的行为，一般不会给外面带来什么影响。在一国登记的船舶、航空器，应当悬挂或标有登记国的国旗，它要遵守登记国的法律，受登记国管理，因此，登记国对于发生在其内的刑事案件行使刑事管辖权，应该是天经地义的。不少国际公约承认航空器登记国的刑事管辖权。《关于在航空器内的犯罪和犯有某些其他行为的公约》第 3 条第 1 项规定，航空器登记国有权对航空器内的犯罪和所犯行为行使管辖权。根据《关于制止非法劫持航空器公约》第 4 条的规定，在该国登记的航空器内发生犯罪的，缔约国应采取必要的措施以确立其对罪行和对被指称的罪犯对旅客或机组所犯的同该罪行有关的任何其他暴力行为的管辖权。根据《联合国海洋法公约》第 92 条的规定，船舶航行应仅悬挂一国的旗帜，而且除国际条约或本公约明文规定的例外情形外，在公海上应受该国的专属管辖。

许多国家的法律都确认“旗（籍）国管辖的原则”。德国刑法第 4 条规定：“在悬挂德意志联邦共和国国旗、国徽的船舶、航空器内发生的犯罪行为，无论行为地法律如何规定，均适用德国刑法。”奥地利、意大利、泰国、韩国、日本及我国的刑法都有类似的规定。

旗（籍）国管辖的原则并不能排除其他管辖原则。当船舶、航空器停泊在他国的港口、机场或航行于他国领域内时，他国亦有权按照“领域管辖原则”管辖船舶、航空器内发生的刑事案件；被告人的国籍国也有权按照“属人管辖原则”对船舶、航空器内发生的案件行使管辖权；被害人国籍国也有权按照“保护管辖原则”行使管辖权。

2. 永久居所和主要营业地管辖的原则

这个原则是在 20 世纪 60 年代后期发展起来的一个民事管辖原则。第二次世界大战以后，大批的亚洲、非洲国家的公民涌到欧洲大陆做工或者居住，这使得欧洲特别是西欧各国每年出现大量外国籍当事人的民事案件。西欧各国的法院不熟悉这些当事人所在国的法律，因此它们审理这些案件时遇到很多麻烦。为了避开这些问题带来的困扰，法官们提出了以当事人的住所或习惯住所代替国籍作为管辖根据。这种主张因为可以扩大某些国家的管辖权，因而得到了西欧各国的认可。①

为了打击国际犯罪，有关的国际公约将这一管辖原则规定为刑事管辖权原则。《关于在航空器内的犯罪和犯有某些其他行为的公约》第 4 条第 2 项规定，犯罪人或受害人在该国有永久居所的非登记国的缔约国，也可以对飞机上的犯罪行使管辖权。《关于制止非法劫持航空器公约》第 4 条第 1 项规定，在租用的不带机组人员的航空器内发生的犯罪，承租人的主要营业地或永久居住地的缔约国，也可以行使刑事管辖权。《关于制止危害民用航空安全的非法行为公约》、《反对劫持人质公约》和《联合国禁止非法贩运麻醉药品和精神药物公约》也有同样的规定。有些国家的刑法也采纳这个刑事管辖原则。1978 年的以色列刑法修正案第 1 条规定：在以色列有居所的人在国外犯罪，适用以色列刑法。

根据有关国际公约的规定，永久居所和主要营业地管辖的原则，实际上是为了堵塞前文所述五个管辖权原则所遗留下来的漏洞。各个国家内都居住有一些无国籍的人，当他们实施了犯罪行为后，没有国家能按照“属人原则”行使管辖权；当他们成为犯罪行为的被害人后，也没有国家能按照“保护原则”对案件行使管辖权。此外，当承租人租来的不带机组人员的飞机上发生犯罪，再由登记国按照“机籍国管辖的原则”行使管辖权，既不合理又会给诉讼带来很多麻烦。因为飞机租出后，已经脱离了机籍国的控制，飞机是按照承租人所在国的法律进行管理的，在这种情况下发生犯罪，再由机籍国行使管辖权，有些勉为其难。况且，飞机不带机组人员被租出，当案件发生时，飞机上可能没有本国的公民，由机籍国起诉和审判，一方面不利于收集证据，另一方面也不便于当事人参加诉讼。这样，登记国不会有行使管辖权的积极性。为了保证对租来的不带机组人员的飞机上发生的犯罪及时起诉和审判，允许承租人主要营业地管辖是必要的。

刑事管辖权原则是一个极为复杂的问题，学者们对它的解释见仁见智，国际上也没有形成一套公认的刑事管辖权原则体系，司法实践中各国的执行又各有千秋，刑事管辖权冲突不断发生。这些为我们研究刑事管辖权原则，尤其概括刑事管辖权原则带来相当的困难。但是，事物总

---

① 参见林欣：《国际法中的刑事管辖权》，20 页，北京，法律出版社，1988。

有另一个方面。复杂的问题会给我们的研究带来丰富的材料，开拓异彩纷呈的空间。随着国际刑事管辖实践的发展，不久的将来，可能会出现一些新的刑事管辖权原则。在这个问题上，我们不必墨守成规，而应当积极迎接挑战，建立刑事管辖权原则研究的开放体系，丰富法学理论的研究内容。

第三章　国家刑事管辖权的基本问题

一、国家刑事管辖权的特征

国家是国际社会普遍认可的，具有人民、领土、主权和合法政府的政治实体。国家刑事管辖权，是指国家作为政治实体所具有的起诉、审判和惩罚犯罪的基本权能。

国家的刑事管辖权是国际社会存在的最基本也是最主要的刑事管辖权，它不仅派生了合法地区的刑事管辖权、国际组织的刑事管辖权①，而且具有不同于地区刑事管辖权、国际组织刑事管辖权的独特个性。这种独特个性包括以下三个方面：

1. 地位上的独立性。国家刑事管辖权伴随国家的成立而自然产生，它的行使是国家的自主行为，不需要其他任何政治实体的授权或批准。国际社会对任何一个国家的刑事管辖权都应给予尊重，不得随意干涉，否则将构成对国家主权的侵犯，引发严重的国际争端。国家刑事管辖权不受制于任何类型的刑事管辖权，相反，其他类型的刑事管辖权往往以国家刑事管辖权为基础，例如，合法地区的刑事管辖权是对国家刑事管辖权的合法分配，而国际组织刑事管辖权，有的是国家对其刑事管辖权向国际组织的让渡，有的是国家刑事管辖权的联合行使，它们都离不开国家的刑事管辖权。

2. 权能上的完整性。国家刑事管辖权是最为完整的刑事管辖权，它包括了处置犯罪的所有权能。在建立了现代法治的文明社会，对犯罪的处置不再是简单、随意的活动，它由一系列复杂的环节所组成。包括制定法

---

① 也有的学者称之为“国际刑事管辖权”。笔者认为称“国际组织刑事管辖权”是准确的。因为刑事管辖权作为一种实实在在的权力，是政治实体才能拥有的，国际组织是政治实体，也是具有国际人格者。而“国际”则泛指国家间或国际社会，它不是一个政治实体，因此不能拥有“刑事管辖权”。

律以确定什么行为属于犯罪以及对犯罪处以什么样的刑罚；制定法律确定用什么样的方式、方法和手段处置犯罪，在处置犯罪时如何保障人权。在法律确定后，国家还要设立警察机关、检察机关、审判机关和监狱，来分别行使侦查、起诉、审判和执行等刑事管辖权的具体权能。所以，国家的刑事管辖权包含了刑事立法权和刑事司法权，也覆盖了处置犯罪的所有环节。与国家刑事管辖权相比，地区刑事管辖权、国际组织刑事管辖权都不是完整的。合法地区的刑事管辖权是国家授予的，是国家刑事管辖权的组成部分，它不像国家刑事管辖权那样有完整的立法权能，它的权力内容和边界需要国家立法来确定，要与国家的刑事管辖权相协调。割据地区的刑事管辖权虽然从形式上看有刑事立法权和刑事司法权，但那仅局限于国内的割据地区。割据地区没有“国际人格”，不能缔结国际条约，因而没有参与国际立法的权力，其刑事管辖权与国家刑事管辖权相比也是不完整的。国际组织的刑事管辖权与国家刑事管辖权相比，更不可同日而语。国际组织一般是根据国际条约而成立的，它不具有任何立法的权能，不能像国家那样对自身的刑事管辖权进行顶层设计，只能根据设立它的条约或其他相关规定来行使刑事管辖权。此外，从以前的司法实际情况来看，拥有刑事管辖权的国际组织，实际上只是一个审判机构，它可以行使审判权，也可以通过配属的检察官行使起诉权，但是，它没有侦查犯罪、执行判决的机构、场所和能力。所以，国际组织的刑事管辖权，仅仅包括司法层面的起诉犯罪、审判犯罪的权能。国际组织刑事管辖权的正常行使，必须要借助甚至依赖一些国家、地区的刑事管辖权。所以，国际组织的刑事管辖权是最不完整的。

3. 范围上的广泛性。不论从管辖的地区、管辖的人员还是管辖的犯罪类型来看，国家刑事管辖权的范围都是最为广泛的。国家刑事管辖权不仅及于所在国家的全部领土，而且可以根据国家签订或参加的国际条约，管辖一些发生在其领土外的国际犯罪；国家刑事管辖权不仅管辖其本国公民的犯罪，也可以根据属地原则、保护原则和普遍管辖原则管辖外国人和无国籍人犯罪。国家刑事管辖权不仅覆盖国内刑法规定的所有犯罪，而且及于国际法规定的国际犯罪。而地区刑事管辖权一般仅限于本地区内所发生的犯罪，难以管辖国际犯罪；国际组织刑事管辖权仅限于成立它的国际条约或决定所明确限定的一类或几类国际犯罪。

二、国家刑事管辖权的渊源

渊源，是指事物的本源或者根源。国家刑事管辖权的渊源，指的是国家刑事管辖权的本源，它应该包括两个方面：一是指政治上的权力来源，二是指形式上的法律来源。前者叫政治渊源，后者叫法律渊源。

（一）国家刑事管辖权的政治渊源

国家刑事管辖权是一种国家权力，它必然来源于国家的根本权力——国家主权。“主权是国家对内的最高权和对外的独立权。在国际法上是国家的根本属性，是国家基本权利的基础。”① 因此，国家的立法权、行政权、司法权、军事权的产生与行使，都要以国家主权为基础。

国家主权理论由来已久。在主权理论经典作家的著作中，都可以找到刑事管辖权来源于国家主权的逻辑推理。

法国人让·博丹（Jean Bodin，1529/1530—1596）被认为是现代国家主权理论的创始人。让·博丹在1572年所著的《共和国论》中，提出“主权是共同体（Commonwealth）所有的绝对且永久的权力，拉丁文称之为‘Maiestas’，希腊人称之为‘Akra Exousia’、‘Kurion Arche’或者‘Kurion Politeuma’，意大利则称之为‘Segiora’，他们认为‘主权’这个词既属于那些全权控制国家的人，也可以用于私人；而希伯来人（Hebrews）则称该词为‘Tomech Shevet’，即最高支配权。”②让·博丹认为的主权是永久的、绝对的、至高无上和不可分割的，“人民或君主才永远是主权的合法所有者。”③ 让·博丹认为，一个国家至高无上的权力共有五部分构成：“最重要的、第一位的权力就是任命官吏，并赋予他们职责；另一项就是制定和废止法律；第三是宣战和终止战争的权力；第四项就是保有对所有官吏的裁断不服，提出上诉后的最后听审权；第五项就是法律没有规定变通和宽恕的情况下，决定他人生死的权力。”④ 从上面这些论述可以看出，立法权和司法权是国家主权的主要组成部分，而刑事管辖权又是立法权、司法权的有机构成。所以，根据让·博丹的主权理论，刑事

① 夏征农、陈至立主编：《辞海》，3027页，上海，上海辞书出版社，2009。

② ［法］让·博丹著，［美］米利安·H·富兰克林编，李卫海、钱俊文译：《主权论》，25页，北京，北京大学出版社，2008。

③ ［法］让·博丹著，［美］米利安·H·富兰克林编，李卫海、钱俊文译：《主权论》，27页，北京，北京大学出版社，2008。

④ ［法］让·博丹著，［美］米利安·H·富兰克林编，李卫海、钱俊文译：《主权论》，12页，北京，北京大学出版社，2008。

管辖权的政治渊源就是国家主权。

英国人霍布斯（Thomas Hobbes，1588—1679）在1651年写成了一本论述国家的专著《利维坦》（Leviathan)。他在该书中，对国家的形成和主权者都作过系统的论述："自然状态中人们在不幸的生活中都享有'生而平等'的自然权利，又都有渴望和平和安定生活的共同要求，于是出于人的理性，人们相互间同意订立契约（信约)，放弃各自的自然权利，把它托付给某一个人或一个由多人组成的集体（如议会)，这个人或集体能把大家的意志化为一个意志，能把大家的人格统一为一个人格；大家则服从他的意志，服从他的判断。据称，这样订立的契约就叫做社会契约(亦称信约或盟约)，这个人或这个集体就是主权者，而像这样通过社会契约而统一在一个人格之中的一群人就组成了国家。"① 霍布斯在《利维坦》中，还比较详细地论述了"构成主权要素的权力"。他认为："主权还包括以下的全部权力，即订立规章，使每一个人都知道哪些财物是他所能享有的，哪些行为是他所能做的，其他臣民任何人不得妨害。这种规章就是人们所谓的法度。"② "司法权也属于主权的范围。就是听审并裁决一切有关世俗法与自然法以及有关事实的争执的权利。"③ 从霍布斯的论述中可以看出，人民通过契约组成国家，国家的最高权力是主权，主权包括了立法权和司法权，而作为立法权、司法权有机构成的刑事管辖权，自然就是从国家主权中产生的。

同样的观点，我们还可以在卢梭（J · J · Rousseau，1712—1778）的《社会契约论》中找到理论依据。

国家刑事管辖权的政治来源，是国家刑事管辖权的实质来源，它决定了国家刑事管辖权的本质属性。从主权的两个方面内容而言，对内管理的最高权似乎是不言而喻的事情，没有人对这点提出疑问，同样，刑事管辖权在处置本国领土上发生的本国公民犯罪的案件，似乎是没有什么争议的问题。刑事管辖权的行使一旦受到了国际因素的影响，就和主权紧密联系在一起，受到国人、国际社会的广泛关注。这似乎给人们一个错觉：主权

① [英] 霍布斯著，黎思复、黎廷弼译，杨昌裕校：《利维坦》，出版说明部分，5页，北京，商务印书馆，1985。

② [英] 霍布斯著，黎思复、黎廷弼译，杨昌裕校：《利维坦》，137～138页，北京，商务印书馆，1985。

③ [英] 霍布斯著，黎思复、黎廷弼译，杨昌裕校：《利维坦》，138页，北京，商务印书馆，1985。

及由其产生的刑事管辖权，只有在国际关系中才有意义，在国内管理上没有谈论的必要。其实，国家主权及刑事管辖权，在国内管理和国际关系上是同等重要的，只不过在国际关系上表现得更为明显，备受国人及国际社会的高度关注罢了。

（二）国家刑事管辖权的法律渊源

国家刑事管辖权的法律来源，是指国家刑事管辖权的表现形式。国家刑事管辖权是一个抽象的概念，只有表现在法律之中，刑事管辖权才有了具体而准确的内容，才能够在起诉、审判和惩罚犯罪活动中发挥实际的作用。

国家刑事管辖权是国家主权的组成部分，它的法律渊源，只能是宪法、基本法律和国家签订、缔结的国际条约。因为在现代国家，由于普遍实行了民主政治制度，人民才是真正的主权者。人民通过选出代表组成国家的权力机关（或者立法机关），来代表人民行使国家最高权力即国家主权。所以，只有国家最高权力机关（立法机关）制定的宪法、法律，批准的国际条约，才能够规定国家的刑事管辖权。

1. 宪法

宪法是国家的根本大法。在国家的全部法律体系中，宪法是具有最高权威和最大效力的法律，是制定其他法律的依据。

在当代社会，宪法是由国家的主权者“人民”制定的。人民通过选出代表，组成不同形式的制宪机关，如制宪会议、国民会议、政治协商会议等，具体负责宪法的起草、制定工作。所以，宪法的制定，充分体现了主权者的意志；宪法的内容，是国家主权以及主权者权利、利益的具体体现。

宪法一般以成文法的形式表现出来。在成文的宪法中，一般都有一些条文来明确规定国家的刑事管辖权。这些条文大体包括以下几类：第一，明确宣称国家对刑事犯罪享有刑事管辖权的条文。例如，我国宪法第 28 条规定：“国家维护社会秩序，镇压叛国和其他危害国家安全的犯罪活动，制裁危害社会治安、破坏社会主义经济和其他犯罪的活动，惩办和改造犯罪分子。”这种宣言式的规定，是国家刑事管辖权的最基本依据。第二，关于国家刑事立法权的归属以及法律管辖范围的条文，确立了国家刑事管辖权的法律基础。例如，我国宪法第 62 条规定，全国人民代表大会有权制定和修改刑事等其他的基本法律；第 33 条规定，中华人民共和国公民必须履行宪法和法律规定的义务，第 32 条规定，在中国境内的外国人必须遵守中华人民共和国法律。这些关于刑事立法权以及中国公民、外国人必须遵守中国法律的规定，为国家刑事管辖权的行使奠定了法律基础。第三，关于处理国与国之间关系的规定的内容，是国家刑事管辖权行使的基本准则。例如，我国宪法序言规定的“互相尊重主权和领土完整、互不侵犯、互不干涉内政、平等互利、和平共处的五项原则”，就是我国刑事管辖权行使的最基本的准则。第四，关于国家刑事管辖权在司法中的权力分配的条文。刑事管辖权是国家享有的抽象的国家权力，它必须通过司法中的权力分配，才能发挥实际和具体的作用。各国宪法一般通过设定司法机关以及对它们进行权力配置的方法，实现国家刑事管辖权的具体化。例如，我国宪法第 3 章第 7 节规定的“人民法院和人民检察院”，明确了人民法院是国家的审判机关，依照法律规定独立行使审判权；人民检察院是国家的法律监督机关，依照法律规定独立行使检察权。人民法院、人民检察院和公安机关办理刑事案件，应当分工负责，互相配合，互相制约，以保证准确有效地执行法律。这些规定，使我们知道了国家的刑事管辖权主要包括审判权、检察权（起诉和诉讼监督权）和公安机关行使的职权（侦查权），这三种职权之间是分工负责、互相配合和互相制约的关系。这三种职权在司法实践中的行使，就是国家刑事管辖权的具体体现。

2. 刑法

刑法是规定犯罪、刑事责任和刑罚的法律。广义的刑法包括刑法典、单行刑法和附属刑法等。刑法在法律体系中属于基本法律，一般都由国家的立法机关（权力机关）制定和修改。

不论在哪个国家，刑法的内容大体都包括以下几个方面：(1) 刑法的原则和效力（适用范围）；(2) 构成犯罪、需要承担刑事责任的条件；(3) 刑罚的种类及其具体适用；(4) 各个具体犯罪的构成要件以及应被处以的刑罚。从起诉、审判和惩罚犯罪来看，刑法提供了实体的标准和依据。所以，刑法是国家刑事管辖权行使的主要标准和依据。

从世界各国的刑法规定来看，有关刑法效力范围（或称适用范围）的规定，就是关于国家刑事管辖权原则的规定。通过这些关于刑法效力范围的条文，我们可以清楚地知道某个国家的刑事管辖权及于什么空间、及于什么人员和什么犯罪。例如，德国刑法第 3 条规定，“德国刑法适用于本国内的一切犯罪行为”，第 4 条规定，“在悬挂德意志联邦共和国国旗和国徽的船舶、航空器内发生的犯罪行为，无论行为地法律如何规定，均适用德国刑法”①。这两个德国刑法条文，确立了德国国家刑事管辖权的“属地原则”和“国旗国管辖原则”。再例如，日本刑法典第3条关于“国民的国外犯”的规定，使我们清楚地知道了日本刑事管辖权“属人原则”的基本内容。各国刑法典的这些规定充分证明，刑法是国家刑事管辖权的主要法律渊源，也是国家刑事管辖权行使的最主要的法律依据。

3. 刑事诉讼法

刑事诉讼法是国家制定或认可的公安（警察）、司法机关、当事人和其他诉讼参与人进行刑事诉讼活动所必须遵守的行为规范的总称。刑事诉讼法与刑法一样，是国家的基本法律，由国家立法机关（权力机关）制定和修改。

国家行使刑事管辖权的活动，体现在个案上，就是刑事诉讼的活动。刑事诉讼活动必须遵守刑法和刑事诉讼法的规定，所以，刑事诉讼法也是国家刑事管辖权的一个法律渊源。特别是刑事诉讼法中关于涉外刑事诉讼活动的法律规定，例如“关于刑事司法协助、引渡，外国刑事裁判的承认与执行”的规定，是国家处理与他国刑事管辖权冲突的直接法律依据。

4. 国家缔结和参加的国际条约

条约“广义上指两个或两个以上国际法主体间关于政治、经济、军事、文化等方面的相互权利和义务的各种书面协议，包括公约、协定、议定书、换文、联合宣言、联合声明、宪章等”②。条约的实质是为两个或两个以上的国际法主体（主要是国家）间设定权利和义务。条约的种类很多，有双边条约和多边条约，有造法性条约和契约性条约等。“我国外交部编辑的《中华人民共和国条约集》，按照条约包含的内容把条约分为14类：政治类、法律类、边界类、边界问题类、经济类、文化类、科学技术类、农林类、渔业类、卫生保健类、邮政电信类、交通运输类、战争法规类和军事类。”③

国际条约之所以能成为国家刑事管辖权的法律渊源，是因为有的条约有造法的功能。它的缔结（签订、参加）与实施，会改变国内法律规定的刑事管辖权。笔者认为，能够作为国家刑事管辖权法律渊源的条约，主要有以下四类：第一，确立国家对国际犯罪行使刑事管辖权的国际条约。这

① 徐久生、庄敬华：《德国刑法典》（2002年修订），3～4页，北京，中国方正出版社，2004。

② 夏征农、陈至立主编：《辞海》，2258页，上海，上海辞书出版社，2009。

③ 朱奇武：《中国国际法的理论与实践》，369页，北京，法律出版社，1998。

类条约一般是指那些国家作为缔约国参加的打击国际犯罪的造法性公约。例如，《关于制止非法劫持航空器的公约》第 4 条第 2 款规定："当被指称的罪犯在缔约国领土内，而该国未按（本公约，作者注）第 8 条的规定将此人引渡给本条第 1 款所指的任一国家时，该缔约国应同样采取必要的措施，对这种罪行实施管辖权。"本款所称的缔约国，既非犯罪地国，也非犯罪分子所属国，还不是航空器的登记国、降落国、航空器承租人的主要营业地、永久居住地国，总之，不存在适用国内法管辖这种犯罪的任何联系因素，一旦它成为《关于制止非法劫持航空器的公约》的缔约国，它就可以仅仅因为犯罪人出现在其领土上，而行使对该国际犯罪的管辖权。第二，让渡国家刑事管辖权的国际条约。这类条约是国家将自己本来拥有的对某些犯罪的刑事管辖权，让渡给其他国际法主体的条约。例如，第二次世界大战结束后，苏、美、英、法等国政府通过缔结《关于控诉和惩处欧洲轴心国战犯的协定》，把对苏、美、英、法等国犯下罪行，很多国家都有权管辖的欧洲轴心国的主要战犯，交给欧洲国际军事法庭审判，这是苏、美、英、法等国把刑事管辖权让渡给国际组织的例子。类似的条约还有《国际刑事法院罗马规约》（以下简称《罗马规约》）等。根据《罗马规约》的规定，该规约缔约国的领土内发生了《罗马规约》第 5—8 条规定的"灭绝种族罪、危害人类罪、战争罪、侵略罪"，国际刑事法院都可以行使刑事管辖权，因此，有关国家的刑事管辖权就可能让渡给国际刑事法院。第三，协调国家间刑事管辖权冲突的国际条约。国际社会经常发生国家间刑事管辖权冲突的事件，一些国家通过签订相关国际条约来避免或减少这种冲突。例如，第六届美洲国家会议于 1928 年 2 月 13 日议决的《巴斯塔曼特法典》第 302 条规定："构成犯罪的各项行为如发生在不同的缔约国，各缔约国就在其管辖区内所作行为，只要这一行为本身构成可以处罚的行为，得处以刑罚。如不能对各项行为分别处罚时，则犯罪地的当地主权国有优先权。"① 第四，规定对他国行使刑事管辖权提供便利的条约。这类条约多见于双边条约，主要指国家间，或者国家与国际组织间签订的引渡、刑事司法协助等有关国际刑事合作的条约。

三、国家刑事管辖体系的构成（以我国为例进行的分析）

刑事管辖体系，是一个国家法律规定或认可的刑事管辖权原则所构成

① 赵永琛：《国际刑法约章选编》，867 页，北京，中国人民公安大学出版社，1999。

的刑事管辖系统。刑事管辖体系由刑事管辖权原则构成，刑事管辖权原则在刑事管辖体系内有机结合，互相补充，构成了一个国家追究犯罪的法网。

从目前世界各国的法律规定来看，刑事管辖体系都是由多个刑事管辖权原则组成的，没有一个国家仅采取一个刑事管辖权原则来构建其刑事管辖体系。在一个刑事管辖体系中，若干刑事管辖权原则所起的作用不同，有的起主要作用，有的起次要或补充的作用。由于各国刑事管辖体系中刑事管辖权原则的数量不同或某些刑事管辖权原则内容的差异，形成了各具特色的刑事管辖体系。

在 20 世纪以前，有的国家的刑事管辖体系，以“属人管辖原则”为中心，有的以“属地管辖原则”为中心，表现出了较大的差异性。20 世纪以后，随着各国法律制度的不断交流和相互借鉴，世界法治出现了融合趋同的趋势，到目前为止，各国刑事管辖体系的差异不断缩小，这有利于在国际社会建立合理的刑事管辖秩序。

一个好的刑事管辖体系应该具备以下条件：第一，由若干个而不是单一的刑事管辖权原则构成；第二，若干个刑事管辖权原则能够实现有机的结合，在这些原则中，有的是主要原则，有的是次要的或补充性原则，相互之间协调一致；第三，刑事管辖权原则覆盖本国需要管辖的所有刑事案件，不会出现本国需要管辖的案件超出刑事管辖权原则之外的情况；第四，刑事管辖体系能为司法实践中进行刑事诉讼提供基本的便利条件，避免因管辖缺乏联系因素的案件而与他国发生广泛而严重的刑事管辖权冲突。

与大多数国家的刑法一样，我国的刑法第一章明确规定了我国的刑事管辖体系。我国刑法第 6 条规定：“凡在中华人民共和国领域内犯罪的，除法律有特别规定的以外，都适用本法。凡在中华人民共和国船舶或者航空器内犯罪的，也适用本法。犯罪的行为或者结果有一项发生在中华人民共和国领域内的，就认为是在中华人民共和国领域内犯罪。”这一刑法条文规定了两个刑事管辖原则，即“领域管辖原则”和“旗（籍）国管辖原则”。刑法第 7 条规定：“中华人民共和国公民在中华人民共和国领域外犯本法规定之罪的，适用本法，但是按本法规定的最高刑为三年以下有期徒刑的，可以不予追究。中华人民共和国国家工作人员和军人在中华人民共和国领域外犯本法规定之罪的，适用本法。”这条规定，确立了“属人管辖原则”。刑法第 8 条规定：“外国人在中华人民共和国领域外对中华人民共和国国家或者公民犯罪，而按本法规定的最低刑为3年以上有期徒刑的，可以适用本法，但是按照犯罪地的法律不受处罚的除外。”这一条规定了保护管辖原则。刑法第9条规定：“对于中华人民共和国缔结或者参加的国际条约所规定的犯罪，中华人民共和国在所承担条约义务的范围内行使刑事管辖权的，适用本法。”这是关于“普遍管辖原则”的规定。除此之外，我国刑法第11条还规定了享有外交特权和豁免权的外国人的刑事责任，通过外交途径解决等内容。

我国刑法规定的刑事管辖体系，以上述观点审视之，总体上来说是比较完备的。因为我国的刑事管辖体系以“领域管辖原则”为核心，辅之以“属人管辖原则”、“保护管辖原则”、“旗（籍）国管辖原则”和“普遍管辖原则”，实现了数个刑事管辖权的有机结合，构成了一个完整的刑事管辖权原则体系。这个刑事管辖体系，可以保证我国对发生在我国领域内的刑事案件（享有外交特权、豁免权的外国人、无国籍人犯罪除外）、我国公民在我国领域外犯罪的案件、外国人侵害我国国家和公民的严重的刑事案件，行使刑事管辖权，有效地维护了国家的领土主权和国家、人民的利益。同时还宣布了我国对我国缔结或参加的国际条约所规定的国际犯罪承担刑事管辖的义务。这个刑事管辖体系，实现了刑事管辖中的权力与义务的结合，域内刑事管辖权与域外刑事管辖权的结合，严密了我国的刑事管辖法网。

我国刑法在具体刑事管辖原则的规定上，还有以下问题需要探讨。

（一）关于“领域管辖原则”中的犯罪地

我国刑法规定的“领域管辖原则”，存在一些漏洞和缺憾。“领域管辖原则”是以犯罪地为管辖根据的，如何确定犯罪地，国内外的学者存在很多争论。概括起来，主要有四种观点，即“行为地说”、“结果地说”、“中间地说”和“行为与结果择一说”①。我国刑法采用的是最后一种观点，即只要“犯罪的行为或结果有一项发生在中华人民共和国领域内，就认为是在中华人民共和国领域内犯罪”。这样规定，似乎可以扩大我国的刑事管辖权，但有一种情况没有包括。我们通常理解的犯罪结果，是指“危害行为作用于犯罪对象而对犯罪直接客体造成的法定的实际损害或现实的危

---

① 赵秉志主编：《海峡两岸刑法总论比较研究》，63页，北京，中国人民大学出版社，1999。

险状态。”①有些犯罪案件，犯罪行为发生在我国领域外，行为人希望犯罪结果发生在我国的领域内（例如，站在别国领土上，向我国领土内的某个公民开枪；或在他国领域内向我国某个单位邮寄定时爆炸物品，意图致使某人死亡，或意图使某单位财产遭受重大损失；或从国外某地通过电信诈骗国内公民的钱财等），由于犯罪分子意志以外的原因而没有得逞，这属于犯罪未遂。类似这种情况，还有行为发生在我国领域外而犯罪对象在我国领域内的犯罪预备和犯罪中止。这些案件，犯罪行为不在我国领域内，犯罪结果本来应该在我国领域内发生，但却没有发生，按照我国刑法第6条的规定，我国不能以“领域管辖原则”行使管辖权，这显然不利于保护国家和公民的利益。对于这种情况，有些国家刑法的规定，可以为我们提供借鉴。德国刑法第9条，对“行为地”作扩大解释，规定行为地包括“犯罪人想象应当发生结果的地点或者希望结果发生之地”。奥地利刑法第67条第2项规定犯罪地包括“行为人希望结果发生地”。瑞士刑法第7条第2项规定，“在犯罪未遂的情况下，行为人实施该犯罪之地和行为人希望结果发生之地，同样为行为地”。泰国刑法第5条第2项规定得更为明确：“本法所规定之预备犯或未遂犯，其行为发生于泰国境外，但其结果按犯罪完成之阶段将发生于境内者，应视其预备或未遂之行为发生于泰国境内。”我国刑法应当借鉴这些国家的立法经验，对犯罪行为地、结果地作扩大解释，以便更好地维护国家主权。

（二）关于“保护管辖原则”中的限定条件

我国刑法第8条规定的“保护管辖原则”，把追究外国人在域外对我们国家或公民犯罪的刑事责任的条件，规定为：第一，所犯罪行的最低刑为3年以上有期徒刑；第二，按照犯罪地的法律也认为是犯罪的。笔者认为，第一个条件是适当的。如果我国对外国人在域外对我们国家或公民犯罪的案件，不论大小均主张刑事管辖权，会有两点弊端：一无现实可能性，如果作了规定而又无法实现，反而破坏刑法的严肃性；二无必要性，有些轻微的犯罪，追究起来会付出很大的代价，使司法效益小于司法成本，得不偿失。第二个条件是不适当的。因为将“按照犯罪地的法律也认为是犯罪”作为行使刑事管辖权的条件，实际上将我国的“保护管辖原则”受制于人，不利于国际斗争。从国际关系而言，在历史的特定时期，

---

① 高铭暄、马克昌主编：《刑法学》（上编），136页，北京，中国法制出版社，1999。

外国有敌国与友国之分。对我国国家或公民犯罪的外国人，如果是友国的公民，他的犯罪行为既可以通过友国按照“领域管辖原则”行使刑事管辖权，也可以通过我国以“保护管辖原则”行使刑事管辖权。对这种犯罪惩治有双重保障。如果外国人为敌国的公民，他们对我国国家或公民的犯罪，有时就是受敌国的指使或命令，在敌国看来可能是“光荣”的行为，敌国不仅不会有惩治这种犯罪的积极性，而且还会百般庇护，甚至将犯罪人宣布为“民族英雄”。我国如果再将“按照犯罪地法律不受处罚”作为排除行使“保护管辖原则”的条件，这些犯罪人岂不要逍遥法外？国家和人民的利益如何得到保护？德国刑法第 5 条、奥地利刑法第 64 条规定，不论犯罪地法律如何规定，他们的刑法均适用于外国人在外国对他们国家或公民的犯罪。第二次世界大战之后，英国曾经按照“保护管辖原则”，对外国人在德国对英国犯罪而德国并不认为是犯罪的行为，追究了刑事责任（见上文提到的乔埃斯案）。

（三）把我国缔结或参加的国际公约规定的国际犯罪，适时在国内刑法中加以确认，保证刑法规定的普遍管辖原则得到正确实施

新中国成立后，我国先后缔结和参加了数十个刑法性国际公约，承担了对反和平罪（侵略罪）、战争罪、反人道罪、非法使用武器罪、危害国际民用航空秩序的犯罪、国际贩卖人口罪、非法使用国际邮件罪、海盗罪、贩运奴隶罪、海上贩卖毒品罪、破坏海底电缆罪、种族隔离罪、灭绝种族罪、毒品犯罪、侵害受保护国际人员罪、酷刑罪、非法获取和使用核材料罪、盗运珍贵文物出口罪、危害海上航行安全罪、危害大陆架固定平台安全罪、非法越境转移危险废物罪、劫持人质罪、侵犯知识产权犯罪等数十个国际犯罪行使刑事管辖权的义务。① 在我国国务院或者全国人大核准缔结或加入这些国际公约后，它们即成为我国法律的一个组成部分，开始对我国生效。但是，这些刑法性国际公约有一个特点，它们只规定了各缔约国及参加国须确认并惩治的一些罪行，却没有任何法定刑的规定。要想惩治国际犯罪，必须由缔约国或者加入国的刑法对有关国际犯罪进行规定，使国际犯罪能与一定的刑罚相对应。

在 1997 年我国刑法修改之前，我国对这些国际犯罪的国内法确认不是很及时，有的国际公约我们已经加入十几年甚至几十年，对于该国际公

① 参见张智辉：《国际刑法通论》（增补本），287～393 页，北京，中国政法大学出版社，1999。

约规定的国际犯罪仍然没有在刑法中得到确认，致使对某些犯罪，不得不用类推的办法定罪量刑。1997 年颁布的新刑法，在确认国际犯罪的问题上迈出了一大步。我们不仅在刑法总则中规定了普遍管辖原则，而且把我国缔结或加入的国际公约中规定的大多数国际犯罪，在刑法分则中加以确认，充分体现了罪刑法定的精神。

但是，我们也应该看到，在国内刑法确认国际犯罪的问题上，还有很多工作要做。首先，还有一些我国加入的国际公约规定的国际犯罪，在我国刑法没有得到确认，这些犯罪有：侵略罪、反人道罪、非法使用武器罪、灭绝种族罪、种族歧视和种族隔离罪。这些犯罪尽管在我国不会发生，但我国承担了打击这些犯罪的国际义务，外国人在我国领域外的犯罪，也可能适用我国刑法予以制裁，如果我国刑法不作规定，在遇到这些国际犯罪时就会被动。其次，有些国际犯罪看起来在我国刑法中已有确认，但仔细分析，还无法适用于国际犯罪。例如，我国刑法第 446 条规定的“战时残害居民、掠夺居民财物罪”和第 448 条规定的“虐待俘虏罪”，与 1946 年 12 月 11 日联合国大会决议一致确认的欧洲国际军事法庭宪章和日内瓦四公约规定的有关战争犯罪基本一致。但由于刑法第 450 条规定，包括刑法第 446 条和第 448 条在内的刑法第十章规定的所有犯罪，仅适用于中国人民解放军的现役军官、文职干部、士兵、及具有军籍的学员和中国人民武装警察部队的现役警官、文职干部、士兵及具有军籍的学员以及执行军事任务的预备役人员和其他人员，所以也无法用来打击国际犯罪。再次，我国刑法对某些国际犯罪的确认并不全面。例如，有学者认为，我国加入的《联合国海洋法公约》规定的海盗罪，可以适用我国刑法规定的“抢劫罪”予以打击。① 其实，海盗罪的构成要件与抢劫罪的构成要件并不完全一致。根据《联合国海洋法公约》第 101 条的规定，海盗罪除了具有抢劫罪的特征外，还有抢劫罪所不能包括的“扣留船舶、飞机或其上的人员的行为”、“明知船舶或飞机成为海盗船舶或飞机的事实，而自愿参加其活动的任何行为”。再例如，《核材料实物保护公约》② 规定的“非法获取和使用核材料罪”，在“非法获取”这方面在我国刑法中可以找到打击的根据（比如依照非法买卖、运输核材料罪、盗窃、抢夺、抢劫等

① 参见张智辉：《国际刑法通论》（增补本），404 页，北京，中国政法大学出版社，1999。

② 本公约于 1980 年 3 月 3 日在维也纳和纽约同时开放签署，1987 年 2 月 8 日生效。1988 年 12 月 2 日我国政府向国际原子能总干事交存加入书，同时声明不受公约第 17 条第 2 款规定的两种争端解决程序的约束。该公约于 1989 年 1 月 2 日对我国生效。

罪予以惩罚)，但在“非法使用核材料”方面，却没有刑法根据，如果一个外国人非法使用了核材料，构成了国际犯罪，在我国领土上出现后被抓获，我们就无法适用我国刑法予以打击。

为了保证我国缔结或参加的国际公约规定的国际犯罪与我国刑法的一致性，笔者认为我国刑法应该具有开放的态度和国际视野，不失时机地对国际犯罪予以确认，1997 年刑法遗漏的国际犯罪，应当在刑法修改时予以增补。今后缔结和参加的国际公约，如果涉及国际犯罪规定的，应当在有关机关核准缔结或加入该国际公约的同时，运用刑法单行法规的形式，加以确认，以满足打击国际犯罪的实际需要。

第四章　国家刑事管辖权的阻却

一、国家刑事管辖权阻却的类型

国家刑事管辖权，是国家司法主权的重要组成部分，它应当得到国内各界的拥护和国际社会的尊重。因此国家刑事管辖权的实现一般来说是有保障的。但是，事物都是一分为二的，在很多国家，由于存在一些客观原因，它们的国家刑事管辖权往往不能完全得到实现，对一些人的犯罪或者对一些特殊种类的犯罪，不能适用，这种情况，我们将其称为“国家刑事管辖权的阻却”。

国家刑事管辖权的阻却，是指国家的刑事管辖权由于受到客观原因的阻挡而退却，不发挥它应有的效力。或者更确切地说：是对一些具有特殊身份的人实施的犯罪，或者其他一些特定的案件，虽然本国刑法认为构成犯罪，但是，不按照本国的刑法、刑事诉讼法进行起诉、审判和处罚。国家刑事管辖权的阻却，表现为不对特定的犯罪起诉、审判和处罚，但不表现为不对这些案件立案、侦查或采取其他临时性的措施。例如，某市区发生严重的交通肇事案件，司机开车连续撞死两个行人后逃匿。公安机关接到群众报警后，一方面开始勘察现场，另一方面围追堵截肇事汽车。经侦查，发现肇事司机是某外国驻本国大使。经询问本案是由其所为后，将大使放回，本案通过外交途径解决。在本案中，国家的刑事管辖权发生了阻却，公安机关的勘察现场、围堵肇事汽车和对肇事司机——某大使的询问，并不表示国家对该案行使了刑事管辖权。

国家刑事管辖权的阻却，与某些国家的刑法不在国家内特定区域发生效力是不同的。以我国为例，根据我国香港特别行政区基本法和澳门特别行政区基本法的规定，中华人民共和国刑法不在香港、澳门实行，但并不是说我国的刑事管辖权在香港、澳门发生了阻却。因为香港有香港的刑法，澳门有澳门的刑法，这两个刑法也是我国最高权力机关——全国人民代表大会认可的，严格说也是我国刑法的组成部分，依照这两个刑法起诉、审判犯罪案件，也是我国刑事管辖权在香港、澳门实施的表现形式。

国家刑事管辖权的阻却，与国家的刑法在少数民族聚居区变通适用也是不同的。由于经济、政治和文化因素的影响，一个国家内的不同民族之间，风俗习惯等文化传统方面存在较大的差异，尤其是少数民族聚居区与国家的其他地区相比，差异更大。根据马克思主义的法学观，经济、文化是制约法律制定和实施的重要因素。在经济、文化有较大差异的地区实施同样的法律，不仅不能实现法治的目的，反而会破坏法治的建设。所以，有些国家法律规定，一些全国性法律条文可以在少数民族聚居区变通适用。如《中华人民共和国刑法》第90条规定："民族自治地方不能全部适用本法规定的，可以由自治区或者省的人民代表大会根据当地政治、经济、文化的特点和本法规定的基本原则，制定变通或者补充的规定，报请全国人民代表大会常务委员会批准施行。"我国刑法在民族自治地方变通适用，是"刑法典"某些条文的阻却，但不是国家刑事管辖权的阻却。因为"刑法典"的某些条文的阻却，不过是某些属于少数民族风俗习惯的行为不作为犯罪处理，或者虽作为犯罪但在处理上轻于其他地区。但是这不表明国家对这个地区的犯罪没有行使刑事管辖权。

根据不同的标准，我们可以对国家刑事管辖权的阻却进行不同的分类。

根据国家刑事管辖权的"阻却"发生的地域不同，可以将其分为"国家领域内的阻却"与"国家领域外的阻却"。国家刑事管辖权领域内阻却是指国家对在本国领域内发生的特定犯罪不予起诉、审判和处罚。例如，为保障外交代表履行职务，根据互惠原则，一个国家对驻在本国的外交代表实施的犯罪，通过外交途径解决，而一般不依照本国的法律追究实施犯罪的外交代表的刑事责任。国家刑事管辖权领域外阻却，是指对于发生在本国领域外、但依照本国刑法应当追究的犯罪，由于客观原因而不能追究。领域外阻却的主要原因是国家的刑事管辖权在领域外遇到了他国或国际组织的刑事管辖权的强有力的抵抗以至于无法实现，领域外被阻却的刑事管辖权主要是"属人管辖权"和"保护管辖权"等。国家刑事管辖权领域外的阻却是极其普通和正常的。因为几乎所有国家的刑法在规定刑事管辖权时，均把它们的国家刑事管辖权设定了比较丰富的内涵，使它们的国家刑事管辖权不断向领域外扩张。如果一个国家的刑事管辖权在领域外不受到任何阻却，这个国家的司法主权就是不受限制的了，它就会成为霸权主义国家，其他国家的主权就会受到侵害。一个国家的刑事管辖权在领域内也会遇到阻却。但是，领域内阻却的因素越多，其法治就会越不完善，其刑事管辖权就会受到侵害。因此，在国内，国家应该尽力排除阻却刑事管辖权的因素，使刑事管辖权的实现畅通无阻。

根据国家刑事管辖权受到阻却的客观因素不同，我们可以将其分为“身份阻却”与“强权阻却”。“身份阻却”是指一个国家对驻在本国的他国外交代表、临时来访的外国国家元首、政府首脑、外交部长及其有同等身份的人员的犯罪，不予起诉、审判和处罚，而通过外交途径解决。因为这种刑事管辖权的阻却是根据国际法和互惠原则，由国家自愿进行的，故也称其为“互惠阻却”。“强权阻却”是指由于历史和现实的原因，一个国家内部存在他国的势力范围，国家的刑事管辖权在这些势力范围内不发生效力的情况。这种阻却与前两种阻却不同，它与该国人民的根本利益相违背，不是出自本国的意愿，故将此种阻却称之为“强权阻却”。

二、身份阻却——外交代表刑事管辖之豁免

（一）身份阻却的基本含义

刑事管辖权的身份阻却，是指有刑事管辖权的国家对于有特定身份的外国人的犯罪，不行使管辖权，不依照本国的刑法、刑事诉讼法予以追究。这种特定身份的外国人，是享有外交特权和豁免权的外交代表。

外交代表享有的刑事管辖豁免，很早就存在于开始出现现代文明的国家之间。在16世纪和17世纪，欧洲各国之间互换常驻大使的做法普遍流行起来以后，便有了给予派遣国外交代表刑事管辖豁免的法律实践。随着这些实践的增多，国际法学家慢慢承认了对大使刑事管辖豁免的观点：即使有证据证明一名大使参与了反对接受国主权者的阴谋和叛逆，他也不受接受国的刑事管辖。大家认为，大使可以被驱逐，但不得加以拘留和审判。

外交代表在接受国享有刑事管辖豁免权，当今已为国际法和多数国家的国内法所接受。1961年的《维也纳外交关系公约》第31条第1项规定，“外交代表对接受国之刑事管辖享有豁免”。1963年的《维也纳领事关系公约》第43条第1项规定，“领事官员和领事雇员对其为执行领事职务而实施之行为不受接受国司法或行政机关之管辖”。《中华人民共和国外交特权和豁免条例》第14条规定，“外交代表享有刑事管辖豁免”。

外交代表刑事管辖之豁免，实际是外交代表免受接受国（或称驻在

国）的刑事管辖，或者说是接受国的刑事管辖权不及于其身。由此可见，身份阻却有两个前提：其一是国家对这种犯罪拥有刑事管辖权，如果对某种犯罪根本就没有刑事管辖权，就不存在刑事管辖权阻却的问题。其二是犯罪案件的行为人身份具有特殊性，即属于具有外交代表身份的人。外交代表多数都是由派遣国公民担任的，但有些国家的外交代表由接受国公民担任，许多接受国对这种外交代表的刑事管辖豁免予以限制。《中华人民共和国外交特权和豁免条例》第 21 条规定："外交代表如果是中国公民或者获得在中国永久居留资格的外国人，仅就其执行公务的行为，享有管辖豁免和不受侵犯。"从我国的这条法律规定可以看出，中国人担任外国的外交代表，仅就执行公务中发生的犯罪，享有刑事管辖豁免，职务外的行为构成犯罪的，则另当别论。

刑事管辖权的身份阻却是由于行为人享有刑事管辖豁免权。换句话说，身份阻却是刑事管辖豁免权阻却了刑事管辖权。这种阻却具有两个特点：第一，身份阻却是相互的或者说是互惠的。即本国的刑事管辖权不及于外国的外交代表，相关外国的刑事管辖权也不及于本国派驻在该外国的本国外交代表。身份阻却的相互性或者互惠性起源于外交特权和豁免权的相互性和互惠性。"外交特权和豁免权是在互惠的基础上给予的，这已经证明是使有关规则得到遵守的最有效保证。任何一个政府，只要是没有把外交特权和豁免权给予其境内的一名外交官的，都知道不但是冒着被它首都的外交使团提集体抗议的风险，而且也冒着自己的代表遭到那个本国外交代表受到损害的政府报复的风险。"① 第二，身份阻却刑事管辖权是相对的而非绝对的。具有外交代表身份的人犯罪，一般来说接受国的刑事管辖权不及于其身，但是并非所有国家的刑事管辖权都不及于其身。《维也纳外交关系公约》第 32 条规定，外交代表及依第 37 条享有豁免之人对管辖之豁免得由派遣国抛弃之。第 31 条第 4 项规定，外交代表不因其对接受国管辖所享之豁免而免除其受派遣国之管辖。从上述规定可以看出，对外交代表在接受国的犯罪，派遣国可以对其行使刑事管辖权。在派遣国明确表示对某犯罪的外交代表放弃豁免的情况下，接受国也可以对其行使刑事管辖权。《中华人民共和国刑法》第 11 条规定的"享有外交特权和豁免权的外国人的刑事责任，通过外交途径解决"，很清楚地说明，这些人的犯罪，不是不解决，而是通过外交途径解决。外交途径解决，包括要求派

① 赫斯脱：《外交豁免权》，《海牙国际法研究院讲演集》（第 2 集），123 页，海牙，1926。

遣国对涉嫌犯罪的外交代表放弃管辖豁免权和要求派遣国起诉、审判等。

身份阻却所导致的接受国刑事管辖权不及于实施犯罪行为的外交代表，一般来说是因为他所具有的外交代表的身份。除了本国公民或者在本国有永久居留权的外国人担任外国的外交代表外，其他外交代表犯罪，不论是否是在执行公务过程中，均予以刑事管辖豁免。一个外国人在还没有被任命为外交代表时犯了罪，正在被追诉期间被某外国政府任命为外交代表，可否因此而发生刑事管辖权的身份阻却呢？有人认为："按照维也纳公约的规则，这一任命无论是否遭到接受国的反对，都具有立即赋予该人以使馆人员身份，因而享有外交豁免权的效果，即使接受国作出不受欢迎的人的宣告，派遣国也有权援引公约第 39 条第 2 款，要求接受国给予该人以离境的'合理期间'，从而使其逃脱接受国的审判。"① 笔者认为这种观点是不能接受的。其理由是：第一，某人是否为派遣国的外交代表，接受国的承认是前提之一。《维也纳外交关系公约》第 9 条规定："一、接受国得随时不具解释通知派遣国宣告使馆馆长或使馆任何外交职员为不受欢迎人员或使馆任何其他职员为不能接受。遇此情形，派遣国应斟酌情况召回该员或终止其在使馆中之职务。任何人员得于其到达接受国国境前，被宣告为不受欢迎或不能接受。二、如派遣国拒绝或不在相当期间内履行其依本条第一项规定所负义务，接受国得拒绝承认该员为使馆人员。"由此可见，当接受国拒绝承认某人是外交代表时，他就不可能具有他国外交代表的身份。第二，即使接受国承认了其外交代表的身份，但也不能豁免正在进行的管辖。因为行为人在犯罪时，还没有外交代表的身份。第三，一国任命犯罪人为其外交代表，并非为了外交的需要，而是为了使犯罪人逃避接受国法律的制裁，是对刑事管辖豁免的滥用。如果承认犯罪人外交代表的身份，并停止对他的刑事追究，接受国的司法主权就会受到伤害，派遣国滥用刑事管辖豁免的图谋就会得逞。这种观点是违背《维也纳外交关系公约》的，因为它不是对外交代表的保护，而是对犯罪分子的保护。

外交代表在就任外交代表期间犯罪，后来的某个时候，其外交代表的身份被取消，接受国可否追究他在任外交代表期间犯下的罪行？1984 年 3 月 21 日，美国国务院在致各国驻美使馆的通函中，曾经宣布："在刑事豁免终止之时，在美国提起起诉的障碍将被取消，而任何严重的犯罪将被记

---

① 凌兵：《外交豁免的滥用与接受国的合法补救》，载《中国国际法年刊》，1991。

录在案。如果一位以前享有特权和豁免的人回到我国，并仍具有犯罪嫌疑的话，对于他或她在享有豁免期间被控所犯的严重罪行，不存在任何障碍来按正常方式逮捕和起诉他或她。”① 1988 年美国联邦地区法院判决可以对一个前秘鲁驻美使馆雇员任期内的贩毒行为提出起诉。美国的这一做法得到大多数国际法学者的支持。笔者认为，不加区分地追究外交代表在任职期间犯下的所有罪行，违背国际法。《维也纳外交关系公约》第 39 条第 2 项规定："享有特权和豁免人员之职务如已终止，此项特权与豁免通常于该员离境之时或听任其离境之合理期间终了之时停止，纵有武装冲突情事，亦应继续有效至该时为止。但关于其以使馆人员资格执行职务之行为，豁免应始终有效。”根据这条规定，外交代表所犯之罪可以分为执行职务中的犯罪和执行职务以外的其他犯罪。对于前者，即使在该外交代表的职务解除后，接受国也不能行使刑事管辖权；对于后者，在该外交代表职务被解除，刑事管辖豁免终了以后，接受国可以进行刑事追究。

（二）身份阻却的理论根据

接受国的刑事管辖权为什么不及于外交代表所犯的罪行，或者说外交代表为什么有刑事管辖豁免权？学者们对此有三种不同的解释。②

1. 治外法权说。治外法权说可以追溯到格劳秀斯。他在《战争与和平法》一书中曾说过："无论何时大使都无需遵守他所驻在国的法律。”③ “在十七八世纪，人们曾根据格劳秀斯关于大使在法律拟制上被认为是处在驻在国领土之外的主张，把外交代表的刑事豁免权和馆舍豁免权等外交特权与豁免，称之为治外法权（exterritoriality），并认为外交代表的馆舍是处在驻在国领土之外，而且曾经有过这样一个阶段，外交代表馆舍所在的整个区域都被认为享有治外法权，即所谓‘住区豁免权’或‘地区特权’。”④ 治外法权说后来演变成欧洲帝国主义国家的殖民地政策。历史上“欧洲列强侵略中国、土耳其和非洲国家时，通过武力威胁，迫使他们签订不平等条约，并以文化、传统和宗教不同为理由，使居住在不发达国家的本国居民，不受居留国国内法律的管辖。这样，帝国主义国家的国民得

① 《美国国际法杂志》（英文版），78 卷，656～658 页，1984。

② 参见陈忠林：《关于我国刑法属地原则的理解、适用及立法完善》，载《现代法学》，1998（5）。

③ ［荷］格劳秀斯著，［美］A.C. 坎贝尔英译：《战争与和平法》，何勤华等译，263 页，上海，上海人民出版社，2005。

④ 高秀东：《刑事管辖权专题整理》，95～96 页，北京，中国人民公安大学出版社，2010。

以免除领土国的司法程序和强制措施。学术界将这种不平等的现象叫做‘治外法权’，这意味着外国人被看做处在居住国领土之外。”① 治外法权说在法律上是毫无根据的虚构，所以今已被废弃。②

2. 代表说。持这种观点的学者认为，外交代表在接受国内代表派遣国的国家及其元首，根据平等者之间无管辖权的原则，接受国不应当将它的刑事管辖权及于外交代表本身。此外，给予外交代表以刑事管辖豁免，也表明对派遣国及其元首的尊重。这种观点得到了广泛的承认。

3. 职务需要说。持这种观点的学者认为，外交代表在接受国代表派遣国执行目的在于发展两国外交关系的公务。为使其执行公务的行为免受干扰，让他们没有顾虑地开展外交工作，接受国给予他们刑事管辖豁免，不将他们的刑事管辖权及于外交代表本人。

笔者认为，外交代表在接受国是派遣国及其元首的代表，执行重要的外交公务。为了使他们能够独立、有效地执行职务，维护派遣国的利益，就必须在接受国赋予其特殊的国际法和国内法上的地位，否则，当派遣国和接受国外交关系恶化时，外交代表的人身安全首先会受到接受国刑事管辖权的威胁。所以，接受国的刑事管辖权不及于外交代表，既是考虑到他是派遣国的代表，也考虑到他执行职务的需要。可以说，刑事管辖权身份阻却的理论根据，是代表性说和职务需要说的有机结合。这种观点得到国际法和很多国家国内法的认可，《维也纳外交关系公约》明确规定，确认此等特权和豁免之目的不在于给予个人以利益而在于确保代表国家之使馆能有效执行职务。1986 年 9 月 5 日颁布的《中华人民共和国外交特权与豁免条例》也明确规定，确定外国驻中国使馆和使馆人员的外交特权与豁免，目的是“便于外国驻中国使馆代表其国家有效地执行职务”。

刑事管辖权的身份阻却与各国法律倡导的“法律面前人人平等”原则并不矛盾。法律面前人人平等要求国家在立法和适用法律方面，不因人的性别、年龄、民族、学历、财产状况、社会地位的不同而有所不同，对一切人都要平等对待。外交代表享有刑事管辖豁免，并不是因为他有高于别人的特殊地位，而是因为他在驻在国代表一个国家从事外交工作。外交代表的身份阻却接受国的刑事管辖权，实质是两个主权国家之间的相互尊重与互惠的体现。

---

① ［韩］柳炳华：《国际法》（下卷），193 页，北京，中国政法大学出版社，1998。
② 参见朱奇武：《中国国际法的理论与实践》，335 页，北京，法律出版社，1998。

（三）接受国防止外交代表滥用豁免权的合法措施

刑事管辖豁免是保证外交代表独立、有效地代表派遣国并很好履行职务的重要措施。如同任何事物都具有两面性一样，外交代表的刑事管辖豁免权也有被滥用的危险。例如在英国，1974—1984 年共发生享有外交特权和豁免权的外国人犯罪案件 546 件，其中，酒后驾车 228 件，盗窃 233 件，暴力犯罪 36 件，性犯罪 19 件。[①] “据英国外交大臣玛格丽特·贝克特向议会提交的驻英外交官在英犯罪的统计名单显示，1999 年到 2004 年间，驻英外交官被控犯有 122 起严重的罪行，包括强奸、虐待儿童、强暴猥亵、诈骗、行贿受贿、走私、洗钱、私藏枪支和毒品等。”[②] 在美国，从 1982 年到 1988 年，共发生这类犯罪案件 147 件。[③] 在我国，也多次发生外交人员犯罪的案例。1996 年初，我国曾经发生某国驻华使馆空军副武官和另一国驻华武官非法窃取我军事情报的案件。

在现代社会，享有刑事管辖豁免权的外交代表，是一个数目不小的群体。例如，在 20 世纪末，英国伦敦有 1 万 5 千人，美国有 11 万 8 千人。如果他们滥用刑事管辖豁免权而国际社会没有合法的补救措施的话，接受国的社会秩序和公民权利将会面临严重的威胁。因此，当我们研究国家刑事管辖权发生外交代表身份阻却问题时，也应该对这个问题给予必要的关注。

现代国际法就接受国防止外交代表滥用刑事管辖豁免权方面，也规定了一定的补救措施。这些措施包括：第一，拒绝接受某些有滥用嫌疑或滥用前科的人为派遣国外交代表，以排除或减少未来发生滥用豁免权事件的可能（《维也纳外交关系公约》第 9 条）；第二，请求派遣国对犯罪的外交代表放弃豁免权，以便接受国对该人的犯罪行使刑事管辖权（《维也纳外交关系公约》第 32 条）；第三，请求派遣国对犯罪的外交代表行使刑事管辖权（《维也纳外交关系公约》第 31 条）；第四，宣告犯罪的外交代表为不受欢迎的人，将滥用豁免权的人驱除出境（《维也纳外交关系公约》第 9 条）；第五，在外交代表的豁免权终止后，接受国对其先前的犯罪行为进行追诉等。

---

① 参见［印度］B. 森：《外交人员国际法与实践指南》，140 页，北京，中国对外翻译出版公司，1987。

② 郭敏、刘作奎：《多国外交官在英犯事》，载《世界新闻报》，2006-07-21。转引自“国际在线网站”，2012 年 7 月 15 日访问。

③ 参见［埃及］麦克拉汉：《外交豁免：原则、实践、问题》，170 页，纽约，ST. Martin's Press，1989。

上述这些防止滥用刑事管辖豁免权的措施，各有一定的进步意义，但也有明显的局限性。第一项措施尽管可以做到事先预防，但难以彻底避免，而且当真的发生了滥用豁免权案件后，无法借此予以救济；第二项措施实现的可能性很小，因为国际法并没有规定派遣国有放弃豁免权的义务。在实践中，豁免权的放弃仅限于低级的职员和类似作证义务等次要的豁免，而很少放弃刑事管辖豁免。[①] 第三项措施实现的可能性最大，但也有许多难以克服的困难。例如，当外交代表所犯的罪行是受派遣国指使（如间谍案件）时，派遣国不可能对其行使刑事管辖权。此外，由于被害人、证人在接受国，派遣国审判时，取证、传唤当事人、证人也有很多实际的困难。第四项措施对于其他没有犯罪的外交代表可以起到一定的威慑和警戒作用，但不能惩治犯罪者本人，也不能对被害人进行直接的赔偿和安慰。最后一项措施实现的可能性也很小，因为它的前提是在前外交代表继续留在接受国或重新回到接受国刑事管辖领域内才能援用，而多数犯了罪的前外交代表避之犹恐不及，一般不会继续留在接受国或重新回到接受国。因而，国际社会必须寻找更为有力的合法措施，以有效防止刑事管辖豁免权被滥用的现象。

为了保护接受国的刑事管辖权，防止外交代表滥用刑事管辖豁免权给国际社会秩序、被害人合法权益造成严重的危害，应当扩大派遣国的责任和义务。从这个观点出发，笔者认为，应当在国际法中增加以下措施：第一，明确规定派遣国对其外交代表放弃刑事管辖豁免权的条件。规定在以下情况下派遣国应当放弃其外交代表的刑事管辖豁免权：（1）外交代表实施的犯罪是职务以外的故意犯罪；（2）该类犯罪是严重侵犯公民人身权利、财产权利的犯罪。当接受国、派遣国就放弃刑事管辖豁免权条件是否成立发生纠纷时，接受国可以将其提交有关国际组织裁决。第二，对于派遣国管辖的外交代表犯罪的案件，当事人、证人等人因出国参加诉讼增加的费用，由派遣国负担；第三，对于接受国刑事管辖权“发生阻却”的外交代表犯罪案件，派遣国不依法行使管辖权的，被害人有权向国际刑事法院起诉，其诉讼费用均由派遣国负担。增加这些措施，并不会对外交代表正确行使职务产生任何影响，却能够减少外交代表滥用刑事管辖豁免权案件的发生。

---

① 参见凌兵：《外交豁免的滥用与接受国的合法补救》，载《中国国际法年刊》，339 页，1991。

三、强权阻却

（一）领事裁判权对国家刑事管辖权的阻却

领事裁判权是帝国主义国家通过不平等条约在殖民地、附属国取得的一种非法特权。其主要内容是，帝国主义国家在其殖民地、附属国的公民不受当地国的法律管辖。对犯有罪行的帝国主义国家的公民，当地国无权审判，只受帝国主义国家的领事或者帝国主义国家设在殖民地、附属国的法院依照本国法律审判。

中国人民深受领事裁判权之害。帝国主义国家在旧中国攫取了领事裁判权之后，他们无视中国法律，横行霸道、胡作非为，肆无忌惮地侵害旧中国人民的生命和财产。领事裁判权在中国出现始于1843年7月22日在香港签订的《中英五口通商章程》，推广于清政府1858年与帝国主义列强签订的《天津条约》。1857年6、7月间，英、法联军开始侵略广东，同年12月攻陷广州，1858年1月俘虏总督叶名琛。1858年5月，英、法联军占领大沽。在强大的军事压力下，清政府不得不与英、法、美、俄的领事在天津进行谈判，分别签订了中英《天津条约》、中法《天津条约》、中美《天津条约》和中俄《天津条约》。凡此种种条约，均使英、法、美、俄等四个国家在中国取得了领事裁判权。以中英《天津条约》为例。该条约共56款。其中的第15—17款规定了领事裁判权。第15款规定："英国属民相涉案件，皆归英官查办。"第16款规定："英国民人有犯事者，皆由英国惩办；中国人欺凌扰害英民，皆由中国地方官自行惩办。两国交涉事件彼此均须会同公平审断，以昭允当。"第17款规定："凡英国民人控告中国民人事件，应先赴领事官衙门投禀；领事官即宜查明根由，先行劝息，使不成讼。中国民人有赴领事官告英国民人者，领事官亦应一体劝息。间有不能劝息者，即由中国地方官与领事官会同审办，公平审断。"①

帝国主义国家在中国攫取了领事裁判权以后，开始在中国设立他们自己的法院。英国在华设立的法院有：领事法院、警事法庭、驻华高等法院和上诉法院。美国前后在中国的厦门、广州、天津等地设立18个领事法院和一个驻华高等法院。法国、日本也在中国设有审理其侨民的领事法院。这些法院的终审法院都是他们本土的司法机关。

根据清政府与帝国主义列强签订的不平等条约中有关领事裁判权的内

① 此三个条款转引自周谷城：《中国通史》，383页，上海，上海人民出版社，1957。

容，领事裁判权的范围可以概括为以下几点：第一，原、被告如果都是有约国人（依不平等条约在中国享有领事裁判权国家的人），由其驻华领事审判，中国官员不得过问。第二，原、被告一方是有约国人，另一方是第三国人，由有约国领事按照其国与第三国订立的条约办理，中国无须过问。第三，原告为中国人，被告是有约国人，由该被告所属国设在中国的领事法院审判，中国只能派员观审。第四，有约国人犯罪的，皆由其所属国领事法院依照他们的法律惩办，中国不得过问。

通过上面的叙述可以看出，帝国主义列强的领事裁判权，严重侵害了中国的主权，它使中国对外国人犯罪的案件失去了刑事管辖权。领域管辖权是最主要的刑事管辖权，是一个国家司法主权的主要内容，古今中外的国际法都将它作为国家主权的核心予以保护，其他国家必须尊重。而帝国主义国家的领事裁判权，居然排斥像旧中国那样的贫弱国家对帝国主义列强的公民行使领域刑事管辖权，这是对这些国家主权的粗暴践踏。对殖民地、附属国来说，其刑事管辖权在自己的领土上受到了阻却，这种阻却是这些国家所不情愿的，是迫于武力和强权的，因此是最典型的“强权阻却”。随着各国人民民族解放事业的胜利，领事裁判权已经成为历史的陈迹，但是，“强权阻却”还以其他方式存在着，帝国主义国家的霸道行径还在阻碍着一些国家在自己的领域内行使刑事管辖权。

（二）对外国驻军的管辖不能

第二次世界大战以后，世界局势发生了较大的变化，一些殖民地、附属国纷纷独立，帝国主义势力受到了极大的打击。美、苏两国为了称霸世界，各自纠集一些国家组成军事联盟，进行了长达近半个世纪的对抗。为了巩固其军事联盟，美国、苏联分别与有关盟国签订了国家间的共同防御条约，根据这些条约，美国、苏联分别在其盟国驻有大量军队。苏联解体后，世界性的两极对抗已经不存在了，但是，美国为了实现称霸世界的野心，仍然在欧洲的一些国家以及日本、韩国等地保留大量的驻军，据媒体报道，“美国在世界100多个国家有军事基地或驻军”①。不论美国、苏联标榜的理由如何冠冕堂皇，在他国驻军，都对驻在国的主权构成了一定程度的侵害。

外国军队在驻在国的法律地位，尤其是外国军队的人员在驻在国实施

① 青木、纪双城、李志伟等：《美军强推“治外法权”一百年》，载《环球时报》，2012-03-20。

的犯罪，由哪个国家行使刑事管辖权，曾经引起过激烈的争论。美国的国际法学家在20世纪40年代的《美国国际法杂志》上发表文章，认为友好的外国军队应该享有接受国（即驻在国）关于管辖权的豁免，除非派遣国放弃这种豁免。英国的国际法学家则在50年代的《英国国际法年刊》上发表文章，认为根据国际法，外国驻军应该服从接受国的刑事管辖权，除非接受国明白表示放弃这种管辖权。①

关于美国在其盟国驻军人员的刑事管辖权问题，美国同其盟国通过谈判达成妥协，先后与欧洲盟国签订了《北大西洋公约缔约国关于其军队地位的协定》，同韩国达成了《根据大韩民国和美利坚合众国之间的共同防御条约第4条关于军事设施和基地以及大韩民国内美利坚合众国军队的地位的协定》（以下简称《韩美协定》）。此外，美国同日本等盟国也有同样的协定。《北大西洋公约缔约国关于其军队地位的协定》对外国驻军规定了并行的刑事管辖权原则，其主要内容是：第一，派遣国的军事当局在接受国境内，对于应受其军法约束的人员，有权行使派遣国法律赋予他们的一切刑事和纪律的管辖权。第二，接受国当局对于某一部队人员或文职人员以及彼等家属在接受国领土内所犯并以其法律可以处罚的犯罪行为有管辖权。第三，派遣国的专属管辖权。派遣国的军事当局对于其军法约束的人员的犯罪行为，包括涉及派遣国安全且根据派遣国法律可以处罚而根据接受国法律不可以处罚的犯罪行为，有行使专属管辖的权力。第四，接受国的专属管辖权。接受国当局对于外国驻军的人员（包括文职人员）以及彼等家属的犯罪行为，包括涉及接受国安全且根据接受国法律可以处罚而根据派遣国法律不可以处罚的犯罪行为，有专属管辖权。第五，当出现管辖权冲突时，采取以下办法处理：（1）派遣国军事当局对军事人员（包括文职人员）的下列犯罪有优先管辖权：单纯对派遣国的财产或安全的犯罪行为；对部队其他人员或家属的人身、财产的犯罪；因履行职务而作任何行为或不行为时发生的犯罪行为。（2）接受国当局对于其他任何犯罪有优先管辖权。（3）如有优先管辖权的国家决定不行使管辖权时，应尽快通知对方国家当局。没有优先管辖权的国家如认为有优先管辖权的国家放弃其管辖权为特别必要时，可以请求其放弃。

从上述规定来看，欧洲盟国对于美国驻军人员的犯罪，在以下情况下发生刑事管辖权阻却：其一，美国驻军人员、家属之间的犯罪；其二，美

① 参见林欣：《国际法中的刑事管辖权》，32页，北京，法律出版社，1988。

国驻军人员的职务犯罪；其三，美国驻军人员对美国的财产、安全实施的犯罪；其四，被要求放弃刑事管辖权的其他犯罪。应当看到，接受国受到阻却的刑事管辖权，是领域刑事管辖权，也即刑事管辖权中最核心的内容，是最应该无条件实现的管辖权。

《韩美协定》中有关刑事管辖权的规定，对韩国刑事管辖权的侵害，尤甚于欧洲。其表现是：第一，《韩美协定》第 22 条第 1 项规定，除了美军人员以外，美军军属、亲属等平民犯有罪行时，也受美军管辖。第二，《韩美协定》尽管规定了韩国对于仅违反了韩国法律，而不违反美国法律的美国军人犯罪有专属管辖权，但根据《韩美协定》第 22 条第 2 项的谈判记录，关于韩国专属管辖权的行使，因美军的行政处罚和惩治更为有效，在美军当局请求之下，韩国可以放弃。① 第三，美国对侵害美国财产和安全的犯罪、侵害美国驻韩其他成员、军属、亲属的人身、财产的犯罪、美国军队成员执行公务中的作为和不作为犯罪，拥有刑事管辖权的第一行使权。判断何种行为是执行公务行为由美国当局提出证明。第四，对于韩国拥有刑事管辖权第一行使权的犯罪，韩国在知道犯罪发生后的 15 日内，如果不以书面通报美国当局，即视为韩国放弃第一行使权。第五，对在韩国法院被判刑，且在韩国服刑的美军成员，在美方请求引渡时，韩国应予以善意的考虑。并对美军军属和亲属等平民也做了相同的规定，在美方请求下，以在美国服刑代替在韩国服刑。② 这些规定及其法律实践，将韩国对美国驻军人员及其家属、亲属的刑事管辖权剥夺殆尽。其恶果是美军人员大量犯罪，韩国能行使刑事管辖权的微乎其微。"据韩国法务部统计，1967 年至 1991 年间，美军犯罪案件平均每年为 1 100 件至 2 300 件。1992 年开始，美军犯罪案减少，但每年平均仍达到 770 件。"③ "《驻韩美军犯罪现状》显示，2007 年至 2011 年 6 月，在韩国犯罪的驻韩美军士兵达 1455 人，平均每年作案 323 起。"④ 尽管韩国对美军官兵在韩国犯罪案件享有部分的管辖权，但"1991 年以来，韩国司法机构能对美军犯罪行使审判权的平均每年只有 27 件，只占全部案件的 3% 。"⑤ 也有媒体

① 参见［韩］柳炳华：《国际法》（下卷），318～319 页，北京，中国政法大学出版社，1997。

② 参见［韩］柳炳华：《国际法》（下卷），322 页，北京，中国政法大学出版社，1997。

③ 朴明国：《韩国美军"基地村"女招待》，载《北京晚报》，2000-03-19。

④ 王刚：《韩发布驻韩美军犯罪受害人索赔指南》，载《法制日报》，2012-06-26。

⑤ 朴明国：《韩国美军"基地村"女招待》，载《北京晚报》，2000-03-19。

披露，“直到 2001 年协定修改前这种审判权一次也未能成功运用过”①。

从表面上看，美国在欧洲、韩国、日本等地驻军是为了“共同防御”，实际上是美国自身利益的需要。苏联解体后，欧洲没有受到任何军事威胁，欧洲各国已经不再需要美国的保护了。亚洲的日本、韩国都是发达或相对发达的国家，现在也没有受到军事威胁，美国也没有在那里驻军的理由。近几年来，日本、韩国人民反对美国在日、韩驻军的呼声一浪高过一浪，但是美国当局置若罔闻，我行我素，仍然强行在那里驻军，这既是霸权主义的行径，也是强权政治的体现。美国驻军接受国刑事管辖权受到的阻却，也是“强权阻却”。

① 青木、纪双城、李志伟等：《美军强推“治外法权”一百年》，载《环球时报》，2012-03-20。

第五章 特别行政区刑事管辖权

一、特别行政区刑事管辖权概要

根据邓小平同志提出的“一个国家、两种制度”的伟大构想，我国政府在和平恢复对香港、澳门行使主权后，分别于1997年7月1日和1999年12月20日成立了香港特别行政区和澳门特别行政区。将来台湾与祖国大陆统一后，也将成立台湾特别行政区。根据《中华人民共和国宪法》的规定，国家在特别行政区不实行社会主义制度，长期保持现行的社会制度不变，即实行资本主义。国家的最高权力机关授权香港和澳门特别行政区按照法律的规定实行高度自治，享有行政管理权、立法权、独立的司法权和终审权。为了保证“一个国家，两种制度”的基本方针在特别行政区贯彻执行，第七届全国人民代表大会第三次会议于1990年4月4日通过并于当日公布了《中华人民共和国香港特别行政区基本法》，第八届全国人民代表大会第一次会议于1993年3月31日通过并于当日公布了《中华人民共和国澳门特别行政区基本法》。根据我国《宪法》和两个《基本法》的规定，特别行政区是中华人民共和国直属于中央人民政府的享有高度自治权的地方行政区域，是中华人民共和国不可分离的组成部分。特别行政区依照《基本法》享有立法权、行政管理权、独立的司法权和终审权。独立的司法权和终审权实际上是独立的司法管辖权。

（一）特别行政区刑事管辖权的概念

特别行政区的刑事管辖权是特别行政区享有的独立的司法管辖权的一个组成部分，它指特别行政区依照我国《宪法》和有关《基本法》的规定所享有的在本地区内对犯罪和刑罚进行有限立法，对一定的刑事案件起诉、审判和处罚的权力。这个权力由刑事立法权和对刑事案件的侦查权、起诉权、审判权和执行权构成，是一种整体性质的权力。它是一个相对独立的权力系统，具有自始至终、独立自主地处理特别行政区刑事案件的效力。

特别行政区的刑事管辖权与国家的刑事管辖权并不矛盾。特别行政区的刑事管辖权是国家刑事管辖权的一个组成部分，是国家刑事管辖权的体现。国家的刑事管辖权不可以被分割，但可以按照国家的意志，在组成国家的各部分间进行分配。例如，联邦制的国家，依照他们的《宪法》规定，各个州享有刑事管辖权；邦联制的国家，他们的“加盟共和国”也享有刑事管辖权。我国最高权力机关——全国人民代表大会根据《宪法》的规定，通过颁布《中华人民共和国香港特别行政区基本法》和《中华人民共和国澳门特别行政区基本法》，授予香港特别行政区和澳门特别行政区刑事管辖权，体现了全国人民的意志，是一种独立自主的主权行为，是将国家的刑事管辖权在特别行政区的依法分配。国家的刑事管辖权是一种高层次的刑事管辖权，它覆盖整个中华人民共和国领域，对中华人民共和国领域内发生的刑事案件均具有管辖的权力，对于中华人民共和国领域外发生的刑事案件，依照中华人民共和国法律及中华人民共和国缔结或加入的国际条约的规定，也享有管辖的权力。特别行政区的刑事管辖权是国家刑事管辖权的一个组成部分，它服从、服务于国家的刑事管辖权，不得与国家的刑事管辖权相抵触。各特别行政区的司法机关在特别行政区地域之内，依照国家宪法、法律和特别行政区法律管辖刑事案件，是在特别行政区实现国家刑事管辖权的具体表现。

我国香港特别行政区和澳门特别行政区享有的刑事管辖权，比国外一些联邦制国家的州享有的刑事管辖权，更具有真实性和独立性。根据《中华人民共和国香港特别行政区基本法》和《中华人民共和国澳门特别行政区基本法》的规定，我国的特别行政区不仅享有独立的司法权，而且具有终审权。而联邦制国家的州，尽管享有刑事管辖权，但对于一些侵犯联邦的刑事案件，则不具有终审权；此外，一些联邦制的国家，例如美国，每个州内，有州的司法机关系统，也有联邦的司法系统，联邦的司法系统经常管辖各州内发生的属于侵犯联邦权益的刑事案件。我国的特别行政区，只有一套司法系统，中央政府在特别行政区没有司法系统。这样，特别行政区发生的刑事案件，即使是背叛国家案、分裂国家案、煽动分裂国家案、武装叛乱、暴乱案、颠覆国家政权案等危害国家安全的犯罪，也仍然由特别行政区的司法机关行使刑事管辖权。这不仅使特别行政区的刑事管辖权特别真实，而且极大地保证了特别行政区享有的刑事管辖权不受中央司法机关及国内其他地方司法机关的干涉，对保障特别行政区独立的司法权有重要意义。

特别行政区的刑事管辖权与司法独立是两个既互相联系又有一定区别的概念。刑事管辖权是一种通过立法和司法管辖刑事案件的权力，是一种权力“类型”。司法独立指的是一种司法权力的运作体制，是司法机关的工作机制。特别行政区的刑事管辖权，确定了特别行政区管辖的刑事案件范围，它对于明确与国家刑事管辖权、其他地区的刑事管辖权的关系，有积极的意义。明确了特别行政区的刑事管辖权，等于明确了特别行政区管辖的刑事案件的范围，也明确了与国家刑事管辖权、其他地区的刑事管辖权之间的分工，为确定特别行政区的司法独立奠定了基础。司法独立的直接意义主要是防范特别行政区内的立法机关、行政机关、政党、社会团体及个人对司法机关办理刑事案件、民事案件的干涉。刑事管辖权明确后，为刑事司法独立创造了条件。但是，特别行政区的刑事管辖权与其他刑事管辖权发生冲突，以及对该冲突进行的协调，并不会影响特别行政区司法权力的独立运作。在国际上，没有一个国家的刑事管辖权不会与其他国家的刑事管辖权发生冲突，冲突发生后，冲突各国一般都会通过协商的方式对冲突予以协调，但我们不能因此说世界上的任何国家都没有“司法独立”。

（二）特别行政区刑事管辖权的特征

特别行政区的刑事管辖权与国家刑事管辖权相比，具有“相对独立性”的特点。“相对独立性”是指，在我国内部，它相对于其他法域的刑事管辖权来说，是独立的。但在国际上，它相对于其他国家的刑事管辖权来说，它又不是独立的，它必须依附于我们国家的刑事管辖权，不能在国际上和我们国家的刑事管辖权一样，与其他国家的刑事管辖权“平起平坐”。

特别行政区的刑事管辖权之所以具有这个特征，是因为：

第一，这种刑事管辖权的主体，是我国依法设立的特别行政区。根据香港特别行政区基本法第 12 条和澳门特别行政区基本法第 12 条的规定，不论是香港还是澳门，都是中华人民共和国的一个享有高度自治权的地方行政区域，它们都直辖于中央人民政府。它们的“高度自治权”，都仅具有“国内法”的意义。也就是说，不论它们有什么样的“高度自治权”，都是相对于中央人民政府和国内其他地方政府而言的。在国际上，它们不是国际法主体，它们不能与国家地位平等。在对外事务中，特别行政区的代表，可作为中华人民共和国政府代表团的成员，参加由中央人民政府进行的同特别行政区直接有关的谈判。[①] 特别行政区政府与外国签订协议，必须由中央人民政府授权。特别行政区只可以“中国香港”或“中国澳门”的名义参加不以国家为单位的国际组织或国际会议。

第二，特别行政区行使刑事管辖权时所适用的法律，是我们国家制定或认可的。根据我国宪法和香港特别行政区基本法的规定，香港特别行政区的法律包括三部分。第一部分是全国人民代表大会及其常委会制定的全国性的法律，包括宪法、香港特别行政区基本法以及香港特别行政区基本法附件三所列的法律。第二部分是香港原有的法律。包括普通法、衡平法、条例、附属立法和习惯法。这些法律是从前“港英政府”那里沿袭下来的法律。根据香港特别行政区基本法第 8 条的规定，这部分法律，不得与香港特别行政区基本法相抵触，否则无效。因此，这部分法律尽管不是我们国家制定的，但却是经过国家审查以后认可的。第三部分是香港特别行政区立法机关制定的法律。根据香港特别行政区基本法第 11 条和第 17 条的规定，香港特别行政区立法机关制定的任何法律，均不得与香港特别行政区基本法相抵触。香港特别行政区立法机关制定的法律，须报全国人民代表大会常务委员会备案。全国人民代表大会常务委员会在征询其所属的香港特别行政区基本法委员会后，如认为香港特别行政区立法机关制定的任何法律不符合香港特别行政区基本法关于中央管理的事务及中央和香港特别行政区的关系的条款，可将法律发回。经全国人民代表大会常务委员会发回的法律立即失效。根据我国宪法和澳门特别行政区基本法第 18 条的规定，澳门特别行政区的法律与香港一样，也由三部分组成，包括全国人民代表大会及其常委会制定的法律、经过认可的澳门原有的法律和澳门特别行政区立法机关制定的法律。香港特别行政区和澳门特别行政区的这些法律，总体上说是国家同意在特别行政区实行的法律，它们是我国法律的一个组成部分。这些法律中的刑事法规范，就是特别行政区进行刑事管辖的依据。

第三，特别行政区刑事管辖权的效力，与国家刑事管辖权的效力不可同日而语。国家的刑事管辖权，受国际法和其他国家的刑事管辖权制约，而特别行政区刑事管辖权，还受到国家主权行为的制约。根据香港特别行政区基本法第 19 条和澳门特别行政区基本法第 19 条的规定，特别行政区

① 参见《中华人民共和国香港特别行政区基本法》第 150 条和《中华人民共和国澳门特别行政区基本法》第 135 条。

的法院，对国防、外交等国家行为无管辖权。特别行政区法院在审理案件时遇有涉及国防、外交等国家行为的事实问题，应取得行政长官就该问题发出的证明文件。行政长官在发出证明文件前，须取得中央人民政府的证明书。国家行为不受特别行政区司法管辖权管辖，是国家主权的必然要求。

第四，国家在授予特别行政区刑事管辖权的同时，要求特别行政区必须对国家承担一定的管辖义务。香港特别行政区基本法第 23 条和澳门特别行政区基本法第 23 条规定，特别行政区应自行立法禁止任何叛国、分裂国家、煽动叛乱、颠覆中央人民政府及窃取国家机密的行为，禁止外国的政治性团体在特别行政区进行政治活动，禁止特别行政区的政治性组织或团体与外国的政治性组织或团体建立联系。这些规定，是要求特别行政区管辖针对国家的犯罪行为，通过行使刑事管辖权，承担保证国家主权、领土完整和国家安全的义务。

二、特别行政区刑事管辖权渊源

特别行政区的刑事管辖权是从哪里来的？在我国内地，大家都会有一个正确的认识。但是，在港澳地区，有些人的思想还不清楚。1998 年，广州市中级人民法院审判“世纪贼王”张子强一案，在港澳两地、大陆地区甚至国外引起了很大的反响，新闻媒体作了大量的报道，专家学者发表了很多法律意见，也就特别行政区的刑事管辖权提出了一些问题。有些香港的学者认为：“‘大富豪’张子强一伙死不足惜，但案件涉及的司法管辖权范围则是绝对应该辨别清楚的事情，这不是争权则否，而是关乎‘高度自治’的大事。‘高度自治’不是上帝赋予的，而是要自己去争取，否则，‘高度自治’只是一句空话而已。”① 由此可见，关于特别行政区的刑事管辖权，有必要从渊源上认识清楚，否则，会对香港、澳门特别行政区行使刑事管辖权，实现高度自治造成一些思想认识上的混乱。

在英国政府统治香港的一百五十多年间，尽管英国政府极力标榜“民主”、“法治”，但始终没有给予香港带来实质性的民主和法治。香港人既没有“自治权”和刑事管辖权，也没有刑事案件的终审权，尽管香港的各级法院大多由英国人把持，但是，香港发生的刑事案件的终审权，始终由英国的枢密院享有。香港人不服香港高等法院的判决，还须远涉重洋去英

① 汪子严：《“高度自治”不是上帝赋予的》，载香港《信报》，1998－11－09。

国“打官司”。1997年7月1日，香港回到祖国的怀抱，沿袭了相当多的英国法律制度，但关乎香港“高度自治”的刑事管辖权，却不可能从以前沿袭下来。在1999年12月20日澳门回归祖国之前，澳门与香港一样，也没有“自治权”和独立的刑事管辖权，澳门发生的刑事案件的终审法院是设在葡萄牙首都的葡萄牙最高法院。

特别行政区的“高度自治”及其体现之一的刑事管辖权，是香港人、澳门人争来的吗？显然也不是。香港人、澳门人具有中华民族不畏强暴、顽强斗争的伟大精神，历史上为了争取民主、自由和做人的尊严，与港英政府、澳葡政府进行了不屈不挠的斗争，但也没有争取到“港人治港”、“澳人治澳”和“高度自治”的权力。

特别行政区的“高度自治”及其表现之一的刑事管辖权是我们国家授予香港和澳门的，它代表了全中国人民的意志。特别行政区享有这种权力的思想基础，是“一国两制”的伟大构想。1984年6月，邓小平同志在与一位香港知名人士的会谈中讲到香港问题时说：我们的政策是实行“一个国家，两种制度”。具体说，就是在中华人民共和国内，十亿人口的大陆实行社会主义制度，香港、台湾实行资本主义制度。[①] 1997年，江泽民同志在中国共产党第十五次代表大会上所做的政治报告中，对“一国两制”作了系统的阐述：“‘一国两制’构想是邓小平理论的重要组成部分。其基本内容是在祖国统一的前提下，国家的主体坚持社会主义制度，同时在台湾、香港、澳门保持原来的资本主义制度和生活方式长期不变。这一构想，既体现了实现祖国统一、维护国家主权的原则性，又充分考虑台湾、香港、澳门的历史和现实，体现了高度的灵活性，是推进祖国和平统一事业的基本方针。”[②] 在党的号召下，全国人民代表大会及其常委会，通过制定一系列法律，将“一国两制”明确为一个法律原则。《中华人民共和国香港特别行政区基本法》第2条规定：全国人民代表大会授权香港特别行政区依照本法的规定实行高度自治，享有行政管理权、立法权、独立的司法权和终审权。《中华人民共和国澳门特别行政区基本法》第2条也有相同的规定。根据这些法律的规定，国家在香港、澳门两个特别行政区设立了独立的司法系统，同时在香港、澳门特别行政区设立了前所未有的终审法院，依法行使终审权，保证了特别行政区具有真正的

---

① 参见《邓小平文选》，第3卷，58页，北京，人民出版社，1993。

② 《学习中共十五大文件问答》，35页，北京，中共中央党校出版社，1997。

刑事管辖权。《中华人民共和国香港特别行政区基本法》和《中华人民共和国澳门特别行政区基本法》的有关规定，是特别行政区刑事管辖权的法律根据。

根据1984年12月19日中英两国政府签署的关于香港问题的联合声明和1987年4月13日中葡两国政府签署的关于澳门问题的联合声明，以及香港特别行政区基本法第5条、澳门特别行政区基本法第5条的规定，香港、澳门两个特别行政区不实行社会主义制度和政策，保持原有的资本主义制度和生活方式50年不变。因此，特别行政区享有的刑事管辖权，期限至少为自各特别行政区成立之日起的50年。在这50年内，国家一般不仅不会限制特别行政区的刑事管辖权，而且会采取一切措施予以保护。但是，在极其特殊的情况下，特别行政区的刑事管辖权要受到限制。《中华人民共和国香港特别行政区基本法》第18条第4款规定："全国人民代表大会常务委员会决定宣布战争状态或因香港特别行政区发生香港特别行政区政府不能控制的危及国家统一或安全的动乱而决定香港特别行政区进入紧急状态，中央人民政府可发布命令将有关全国性法律在香港特别行政区实施。"《中华人民共和国澳门特别行政区基本法》第18条第4款也有同样的规定。这种极其特殊的情况，就是法律规定的经全国人大常委会决定进入的"战争状态"和"紧急状态"。在这两种状态下，全国性的法律经中央人民政府发布命令，在特别行政区实施，"高度自治"将被搁置，并等到"战争状态"或"紧急状态"结束。这时在特别行政区实行的法律，肯定包括以维护国家安全、维护社会治安为主要任务的《中华人民共和国刑法》和《中华人民共和国刑事诉讼法》。这样一来，特别行政区法院原有的终审权，将被收回，由中华人民共和国最高人民法院行使。当然，在上述两种"状态"结束后，经全国人大常委会决定，可再恢复至正常状态，特别行政区仍然享有独立的刑事管辖权。

自各特别行政区成立之日起50年后，特别行政区就不再享有独立的刑事管辖权，除非全国人民代表大会再行颁布法律予以授权。

三、特别行政区刑事管辖权原则

如何确定特别行政区的刑事管辖权，是关系到它们能否被正确行使的重要问题。香港特别行政区基本法和澳门特别行政区基本法对特别行政区刑事管辖权原则，仅作了一些简单的规定。特别行政区的原有法律，主要是刑法和刑事诉讼法，对各特别行政区刑事管辖权的原则，则作了比基本法详细的规定。由于这些原有法律是特别行政区成立以前制定的法律，没有很好地考虑特别行政区成立后刑事管辖权的行使以及与其他法域刑事管辖权的关系，故有很多需要研究的问题。

根据香港特别行政区和澳门特别行政区现行法律的规定，我国特别行政区刑事管辖权原则主要有以下几个。

（一）属地管辖原则

属地管辖原则是指，各特别行政区的司法机关，对于在国家所确定的由其进行管辖的地域内发生的刑事案件，有权进行起诉、审判和处罚。简单地说就是特别行政区刑事管辖权的范围，限于国家规定由其进行管辖的地域。

香港特别行政区和澳门特别行政区的法律，对于属地管辖原则，都有规定。香港特别行政区基本法第 19 条第 2 款规定："香港特别行政区法院除继续保持香港原有法律制度和原则对法院审判权所作的限制外，对香港特别行政区所有的案件均有审判权。"根据关乎司法管辖权的普通法规则，犯罪案件如在香港发生，可由本地法院审理，而不论被控人是否属于香港特别行政区居民。一般而言，香港普通法把完成犯罪案件所需的最后作为或活动进行的地方，视为犯罪地。但是，有的犯罪条例则将特定的地点作为犯罪地。例如，根据《盗窃罪条例》第 17 条的规定，以欺骗的手段取得财产，取得财产的地点为犯罪地。如果犯罪不是全部在香港特别行政区地域内完成，只要有一部分发生在香港，就认为该犯罪在香港发生。再例如，根据《侵害人身罪条例》第 5 条规定，任何人在香港串谋在其他地方杀人，依照香港法律也认为是犯罪。1998 年 11 月，曾有人在香港串谋在新加坡杀人，被香港原讼法庭判定为有罪。再例如，根据香港的《刑事司法管辖权条例》所指定的欺诈和不诚实罪行，其犯罪的作为或结果的任何部分在香港发生，就视为案件发生于香港，香港的法院就有管辖权。

澳门特别行政区基本法第 19 条第 2 款规定："澳门特别行政区法院除继续保持澳门原有的法律制度和原则对法院的审判权所作的限制外，对澳门特别行政区所有的案件均有审判权。"澳门刑法对属地原则作了比较详细的规定。根据该法第 4 条的规定，澳门刑法适用于在澳门内作出之事实，不论行为人属何国籍。这条规定的意思是指，刑事案件的犯罪地在澳门的，澳门的刑法就适用于该刑事案件。众所周知，刑事案件的犯罪地可能不在同一个地点，澳门刑法对此也作了相关的规定。澳门刑法第 7 条规定："行为人作出全部或者部分行为之地，即使系以共同犯罪之任一方式作出行为者，或如属不作为之情况，行为人应作出行为之地，均视为作出行为之地；产生符合罪状之结果之地，亦视为作出事实之地。"澳门刑法的这条规定，明确了判断犯罪地的三个标准："第一，凡行为人作出全部或部分行为之地，即使是以共同犯罪之任一方式作出行为者，均视为作出行为之地。也就是说，如果整个犯罪过程是由若干个行为构成，或由若干个人通过各自的行为构成共同犯罪，那么，只要有一个行为或一个人的行为发生在澳门，就视为犯罪事实发生在澳门，澳门刑法对其适用之。"①第二，犯罪如果是以不作为的形式发生的，行为人应作为之地，是作出事实之地。即不作为形式的犯罪以不作为人有义务作出某种行为之地，为犯罪地。只要不作为犯罪的"应作为之地"在澳门，澳门的刑法即对其适用之。第三，凡产生符合罪状之结果的地方，也视为作出事实之地。也就是说，当犯罪行为和犯罪结果不都在澳门发生的，只要犯罪结果的发生地在澳门，即视为犯罪行为的发生地在澳门，澳门即对该犯罪有刑事管辖权。

特别行政区刑事管辖权的属地原则，保证特别行政区刑事管辖权及于各特别行政区地域内发生的刑事案件，这是维护特别行政区社会秩序的需要，是特别行政区实行高度自治的需要。这个原则，应该成为特别行政区刑事管辖权的最基本的原则。

（二）地域外管辖原则

香港特别行政区和澳门特别行政区的刑法都对"地域外管辖原则"作了规定。

香港特别行政区的刑法，规定有限的地域外管辖原则。即对于香港人在香港地域之外的大多数犯罪，香港刑法不主张刑事管辖权，这种理念秉承了英美法系刑法强调"属地管辖"的历史传统。但是，香港刑法并不是对香港人在香港地域外实施的所有犯罪都不实行管辖。香港《防止贿赂条例》规定："任何公职人员，不论在香港或其他地方，无合法权限或合理辩解，索取或接受任何利益，作为他作出渎职行为的诱因或报酬，即为犯罪。"因此，香港刑法对在香港之外的地方接受贿赂的公务人员有管辖权。此外，根据香港的《官方保密条例》的规定，香港对其公务人员和永久居民在香港以外的地方犯"非法泄露官方机密罪"亦有刑事管辖权。香港刑

① 赵国强：《澳门刑法的空间效力原则》，载《法学评论》，1997（4）。

法的这些规定，说明香港采用了有限的“属人管辖原则”。

澳门刑法第5条和第6条对澳门的地域外刑事管辖权作了规定。澳门刑法第5条规定：“（在澳门以外作出之事实）一、澳门刑法亦适用于在澳门以外作出而属于下列情况之事实，但适用于澳门之国际协约或属司法协助领域之协定另有规定者，不在此限。A）构成第252条至第261条、第289条、第290条，以及第297条至305条所指犯罪之事实；B）构成第152条第2款、第153条至第155条、第229条、第230条及第236条所指犯罪之事实，只要行为人被发现身在澳门，且不可被移交至另一地区或国家；C）由澳门居民对非澳门居民作出之事实，或由非澳门居民对澳门居民作出之事实，只要（一）行为人被发现身在澳门；（二）该等事实亦可为作出事实之地之法例所处罚，但该地不行使处罚权者，澳门刑法不适用之；及（三）构成容许将行为人移交之犯罪，而该移交为不可准予者；或D）由澳门居民对澳门居民作出之事实，只要行为人被发现身在澳门。二、如审判在澳门以外作出之事实之义务，系源自适用于澳门之国际协约或属司法协助领域之协定，则澳门刑法亦适用于该等事实。”澳门刑法第6条规定：“澳门刑法适用于在澳门以外作出之事实，以行为人在其作出事实之地未受审判，或行为人逃避履行全部或部分所判之刑为限。”

从澳门刑法的以上两条规定，我们可以看出，澳门地域外刑事管辖权有以下内容：第一，不论行为人是否是澳门居民，也不论国籍如何，在澳门以外，只要构成澳门刑法第252条至261条规定的“伪造货币、债权证券及印花票证罪”、第289条规定的“恐怖组织罪”、第290条规定的“恐怖主义罪”、第297条至第305条规定的“妨害政治、经济及社会制度罪”，均无条件适用澳门刑法。这些犯罪，对澳门的经济秩序和社会秩序来说，都是危害较大的犯罪，对它们的打击也应当严厉。这些规定，主要包含了“保护管辖原则”的内容。当然，这种“保护管辖原则”与国家刑事管辖权中的“保护管辖原则”不同，它保护的是特别行政区整体的社会利益和经济利益，而不是保护国家主权不受侵犯。第二，不论行为人是否为澳门居民，也不管他的国籍如何，在澳门以外，只要犯有澳门刑法第152条第2款规定的“情节严重的非法拘禁罪”、第153条规定的“使人为奴隶罪”、第154条规定的“绑架罪”、第155条规定的“挟持人质罪”、第229条规定的“煽动战争罪”、第230条规定的“灭绝种族罪”以及第236条规定的“严重之酷刑及其他严重之残忍、有辱人格或不人道之待遇罪”，只要行为人被发现身在澳门，且不可被移交至另一个地区或国家，则澳门具有刑事管辖权。这些犯罪，多数也是有关国际公约规定的国际犯罪，澳门刑法作出这种规定，体现了“普遍管辖原则”。第三，除上述两类犯罪以外，其他刑事案件的当事人一方是澳门居民的在澳门以外的犯罪（包括犯罪嫌疑人、被告人是澳门居民和被害人是澳门居民两种情况），只要行为人被发现身在澳门，按照行为地法律也应该受追究的，而且不可将该犯罪移交他国或他地区的，澳门也有权进行管辖。这条规定，体现了“属人管辖原则”和对居民的“保护管辖原则”。第四，澳门居民之间发生的前两类犯罪以外的其他在澳门地区以外的犯罪，只要行为人被发现身在澳门，澳门即具有刑事管辖权。第五，澳门还可以对国际协约或属司法协助协定规定的澳门地区以外发生的犯罪行使刑事管辖权。这一条也体现了“普遍管辖原则”。

（三）登记地管辖的原则

所谓登记地管辖，是指在航空器、船舶内发生的刑事案件，由航空器、船舶登记地的特别行政区进行起诉、审判和处罚。

香港特别行政区基本法第 125 条规定：香港特别行政区经中央人民政府授权继续进行船舶登记，并根据香港特别行政区的法律以“中国香港”的名义颁发有关证件。第 129 条规定：香港特别行政区继续实行原在香港实行的民用航空登记制度，并按中央人民政府关于飞机国籍标志和登记标志的规定，设置自己的飞机登记册。澳门特别行政区基本法第 116 条第 2 款规定：澳门特别行政区经中央人民政府授权可进行船舶登记，并依照澳门特别行政区的法律以“中国澳门”的名义颁发有关证件。第 117 条规定：澳门特别行政区政府经中央人民政府授权可自行制定民用航空的各项管理制度。因此，香港和澳门均有权对船舶和航空器进行登记管理。

香港刑法没有一个统一的条文规定“登记地管辖原则”。但有些犯罪的管辖，明显地适用了“登记地管辖的原则”。如，香港刑事罪行条例第 20 条第 1 款（B）规定：在香港船舶上：（1）成为海盗、敌人或者叛徒并以海盗方式带同该船舶或任何船艇、军火或货品逃走；（2）自动将该船舶或任何船艇、军火或货品交给海盗；（3）替海盗、敌人或叛徒传递任何劝诱性质的信息；（4）袭击该船舶船长以阻止他为保护其船舶及货品而打斗；（5）禁闭该船舶船长；或（6）在该船舶上制造或试图制造叛变是海盗行为。这些海盗行为，可以由香港船舶上的任何国籍者作出，香港对其行使刑事管辖权。

澳门刑法第 4 条规定：澳门刑法适用于在下列空间作出之事实，但适用于澳门之国际协约或属司法协助领域之协定另有规定者，不在此限：……B）在澳门注册之船舶或航空器内。可见，澳门刑法明确规定了“登记地管辖原则”。

四、特别行政区刑事管辖权的阻却

特别行政区的刑事管辖权，因为具有“相对独立”的特性，因此要受到国家刑事管辖权及在特别行政区适用的全国性法律的限制。这种限制，就是特别行政区刑事管辖权的阻却。

特别行政区属地管辖权，是指特别行政区根据“属地管辖原则”而享有的对特别行政区地域内发生的刑事案件享有的管辖权。一般来说，特别行政区的属地管辖权是它们最主要的刑事管辖权，应该受到国家和其他法域的尊重。但是，特别行政区毕竟是国家的一个地方性行政区域，它的管辖权不应该涉及国家行为及其他与国家主权有关系的行为和事件。

特别行政区属地管辖权的阻却，体现在以下两个方面。

（一）驻军人员职务犯罪不能管辖

香港特别行政区和澳门特别行政区成立后，为了维护国家的主权、统一、领土完整以及香港、澳门的安全，中央人民政府向香港特别行政区和澳门特别行政区派驻了负责防务的军队，它们分别是中国人民解放军驻香港部队和中国人民解放军驻澳门部队，国家分别在 1996 年和 1999 年颁布了《中华人民共和国香港特别行政区驻军法》和《中华人民共和国澳门特别行政区驻军法》。根据特别行政区驻军法的规定，驻军人员犯罪的案件由军事司法机关管辖；但是，驻军人员非执行职务的行为，侵犯特别行政区居民、驻军以外的其他人的人身权、财产权以及其他违反特别行政区法律构成犯罪的案件，由特别行政区司法机关管辖。军事司法机关管辖的特别行政区驻军人员犯罪的案件中，涉及的被告人中有特别行政区居民、驻军以外的其他人的，由各特别行政区法院审判。军事司法机关和特别行政区司法机关对各自管辖的特别行政区驻军人员犯罪的案件，如果认为由对方管辖更为适宜的，经双方协商一致后，可以移交对方管辖。特别行政区驻军人员被特别行政区法院判处剥夺或者限制人身自由的刑罚或者保安处分，依照特别行政区的法律规定送交执行；但是特别行政区有关执法机关与军事司法机关对执行地点另行协商确定的除外。特别行政区执法人员依法拘捕的涉嫌犯罪的人员，查明是特别行政区驻军人员的，应当移送驻军羁押。被羁押人员所涉及的案件，依照特别行政区驻军法确定管辖。①

法律规定特别行政区驻军人员犯罪的案件（主要是违反军人职责罪和其他职务犯罪的案件）由军事司法机关管辖，不由特别行政区管辖，是非常正确的。在世界上的多数国家，军人都是一个特殊的群体，军人的职务和职责关系国家的安全，由军事司法机关管辖军人犯罪的案件，是大多数国家都采取的做法。自中华人民共和国成立以来，军人犯罪都是由军事司法机关管辖的。军事司法机关管辖军人的犯罪，可以保守军事秘密，维护国家的利益。特别行政区的驻军人员的犯罪，由军事司法机关管辖，也是符合《特别行政区基本法》的。《中华人民共和国香港特别行政区基本法》第19条和《中华人民共和国澳门特别行政区基本法》第19条都明确规定，特别行政区对国防、外交等国家行为无管辖权，而有些军人执行的职务行为，就体现为一定的国防行为。

特别行政区驻军人员犯罪由军事司法机关管辖，包括由军事司法机关侦查、羁押、起诉、审判和执行。《中华人民共和国香港特别行政区驻军法》第25条规定：在香港特别行政区法院的诉讼活动中，香港驻军对香港驻军人员身份、执行职务的行为等事实发出的证明文件为有效证据。但是，相反证据成立的除外。《中华人民共和国澳门驻军法》第25条也有同样内容的规定。因此，司法实践中，驻军人员的身份及执行职务行为，由驻军证明。

（二）有外交特权和豁免权的外国人的犯罪不能管辖

根据《维也纳外交关系公约》、《维也纳领事关系公约》和互惠原则，《中华人民共和国外交特权和豁免条例》和《中华人民共和国领事特权和豁免条例》规定，对于享有外交特权和豁免权的外国人犯罪，需要追究刑事责任的，通过外交途径解决。国家在行使刑事管辖权时，也要遵守这些法律和国际公约的规定。香港特别行政区基本法第13条和澳门特别行政区基本法第13条都有规定，中央人民政府管理与特别行政区有关的外交事务。《中华人民共和国外交特权和豁免条例》和《中华人民共和国领事特权和豁免条例》都是在特别行政区实行的全国性法律。因此，当依照

① 参见《中华人民共和国香港特别行政区驻军法》第20条、第21条和第22条；《中华人民共和国澳门特别行政区驻军法》第20条、第21条和第22条。

我国法律规定享有外交特权和豁免权的外国人在香港或澳门特别行政区内或在各特别行政区登记的船舶、航空器内犯罪，需要追究刑事责任的，各特别行政区都不能行使刑事管辖权，而应当将这种案件通报中华人民共和国外交部驻特别行政区的特派员公署，由中央人民政府通过外交途径解决。

第六章　香港、澳门、内地刑事管辖权的冲突与协调

如上文所述，香港、澳门特别行政区有独立的司法权和终审权，在区内实行不同于内地的法律制度。这样，在我国境内又出现了两个不同的法律区域，形成了“一国、两制、三法域”，加上台湾地区就是“一国、两制、四法域”的复杂状况。由于特别行政区之间，以及特别行政区与内地之间人员往来频繁，两地甚至三地互涉刑事案件将会大量增加，这为各特别行政区及内地在司法实践中界定刑事管辖权带来了一定的困难，如果不能很好予以处理，不仅不能及时打击犯罪，而且会影响“一国两制”方针的贯彻实施。研究特别行政区与内地及其相互之间刑事管辖权的冲突与协调（以下简称“三地刑事管辖权的冲突与协调”），是我国法律界、法学界义不容辞的责任。

一、香港、澳门、内地刑事管辖权的冲突

（一）三地刑事管辖权冲突的内涵

三地刑事管辖权的冲突，是指三地的司法机关在对三地互涉案件行使刑事管辖权时发生的管辖权竞合或空隙。它包括两种情况：一是三地或三地中的两地对一个刑事案件竞相行使刑事管辖权；二是三地对发生的刑事案件都不行使刑事管辖权。对于前一种冲突，学者们称之为“积极的管辖权冲突”，后一种冲突被称之为“消极的管辖权冲突”。在实践中，积极的管辖权冲突是很常见的，消极的管辖权冲突并不多见。概因刑事案件多为侵犯国家、社会和公民权利的重大事件，国家和各特别行政区重视保护国家、特别行政区及公民的权益，已经制定了完善的立案制度，刑事案件立案之初又难以发现互涉因素使然。

香港、澳门、内地刑事管辖权的冲突，包括两个层面的冲突。

第一个层面是“法律上的冲突”。所谓法律上的冲突，是指根据三地

的法律规定，当一个刑事案件发生时，三地或其中的两地都有权对该刑事案件进行管辖，但由于各种实际上的原因，其中一地或两地并不声称它有管辖权，而默认他地的管辖权。例如，张子强犯罪集团案就是一个仅存在于法律层面的管辖权冲突的例子。张子强犯罪集团由 18 名香港居民和 18 名内地居民组成，自 20 世纪 90 年代初在香港和广东两地多次进行绑架、抢劫、走私武器弹药等犯罪活动。这个案件跨越港、粤两地。根据香港刑法的属地管辖原则，香港对此案有管辖权；内地刑法也规定有属地管辖原则，根据内地刑法的规定，内地的司法机关也有管辖权。但是，当广东省的公安司法机关对该案进行侦查、起诉甚至审判时，香港的司法机关还没有掌握张子强犯罪集团犯罪的足够证据，没有立案追究张子强一伙的刑事责任。因此，香港特别行政区并未对该案主张刑事管辖权。①该案件的管辖权在法律上存在冲突，但未演变为实际的刑事管辖权冲突。

第二个层面是“实际上的冲突”。即当一个刑事案件发生后，根据三地的法律规定，三地或两地对该案都享有刑事管辖权，三地或两地的司法机关都开始了刑事诉讼程序，向控制了犯罪嫌疑人、被告人的他地的司法机关提出了管辖该案件的要求。如果说法律上的冲突只是“纸上谈兵”，不会给三地司法机关及其政府之间的关系带来实际影响的话，实际上的刑事管辖权冲突就可能影响三地的关系，如果处理不好，对于打击犯罪也会产生极其不利的影响。由于香港、澳门毗连内地，人员往来频繁，法律层面的刑事管辖权冲突时有发生，我们要积极进行研究，早日制定好协调三地刑事管辖权冲突的办法，为解决三地刑事管辖权的实际冲突提供法律根据。在目前还没有解决三地刑事管辖权冲突的法律规定的情况下，如果发生了实际层面的刑事管辖权冲突，冲突的三方或两方应当冷静对待，本着“一国两制”和“有利于打击犯罪”的原则，妥善处理好三地的实际冲突，保证公平、合理、及时打击犯罪。

还有一种“刑事管辖权的冲突”，既不是法律层面的，也不是实际层面上的，而是存在一些人的观念之中。这种“冲突”对三地刑事管辖权冲突的协调是极其不利的。在广东省的有关司法机关处理张子强犯罪集团案和李育辉抢劫、杀人案的过程中，香港的一些大律师、学者发表了很多有关对这两个案件如何处理的看法，其中相当一部分是关于这两个案件的管辖权的。有的人不了解内地的法律和司法制度，发表了一些不信任内地司

① 参见梁爱诗：《从正确的角度看司法管辖权问题》，载《香港律师》，1999 (1)。

法机关的意见；还有些人出于不良的动机，对内地的法律和司法制度极尽攻击之能事，发表了一些错误的言论，对香港市民进行误导。有一位汪先生撰文说："由于'大富豪'张子强犯罪集团涉嫌在内地和香港均有犯罪行为，而一干疑犯在内地被捕，因而国内的法院有司法管辖权先行去审讯，这在法理上是可以理解的。但是目前广州法院对张等人的审判不仅只限于他们在内地所犯的罪行，而是延伸至审讯在香港发生的富豪被绑架案（法院一审对张子强所犯之绑架罪判处无期徒刑），这构不构成内地法院的司法管辖权'越俎代庖'呢？我们不去干预内地的审讯程序，但内地如真的过了界，我们怎么办？"[①] 香港法律界有些人认为，张子强案应当由香港法院审理，认为港府放弃了自己的刑事管辖权，会使香港居民面临随时被内地司法机关逮捕审判的危险，如果根据"最紧密联系地"原则，该案应当由香港法院受理最为适当。[②] 在李育辉抢劫、杀人案开庭审理前，广东省的有关司法机关为了使被害人及时得到被非法占有的财物，将被抢劫的赃款移交香港警方。一些香港人士对内地的这种做法提出批评，认为未开庭审理即移交赃物，是违背"无罪推定"原则的，因而对内地的法律体系感到失望。对此，许多内地人感到困惑，何以友善的举动会招致批评？内地人士对张子强犯罪集团案、李育辉抢劫、杀人案的审判在港引起轩然大波也感到不解。一个本来就应当这样办的事情为什么会引发如此多的争论呢？

可见，三地之间就刑事管辖权在观念上的冲突，是刑事管辖权协调的最大障碍。我们应该加强交流，不断了解对方的法律和司法体制，放弃"己方的法律和司法体制是最好的，对方的法律和司法体制是糟糕的"这种偏见，在思想上为三地间刑事管辖权的协调扫清障碍。

（二）三地刑事管辖权冲突的主要特征

刑事管辖权的冲突在国际上极其常见，新闻媒体经常报道某某两国为了管辖一个刑事案件发生外交纠纷。在一个国家内部，如果存在不同的法域，这种冲突也是不可避免的。我国境内三地间的刑事管辖权冲突与国际刑事管辖权冲突不同，它不是主权国家之间的刑事管辖权冲突，而是一个主权国家内不同法域之间的刑事管辖权冲突，这种冲突，是可以调和的冲突。因为各法域的刑事管辖权，都有一个共同的目标，即维护国家的主

① 汪子严：《香港"高度自治"体现在哪里?》，载香港《信报》，1998－11－23。

② 参见香港《明报》，1998－11－13。

权，维护国家的利益，打击侵害国家整体利益、破坏“一国两制”方针政策、危害公民合法权益的犯罪行为。《中华人民共和国宪法》以及根据《宪法》制定的《香港特别行政区基本法》和《澳门特别行政区基本法》规定的“一国两制”的原则和大政方针，是我们协调三地刑事管辖权冲突的依据。

与一些联邦制国家内部发生的刑事管辖权冲突相比较，我国境内三地的刑事管辖权冲突又有自己的特点。这些特点表现在以下几个方面：

1. 我国三地间刑事管辖权的冲突，伴随着法律价值观念的冲突。

在联邦制国家，尽管“邦”有立法权、司法权和自己的一套司法机关，但他们的社会制度是一致的，要么都是社会主义的（如以前的南斯拉夫联邦），要么都是资本主义的（如美国），邦与邦在法律的价值观念上没有差别。我国则不然。根据《香港特别行政区基本法》和《澳门特别行政区基本法》的规定，香港、澳门特别行政区成立后，为了保持香港澳门的稳定和繁荣，考虑到它们的历史和现实情况，保持它们原有的资本主义制度和生活方式，50 年不变。而我国的内地，实行的是社会主义制度。资本主义和社会主义在对法律的性质、作用、目的以及价值观念的认识上，都存在较大的差异，这种差异必然反映在内地的法律工作者、法学家和港澳的法律工作者和法学家的头脑中，使一地的法律人士对另一地的法律、司法制度、刑事管辖权的认同感弱化，形成上面提到的“刑事管辖权观念层面上的冲突”，非常不利于刑事管辖权的协调。

2. 我国三地间刑事管辖权的冲突，伴随着法律文化上的冲突。

众所周知，香港在回归中国前，被英国占领。自 1840 年至回归祖国前的法律制度，基本上是英国的法律制度。英国属“英美法系”，判例是其法律的一个主要渊源，成文法比较少；在诉讼方式上采取“当事人主义”，注重诉讼的程序公正；在司法管辖权方面强调“属地管辖原则”。澳门在回归中国前，被葡萄牙占领。葡萄牙属“大陆法系”，立法方式上是成文法，先前的判例对法院没有约束力；在诉讼方式上，重“职权主义”，强调司法人员尤其是法官在诉讼中的作用；在司法管辖权方面，采取“以属地原则为基础，属人原则、保护原则和普遍原则并用的折中主义倾向”。我国内地属社会主义法系，尽管诉讼法律中有很多“大陆法系”的职权主义原则，也吸收了“英美法系”当事人主义诉讼模式的合理因素，但经过几十年的借鉴和自我发展，已经初成体系，有了鲜明的中国特色。所以，三地分属不同的法系，法律文化存在较大的差异，这在世界上也不多见。

这种法律文化上的差异，必然带来法律文化上的冲突，导致一地对他地司法机关、诉讼方式乃至司法体制的不信任，增加了刑事管辖权协调方面的难度。

3. 我国三地间刑事管辖权冲突的内容比较复杂。

世界上的其他多法域国家，各法域尽管拥有独立的立法权和司法权，但并不拥有独立的终审权，因此各法域的自治有一定的相对性。如美国联邦法第6条第2款规定："本宪法与依照本宪法所制定的合众国法律，即使与任何州的法律有抵触，各州法官仍应遵守。"在司法上，如果案件属于联邦法性质的，终审权在联邦最高法院。在这些国家，刑事管辖权的冲突，主要表现为州与州之间的管辖权冲突。在冲突发生后，联邦的一些司法机构，有协调的权力。在英国，如各法域发生了刑事管辖权冲突，英国的枢密院可以协调。我国则不然。首先，我国的刑事管辖权冲突，既有平等特别行政区之间的冲突，又有覆盖内地的国家刑事管辖权与特别行政区刑事管辖权之间的冲突。前者的冲突是平等的冲突，后者的冲突就不完全是平等的冲突。因为对外国而言，国家的刑事管辖权是包含了特别行政区刑事管辖权的。其次，在行政隶属关系上，特别行政区和内地有一个统一的中央人民政府。在司法隶属关系上，则没有一个共同的中央司法机关。各特别行政区有终审权，内地也有自己的终审权。目前没有一个中央机构能够协调三地的刑事管辖权冲突。这使三地刑事管辖权的冲突相对复杂化，协调的手段和途径相当缺乏。

综上所述，我国三地的刑事管辖权的冲突，和其他国家不同法域之间的刑事管辖权冲突相比，属于一种深层次、多方位的冲突，协调的难度非常大，不能等闲视之。

（三）三地刑事管辖权冲突的成因

关于三地刑事管辖权冲突的成因，学者们提出了不同的观点。有的学者认为："刑事管辖冲突的产生一般必须具备下列条件：其一是一国之内存在数个具有不同刑事法律制度的法域；其二是各法域公民之间交往导致产生众多的跨法域的刑事法律关系；其三是各法域互相承认外法域的法律在自己法域内的域外效力；其四是各法域有关刑事管辖权的规定不同及对相同规定在理解上存在差异。"① 有的学者认为："我国区际刑事法律冲突是由于历史原因造成的。""在内地刑法与特别行政区刑事法律的并行适用

① 陈永生：《中国内地与香港刑事管辖冲突及解决》，载《山东法学》，1998（2）。

中，由于双方刑事法律空间效力适用范围的地域限制性，亦是引起区际刑事管辖冲突产生的原因之一。”① 还有学者把中国区际刑事管辖权冲突产生的原因概括为“现实原因”和“法律原因”两大类。②

上述学者的观点为我们研究这个问题给予了很好的启发。笔者认为，我国三地之间之所以会出现刑事管辖权的冲突，有以下几点原因：

1. 香港、澳门和内地分别属于不同的法域，而且各法域有独立的刑事管辖权。

根据香港特别行政区基本法和澳门特别行政区基本法的规定，香港特别行政区和澳门特别行政区有各自的刑事法律，内地的刑事法律不适用于香港和澳门，香港、澳门的法律也不适用于内地。而且香港、澳门和内地都有自己的一套司法机关，各自都有独立的刑事司法权和终审权。因此，香港、澳门和内地是三个相对独立的法律区域。刑事法律不能兼容，刑事管辖权没有形成隶属关系，对刑事案件都按照自己的刑事诉讼程序进行处理。这种状况的存在，是三地刑事管辖权冲突的客观前提。

2. 各法域的居民往来于不同的法域之间，而且产生了涉及不同法域的刑事案件。

如果仅有不同法域的存在，而没有三地互涉的刑事案件，也不会发生三地刑事管辖权的实际冲突。只有互涉三地刑事案件的出现，才使刑事管辖权的法律冲突成为现实，使刑事管辖权的实际冲突成为可能。所谓三地互涉的刑事案件，是指构成刑事案件的因素发生在不同的法域，它包括犯罪的行为和结果分布在不同的法域、犯罪嫌疑人分布在不同的法域、犯罪人在居住地以外的法域作案等情况。各法域按照本法域刑事法律的规定，对发生的互涉刑事案件，都享有管辖权，这使两地或者三地的刑事管辖权发生竞合。两个或两个以上刑事管辖权竞合与各刑事管辖权具有的独立性是不相容的，除非有一方或两方主动放弃刑事管辖权，否则，冲突的发生就不可避免了。

3. 有两个以上的法域对同一个刑事案件都主张管辖权，是刑事管辖权发生实际冲突的一个重要条件。

---

① 高铭暄、王秀梅：《试论我国区际刑事管辖冲突的内涵和解决的原则》，载《中国区际刑法与刑事司法协助研究》，1～19页，北京，法律出版社、中国方正出版社，2000。

② 参见赵秉志、黄晓亮：《中国区际刑法专题整理》，11～13页，北京，中国人民公安大学出版社，2009。

在没有就刑事管辖权的冲突制定出有效的协调规范之前，三地刑事管辖权在法律层面上的冲突是大量存在的。据广东省有关部门统计，广东省靠近港澳地区的互涉案件高达30%，有的地区甚至高达40%—60%。[①]这些大量存在的互涉案件，给三地行使刑事管辖权带来了很多不便。但是，由于三地司法机关的自我克制与互相尊重，当发生互涉刑事案件之后，一方对先行行使刑事管辖权的对方不提出异议，因而目前没有发生现实的刑事管辖权冲突。这种依靠自我克制形成的“协调”毕竟不是解决问题的长效机制，也不符合法治的原则。

上述前两个条件，是三地刑事管辖权发生法律层面冲突的必备条件。上述三个条件是三地刑事管辖权发生实际冲突的必备条件。

笔者认为，“各法域互相承认外法域的法律在自己域内的域外效力”以及“各法域有关刑事管辖权的规定不同及对相同规定在理解上存在差异”，不是三地刑事管辖权发生冲突的原因。因为，第一，即使各法域都不承认对方法域的法律在本法域有“域外效力”，也会有刑事管辖权冲突的发生。例如，犯罪行为在一个法域实施，犯罪结果在另一个法域出现，这两个法域都是根据本法域刑事管辖权的域内效力进行管辖的，不存在刑事管辖权的域外效力问题。实际上，一法域一般也不承认外法域的法律在本法域有“域外效力”。第二，各法域对刑事管辖权规定的同与不同，与刑事管辖权冲突的产生没有直接关系。两个法域刑事管辖权规定如果是完全相同的，照样会发生刑事管辖权的冲突，而且刑事管辖权内容差异性越小，其冲突的可能性反而越大。例如，假如A法域和B法域都规定有“属地管辖原则”和“属人管辖原则”，A法域的居民在B法域犯罪，B法域根据“属地管辖原则”对此案有管辖权，A法域根据“属人管辖原则”也有刑事管辖权，这不也会发生刑事管辖权的冲突吗？至于对相同规定在理解上存在差异，更不是刑事管辖权冲突的条件。对两个法域关于刑事管辖权相同规定的理解如果不存在差异，也会发生刑事管辖权的冲突。上述的案例也可以说明这个问题。

（四）可能发生刑事管辖权冲突的具体情况

根据香港、澳门和内地关于刑事管辖权的规定，当三地间发生以下具体的案件情况时，刑事管辖权的冲突可能就会发生：

---

① 参见陈曾侠：《“一国两制”下粤港澳互涉刑事案件管辖与司法协助探讨》，载《政法学刊》，1996（4）。

1. 犯罪的行为发生在一个法域，犯罪的结果出现在另一个或另两个法域。

这种情况，三地都可以根据“属地管辖原则”行使刑事管辖权。内地刑法第 6 条第 3 款规定：“犯罪的行为或者结果有一项发生在中华人民共和国领域内的，就认为在中华人民共和国领域内犯罪。”根据澳门刑法第 7 条的规定，行为人作出全部或部分行为之地，或者产生符合罪状之结果之地，亦视为作出事实之地。香港的刑事管辖权原则适用普通法规则，即犯罪的司法管辖权属于犯罪发生地的国家或地区。根据该规则，“香港法院审理那些已被法律规定为犯罪，并且犯罪行为或结果有一项发生在香港领域内的犯罪案件。”（这里用“领域”一词不当，但原文之用词，笔者引证时不能更改。笔者注。）① 因此，当这种情况发生时，三地的刑法均认为犯罪是发生在本法域内，对该种案件都有“属地管辖权”。

2. 犯罪的实行行为、预备行为不在一地，兼跨两个或两个以上法域。

犯罪的预备行为和实行行为，都属于犯罪行为。根据内地刑法第 6 条第 3 款、澳门刑法第 7 条以及香港刑法奉行的“属地管辖原则”，凡是犯罪预备或实行行为有一项在本法域内发生的，就认为犯罪发生在本法域，都可以按照“属地管辖原则”主张管辖权。

3. 一个人在两地或三地分别实施了犯罪。

这种情况属于一人犯有数罪，而且数罪分别在不同的法域实施。一人犯数罪的情况比较复杂，它包括一人连续或间断地在不同法域犯数罪。并非所有的一人在不同法域犯数罪的案件都会发生管辖权冲突，当数罪中只有一个犯罪在追诉时效期限内，其他犯罪已经超过了追诉时效期限的，这实际上等于一人在一地犯有一罪，自然不会发生管辖权冲突的问题。只有当数罪均在追诉时效期限内，才会发生刑事管辖权冲突。一人在两地或三地分别犯有数罪，在各地的案件均是独立的。但是，接受刑事追诉和承担刑事责任的人是一个，从理论上讲，可以分别起诉、审判和执行，不发生刑事管辖权冲突的问题。但是，分别管辖在实际上却有很多不便，以至于不太可能做到。在这种情况下，由于两地或三地都要追究一个人的刑事责任，该人无法分身，故而会发生刑事管辖权的冲突。

4. 一人持续在不同的法域犯有一罪。

这种情况属于犯罪行为牵连数个法域，被牵连的数个法域都有属地管辖权。

---

① 甄贞主编：《香港刑事诉讼法》，67 页，郑州，河南人民出版社，1997。

5. 一法域的居民在他法域犯罪的案件。

一法域的人在他法域犯罪，犯罪地虽处在一个法域内，但犯罪人却是另一个法域的居民。内地刑法和澳门刑法均规定了属人管辖权（见内地刑法第 7 条和澳门刑法第 5 条），香港刑法也实行有限的属人管辖原则。因此，当一法域的居民在他法域犯罪，犯罪地法域根据“属地管辖原则”主张管辖权，居民所属法域根据“属人管辖原则”要求管辖，因而会发生刑事管辖权冲突。

6. 一法域的居民在他法域针对与自己同一法域的居民犯罪或犯侵害本法域特殊的社会关系的犯罪。例如，澳门居民在香港或内地伪造澳门货币的犯罪等。澳门刑法和内地刑法都规定有“属地管辖原则”和“保护管辖原则”，如发生上述犯罪，澳门与内地的“属地管辖权”与“保护管辖权”会发生冲突。

7. 不同法域的居民共同犯罪的案件。

这种情况也是比较复杂的。它包括：第一，不同法域的居民共同在一地犯罪。这种情况发生一法域的“属地管辖权”与其他法域“属人管辖权”的冲突。第二，不同法域的居民共同在数法域犯数罪，如张子强等犯罪集团案件。这发生一法域的“属地管辖权”与他法域“属地管辖权”或“属人管辖权”的冲突。第三，不同法域的居民持续在不同法域犯罪或犯罪行为与犯罪结果不在同一法域的。这种情况也发生一法域的“属地管辖权”与他法域“属地管辖权”或“属人管辖权”的冲突。

8. 在一法域登记的船舶、航空器内犯罪，而犯罪时的船舶、航空器在他法域。

根据内地刑法第 6 条和澳门刑法第 4 条的规定，在本法域登记的船舶和航空器内犯罪，本法域可以根据“登记地管辖原则”行使刑事管辖权。香港的某些法例也有“登记地管辖”的内容。因此，当上述情况发生时，船舶、航空器登记地法域的“登记地管辖权”与船舶、航空器所在法域的“属地管辖权”会发生冲突。

9. 三地居民涉及国际犯罪的刑事管辖权冲突。

这种情况有：一法域居民在他国领域内实施了国际犯罪或者其他普通的犯罪，潜回国内，在另一法域出现。对这种案件，居民所属法域要对其行使“属人管辖权”，发现犯罪人的法域，根据国际公约的规定，要对行为人行使“普遍管辖权”。

10. 驻特别行政区的军人犯有数罪，其中一罪属于职务犯罪，其他罪属于非职务犯罪。

对于职务犯罪，军事司法机关有管辖权，对于非职务犯罪，特别行政区的司法机关有管辖权。此种状况下，也会发生刑事管辖权的冲突。

二、香港、澳门、内地刑事管辖权冲突的协调

（一）解决三地刑事管辖权冲突的原则

解决三地刑事管辖权冲突的原则，是协调三地刑事管辖权，使之不发生冲突的基本准则，这些原则不仅对于解决司法实践中的刑事管辖权冲突有直接作用，而且对于制定刑事管辖权冲突规范，具有理论上的指导意义。

哪些原则可以作为解决三地刑事管辖权冲突的原则？我国学者提出了不少意见和建议。综合起来，有以下十几种之多："维护国家主权统一的原则"或"国家主权统一原则"、"相互尊重、互不干涉的原则"、"互相尊重法制原则"、"平等协商的原则"或"协商原则"、"尊重双方法律的原则"、"遵循一事不再理、一罪不两罚原则"、"及时、有效地惩治犯罪的原则"、"一国两制原则"、"便利和效率原则"、"属地原则"、"犯罪地原则"、"居所身份原则"、"先理原则"、"实际控制原则"等。① 笔者认为，学者们提出的上述原则，是处于不同层次的。有些是属于宏观的、抽象性的原则，如"维护国家主权统一的原则"、"一国两制原则"；有些则属于具体的原则，如"犯罪地原则"、"先理原则"。如果将它们放在一起，都作为解决我国三地刑事管辖权冲突的原则，显得很不协调。此外，有的原则如"属地原则"，实际上是确定一个地区刑事管辖权的原则，如果作为解决刑事管辖权冲突的原则，容易发生认识上的混乱。

---

① 参见张真寿、梅文斌：《"一国两制"三法域框架下内地、香港、澳门互涉刑事案件管辖冲突初探》，载《政法学刊》，1996（2）；陈永生：《中国内地与香港刑事管辖冲突及解决》，载《山东法学》，1998（2）；陈曾侠：《"一国两制"下粤港澳互涉刑事案件管辖与司法协助探讨》，载《政法学刊》，1996（4）；王晨光：《两案引起的司法管辖权重合问题及其解决》，载香港《文汇报》，1998－11－25。高铭暄、王秀梅：《试论我国区际刑事管辖冲突的内涵和解决的原则》，赵秉志、田宏杰：《中国内地与香港刑事管辖冲突研究——由张子强案件引发的思考》，单长宗、赵松岭、刘本荣：《试论中国内地与澳门刑事管辖权的划分》，以上三文均载于《 中国区际刑法与刑事司法协助研究 》，北京，中国方正出版社，2000。

笔者认为，解决我国三地刑事管辖权冲突的原则，必须以我国宪法、香港特别行政区基本法、澳门特别行政区基本法为法律依据，以邓小平同志倡导的、中国共产党认真贯彻执行的“一国两制”思想为指针，着眼于解决刑事管辖权冲突中带有普遍性的问题。以此而言，有些学者提出的“维护国家主权统一原则”、“国家主权统一原则”、“一国两制原则”等，作为解决刑事管辖权原则，显得过于空泛，难以为解决刑事管辖权冲突提供具体的指导。“维护国家主权统一”、“一国两制”是处理国际关系、国内区际关系的原则，是国家的大政方针，在协调港、澳、内地刑事管辖权方面当然要遵守，但作为一个解决刑事管辖权冲突的原则，就不合适，是“大材小用”。“相互尊重、互不干涉原则”、“互相尊重法制原则”、“平等协商原则”、“尊重双方法制原则”，是“一国两制”思想应有之义，在三地的法学交流、法律互助方面，当然应当遵守，但用来处理三地刑事管辖权冲突，有隔靴搔痒的感觉。

根据以上分析，笔者认为，解决三地刑事管辖权冲突的原则，应该有以下三个：“有利于打击犯罪、维护三地社会秩序原则”；“犯罪地管辖为主、居住地管辖为辅原则”和“先理优先原则”。

1. 有利于打击犯罪、维护三地社会秩序原则。

刑事法律的任务，首要是打击犯罪，维护社会秩序。国家刑事管辖权、地区刑事管辖权的直接目的，也都是为了打击犯罪，维护国家主权，保护正常的社会秩序，使人民安居乐业。香港、澳门回归祖国后，成为了国家的特别行政区，真正开始与国家同命运，共患难。香港、澳门和内地如果都能保持一个良好的社会秩序，对于发展经济、建设国家、维护中华民族的共同利益、保证人民安居乐业，都是极为重要的。刑事案件不论发生在哪里，不论侵害的对象是国家、特别行政区或者是哪个地区的居民，都是对三地共同利益的侵害，都应该予以惩治。三地的刑事管辖权尽管具有相对的独立性，但都是来源于一个国家主权，为着一个共同的目标。因此，在依法保持各自刑事管辖权独立时，强调协调与合作，是符合“一国两制”思想的。在这个方面，必须与国际间刑事管辖权的关系有所区别。国际间刑事管辖权的关系，首要的是强调维护各自国家的主权，打击犯罪服从于维护国家主权的政治需要。香港、澳门和内地同属一个国家，没有根本的利益冲突，不能强调维护各自的地区利益，而置国家利益于不顾；不能在刑事管辖权问题上相互掣肘，使犯罪分子有可乘之机。三地应当通过刑事管辖权的协调，编织一个严密的法网，不论犯罪在哪里发生，不论犯罪分子逃到哪里，都将依法受到制裁。

2. 犯罪地管辖为主、居住地管辖为辅原则。

“犯罪地管辖为主，居住地管辖为辅”原则的基本含义是，刑事案件一般由犯罪地的司法机关行使管辖权，对于特殊案件，由犯罪地管辖不便或犯罪地不能管辖的，才由犯罪人居住地的司法机关行使刑事管辖权。

刑事案件由犯罪地司法机关管辖，是界定三地刑事管辖权的最好原则。首先，香港、澳门和内地的刑法都规定有“属地管辖原则”，将“犯罪地法域行使刑事管辖权”作为处理刑事管辖权冲突的原则，符合三地刑法的规定，易于被人们所接受。其次，刑事案件由犯罪地行使刑事管辖权，便于收集证据，有利于打击犯罪。证据是证明案件事实的主要材料，它伴随犯罪的发生而出现。犯罪地是犯罪证据最集中的地方，犯罪地行使刑事管辖权，司法机关可以及时开展取证工作，不致使证据流失，失去打击犯罪的依据。再次，刑事案件由犯罪地行使管辖权，有利于当事人及其他诉讼参与人参加诉讼。犯罪地一般是当事人和其他诉讼参与人居住或工作的地方，由犯罪地行使管辖权，处理案件的司法机关离当事人和其他诉讼参与人住地、工作地最近，方便他们参加诉讼。

有些案件由犯罪地行使管辖权，则有一些不便甚至不可能。例如，一法域居民在国外犯罪、依照所述法域的法律需要追究刑事责任的，因其犯罪地在国外，不能适用于犯罪地行使管辖权的原则，就可以适用居住地管辖的原则。再例如，一法域居民在他法域实施了某一行为，因为两地法律规定上的不同，行为地的法律不认为是犯罪，而行为人居住地的法律认为是犯罪的。这样，犯罪地不能行使管辖权，而居住地法律又规定有“属人管辖原则”的，因此由居住地法域管辖。此外，当犯罪地涉及三地或两地，按“犯罪地管辖”原则无法界定刑事管辖权的，也可以由居住地行使刑事管辖权。需要说明的是，这里讲的居住地，以三地颁发的有效身份证件为准。凡是持有香港特别行政区身份证的，居住地应为香港，凡是持有澳门特别行政区身份证的，居住地应为澳门，凡是持有内地身份证的，居住地在内地。

3. 先理优先原则。

先理优先是指，当一个刑事案件发生后，按照上述原则无法确定何地享有刑事管辖权，或者刑事管辖权发生冲突，不能判断由哪一地行使刑事管辖权更为适宜的，由最先受理案件的地区行使管辖权。这个原则是一个备用的原则，如果按照“犯罪地管辖为主、居住地管辖为辅”的原则能够确定刑事管辖权的，则不适用这个原则。例如，犯罪地在澳门，犯罪人作案后被香港的警察抓获，香港为先受理刑事案件的地区。但是，按照“犯罪地管辖为主、居住地管辖为辅”的原则，本案由澳门行使刑事管辖权没有争议，尽管香港是先受理案件的地区，则也不由香港管辖，而由澳门特别行政区管辖。

（二）解决三地刑事管辖权冲突的规范模式

根据上面的论述，我们发现，三地刑事管辖权冲突不仅是深层次、全方位的，而且是长期的和大量的。因此，协调三地刑事管辖权的冲突，也必须有长远的打算，不能头痛医头、脚痛医脚。所以，当遇到发生冲突的刑事案件时由有关司法机关临时协商解决的办法，不是长久之计。从特别行政区成立的那一天起，就应当积极进行研究，力求从法律上建立一个解决三地刑事管辖权冲突的规范体系。

如何建立解决三地刑事管辖权冲突的规范体系？学者们也是见仁见智，没有统一的认识。概括起来，有以下几种观点：

1. 通过全国人大常委会立法的形式建立解决三地刑事管辖权冲突的规范体系。

这种观点主张由国家权力机关颁布协调三地刑事管辖权冲突的法律。张晓明同志在论到这个问题时提出：“在国际私法上，有一种间接调整涉外民事法律关系的方法，也叫采用冲突规范调整的方法。就是说，有关国际私法的法律规范，并不直接调整某种法律关系中有关主体的权利义务，而仅仅规定应该适用哪个国家的法律来确定这种义务。我认为，对涉港刑事案件的司法管辖权的界定也可以采用类似于这种冲突规范的调整方法，在香港特别行政区成立后，由全国人大常委会在征求香港特别行政区政府的意见后，制定出一套原则性的法律规范，明确规定涉港刑事案件在什么情况下适用香港刑法，由香港特别行政区司法机关行使管辖权；在什么情况下适用内地刑法，由内地司法机关行使管辖权。”①

2. 通过单方面法律解释的方法，建立解决三地刑事管辖权冲突的法律规范体系。

曾任香港大学法学院院长的陈弘毅教授在谈到解决香港与内地刑事管

---

① 张晓明：《论九七年后涉港刑事案件的司法管辖权》，载赵秉志主编：《刑法新探索》，149页，北京，群众出版社，1993。

辖权冲突时，曾提出建议说："我觉得我们一方面应敦促两地当局尽快制定一套合理的符合'一国两制'和基本法的刑事司法互助和逃犯移交安排，另一方面，希望中国内地当局能坚持法治原则，正视在基本法生效后中国内地刑法就中国内地居民在港犯罪的适用的法律疑点，亡羊补牢，尽快以全国人大常委会的立法解释或最高人民法院的司法解释的方法，订立补充性的法律规范，以处理在刑法制定时并未充分考虑的与香港回归有关的刑法适用的问题。"①

3. 采取订立协议的方法解决三地的刑事管辖权冲突问题

有学者认为，"当不同区域的法院对案件管辖有争议时如何处理？一般地说，必须依据'一事不再理'、'一罪不两罚'的原则，从便于及时审结案件，正确处理案犯的目的出发，采取地区间相互协调或订立协议的办法解决"②。

笔者认为，上述第二种和第三种观点是不足取的。三地刑事管辖权的冲突涉及三地的刑事法律和三地刑事管辖权的行使，单靠一方的立法或司法解释均不可能解决问题。况且，立法解释和司法解释均是对法律规范的解释，其前提是有相应的法律规范的存在。目前，全国人民代表大会及其常务委员会制定的法律中，没有关于三地刑事管辖权冲突的法律规定，解释无从谈起。通过订立协议的方法解决三地刑事管辖权的冲突也是不恰当的方法。众所周知，协议是平等主体之间就某些问题通过平等协商后达成的一致性意见。三地间订立任何协议，前提是有三个订立协议的平等主体的代表。香港特别行政区政府是香港特别行政区的代表，澳门特别行政区政府是澳门特别行政区的代表，哪一个机关是内地的代表呢？刑事管辖权包括起诉权、审判权和执行权，内地的公安机关、人民检察院、人民法院之间没有隶属关系，因此，最高人民法院、最高人民检察院和公安部谁也不能作为内地的代表与特别行政区订立协调刑事管辖权冲突的协议。中央人民政府可以作为内地的代表，但它没有司法权，而且中央人民政府怎能与一个由它管辖下的地方政府订立协议呢？香港特别行政区基本法第 95 条和澳门特别行政区基本法第 93 条规定的"特别行政区可与全国其他地区的司法机关通过协商依法进行司法方面的联系和相互提供协助"，并非是授权香港和澳门特别行政区的司法机关与全国其他地区的司法机关就协

① 陈弘毅：《关于两案的司法管辖权问题》，载香港《文汇报》，1998－11－15。

② 廖增昀：《"一国两制"与刑事管辖》，载《法学研究》，1992（5）。

调刑事管辖权冲突订立协议，仅是许可特别行政区司法机关与全国其他地区的司法机关就“司法方面的联系”和“司法协助”订立协议。“司法方面的联系和司法协助”不是刑事管辖权冲突的协调，而是三地司法机关之间应对方的请求，就请求方的司法活动提供帮助。

三地刑事管辖权冲突的协调，涉及国家司法权与特别行政区司法权以及香港特别行政区司法权与澳门特别行政区司法权之间的关系，涉及国家刑事管辖权在三地的分配，这属于国家的主权行为，除了国家的权力机关以外，哪一个机关和地方政府都不得为之。所以，通过全国人民代表大会或其常务委员会制定法律来协调三地刑事管辖权的冲突是最主要的办法。全国人民代表大会及其常委会是全中国最高的权力机关，它有权制定施行于全中国领域，包括特别行政区在内的全国性法律。为了充分尊重特别行政区的独立的司法权和终审权，全国人民代表大会常务委员会在制定三地刑事管辖权的冲突法时，应当充分尊重特别行政区政府和有关司法机关的意见，必要时可以请它们派出代表参加立法活动。三地刑事管辖权冲突法可以单独立法，也可以作为三地“司法管辖权冲突法”或“法律冲突法”的一个部分。甚至还可以制定一个包括“刑事管辖权的冲突规范和司法协助等内容于一体的中国区际刑法”①。

（三）解决三地刑事管辖权冲突的具体措施

全国人民代表大会或其常务委员会制定的有关三地刑事管辖权的冲突法，除了规定指导思想、原则外，还要根据可能出现的冲突的具体情况，规定具体的协调措施，这样才能真正解决三地间可能出现的刑事管辖权冲突。

根据三地刑事管辖权可能出现冲突的具体情况，笔者认为应当分别采取以下不同的协调措施：

1. 一法域居民在其他法域犯罪的，除了军人实施的职务犯罪外，都由犯罪地法域行使刑事管辖权。

曾有论者认为，对于一些一法域的居民在他法域犯罪的案件，不实行犯罪地管辖而实行“属人管辖”。这些案件包括：三地互相派驻对方的工作人员，在派驻地利用职务犯罪的案件；一法域居民在他法域实施的侵害同一法域公民、法人或者政府利益的案件；一法域居民在他法域实施的与婚姻家庭有关的犯罪案件，且被害人为同一法域居民的；一法域居民在我

---

① 时延安：《中国区际刑法概念及其体系》，载《南都学刊》，2006（2）。

国领域外实施的国际犯罪，在他法域出现的。[①] 笔者认为，上述案件都采取"属人管辖"不妥，这样做不仅违背两个基本法的规定，而且会严重侵害特别行政区独立的司法权和终审权。香港特别行政区基本法第 22 条和澳门特别行政区基本法第 22 条都规定，中央各部门、各省、自治区、直辖市在特别行政区设立的一切机构及其人员均需遵守特别行政区的法律。香港特别行政区基本法第 19 条和澳门特别行政区基本法第 19 条规定，特别行政区法院除继续保持原有法律制度和原则对法院审判权所做的限制外，对特别行政区所有的案件均有审判权。根据这些规定，我们不能扩大"属人管辖"的范围。上述案件，原则上都由犯罪地行使管辖权，除非它属于在我国领域外实施的国际犯罪，或者行为地不认为是犯罪，居民所属法域认为是犯罪的案件。

2. 犯罪行为和犯罪结果跨越两个以上法域的案件，由犯罪行为地行使刑事管辖权。

因为犯罪行为地是证据集中的地点，通常也是证人、被害人所在的地方，由犯罪地行使管辖权，便于刑事诉讼的顺利进行。

3. 犯罪的预备行为与犯罪的实行行为不在同一法域的，由犯罪的实行行为地行使管辖权。

因为实行行为地比起预备行为地来说，是主要的行为地，证据、诉讼参与人也相对集中在那里，这样做便于开展刑事诉讼。

4. 一人在两个法域以上分别实施了数罪，由最先受理地的司法机关管辖，必要时，可以移送主要罪行实施地司法机关管辖。

一人在不同法域犯有数罪，往往是在一法域捕获了犯罪嫌疑人后才发现，由先受理的法域对该人数起案件实行整体管辖，可以提高诉讼效率，降低诉讼成本，节省司法资源。如果发现该人数罪中的主要罪行不在最先受理的法域，经两地或三地司法机关协商，可以移送给主要犯罪地法域管辖。如果达不成协议的，由最先受理的法域管辖。

5. 一人在不同的法域持续犯有一罪，由最先发现犯罪的法域行使刑事管辖权。这种情况，犯罪地跨越不同法域，由最先发现犯罪的法域行使管辖权，可以及时打击犯罪，提高诉讼效率。

6. 一法域的居民在他法域犯罪，侵害的是犯罪地以外法域的居民或

---

① 参见陈曾侠：《"一国两制"下粤港澳互涉刑事案件管辖与司法协助探讨》，载《政法学刊》，1996（4）。

是他法域法律保护的特殊的社会关系的案件，如果犯罪地法域的法律也认为是犯罪的，由犯罪地法域管辖；如果犯罪地法域不认为是犯罪，由行为人所属法域行使管辖权；行为人所属法域法律也不认为是犯罪的，由被害人所属的或被侵害的法域行使管辖权。

7. 不同法域的居民共同犯罪的，不论实施的是一罪或数罪，都由犯罪地法域行使刑事管辖权。犯罪地不在同一法域的，由先发现犯罪的那个“犯罪地法域”行使刑事管辖权。如果协商一致，也可以移送主要犯罪地所在的法域行使管辖权。

8. 在一法域登记的船舶、航空器内犯罪，由船舶、航空器登记地法域行使管辖权。如果犯罪嫌疑人在船舶、航空器停泊地被抓获的，由捕获犯罪嫌疑人所在地法域行使管辖权。这样可以保证船舶、航空器安全航行。

9. 在直通不同法域的列车、汽车上犯罪，由列车、汽车到达地的法域行使管辖权。如果犯罪致使列车、汽车不能正常运行，当地司法机关、执法机关出面制止犯罪的，由犯罪被制服地法域行使管辖权。

10. 属于中华人民共和国公民的一法域的居民在中华人民共和国领域外犯罪，按其所属法域的规定构成犯罪的，由所属法域行使管辖权。所属法域法律不认为是犯罪，《中华人民共和国刑法》认为是犯罪，并且需要追究刑事责任的，由内地行使管辖权。因对本条犯罪行使管辖权与外国发生冲突的，由中央人民政府出面解决，必要时可以通知有关特别行政区参加交涉。这样做是为了维护国家主权。

11. 外国人在中华人民共和国领域外针对中华人民共和国国家犯罪的，不论在我国哪个法域出现，均由内地行使刑事管辖权，外国人出现地法域的司法机关有协助的义务。外国人在中华人民共和国领域外，针对我国某特别行政区犯罪的，不论出现在我国的哪个法域，都由受侵害的法域行使管辖权，其他法域的司法机关有协助的义务。外国人在中华人民共和国领域外对中国公民犯罪，被害人所属法域认为是犯罪的，由该法域行使管辖权，被害人所属法域不认为是犯罪，《中华人民共和国刑法》认为是犯罪，且需要追究刑事责任的，由内地行使管辖权。

12. 外国人在中华人民共和国领域外犯有国际犯罪，在我国领域内出现。涉嫌国际犯罪的外国人出现地法域参加了有关国际公约，承担有惩治该国际犯罪义务的，由犯罪人出现地法域行使管辖权。出现地法域没有承担惩治该国际犯罪义务，而我国承担有义务的，由内地法域行使管辖权。

由此而发生的国际交涉，由中央人民政府负责，必要时可以通知有关特别行政区参加。

在国家制定的“香港、澳门、内地刑事管辖权冲突法”中，还有两个问题需要明确。第一，刑事管辖权的放弃与刑事案件的移管。在司法实践中，一法域享有刑事管辖权的案件，由本法域的司法机关管辖存在困难的，可以放弃管辖，将案件移送其他法域的司法机关处理。对于已经立案的案件，放弃刑事管辖权的，应当事先与他法域的有关司法机关协商，达成由他法域司法机关管辖的协议，将案件移送他法域司法机关管辖。在移管的同时，应当建立案件的交接手续，包括证据材料的交接、被羁押人的羁押交接等。规定这样一个制度，可以充分应对司法实践中发生的一些特殊案件，有效协调三地司法机关惩治犯罪的行动。第二，成立一个香港、澳门、内地刑事管辖权冲突协调小组，作为三地刑事管辖权冲突的仲裁机构。当三地刑事管辖权发生纠纷时，由冲突的任何一方申请，由该小组裁决。这个小组可以隶属于全国人大常委会内务司法委员会。小组组成人员，可以由三地著名法学家和全国人大常委会的工作人员组成。

关于协调我国区际刑事管辖权冲突的法律制定出来后，在管辖具体案件时仍然发生争议的，可以由争议各法域具体承办案件的司法机关，根据国家的有关法律进行个案协商。协商不成的，由刑事管辖权冲突协调小组裁决。

第七章 香港、澳门、内地间的刑事司法协助

在本书的第五章和第六章，我们探讨了特别行政区的刑事管辖权以及它们与内地、相互之间刑事管辖权冲突的协调。即使三地间不发生刑事管辖权的冲突，或者在发生了冲突后能很好地得以解决，三地刑事管辖权的实现仍然可能存在一些问题。因为三地在地理位置上属于近邻，人员往来非常频繁，跨越不同法域犯罪的案件（或称“三地互涉案件”）大量存在，各法域的司法机关如果要对“互涉案件”顺利进行侦查、起诉、审判和处罚，必须得到其他法域司法机关的协助和配合。因此，香港、澳门、内地间的刑事司法协助，是发生“互涉案件”时刑事管辖权得以实现的重要途径。

一、香港、澳门、内地区际刑事司法协助概说

（一）香港、澳门、内地区际刑事司法协助的概念和特点

根据香港特别行政区基本法和澳门特别行政区基本法的规定，香港特别行政区和澳门特别行政区成立后，香港和澳门是中华人民共和国主权管辖下的两个享有高度自治权的地方行政区域，拥有行政管理权、立法权、独立的司法权和终审权。所以，香港和澳门成为我国不同于内地的法律区域，香港、澳门各自有各自的法律和刑事管辖权。根据前文所述，特别行政区的刑事管辖权虽然有一定的区域外效力，即可以管辖一些发生在本地区外（甚至在我国领域外）的刑事案件，但行使刑事管辖权的活动只能在特别行政区区域内进行，如果超出了它的管辖范围，进入了其他刑事管辖权发挥效力的区域，则会侵犯其他国家或地区的刑事管辖权。然而，司法实践中发生的刑事案件是极其复杂的，有的案件是跨国或者跨地区实施的，有的案件犯罪嫌疑人在作案后，潜逃到其他国家或地区，这两种情况都使得一些案件的刑事诉讼活动需要在区域外进行，否则，无法最终实现对犯罪人的起诉、审判和处罚。“刑事管辖权只能在本区域内行使”与

"一些刑事诉讼活动需要在区域外进行"，这使得特别行政区的司法机关必须寻求其他地区的司法机关的协助。与上述道理相同，内地的司法机关为了惩治犯罪，有时也需要特别行政区司法机关的协助。特别行政区和内地在行使刑事管辖权时需要进行的国际司法协助，将在本书有关章节中论述，本章涉及的仅是特别行政区之间以及它们与内地之间进行的刑事司法协助。

刑事司法协助包括国际间的刑事司法协助和一国内不同法域间的刑事司法协助。我国香港、澳门、内地之间发生的刑事司法协助，就属于一国内不同法域间的刑事司法协助。这种刑事司法协助是指香港、澳门、内地的司法机关，在本区域内，就他区域司法机关依法或依协议提出的申请，对他区域行使刑事管辖权的诉讼活动所给予的帮助。

香港、澳门、内地进行的刑事司法协助，不同于国际刑事司法协助。国家间进行的刑事司法协助，是在两个主权国家之间进行的，它不是一个简单的司法方面的协助，往往伴随复杂的政治因素，这种司法协助的提供与否，首先考虑提供协助的国家的利益和两国的外交关系。香港、澳门和内地，都是中华人民共和国的组成部分，它们在一个共同的主权管辖之下，有共同的利益，负有维护国家主权和领土完整的责任。因此，他们之间进行的刑事司法协助，不应该掺杂政治因素，也不伴随"外交关系"，是一种纯粹的刑事司法方面的合作。但是，我们也应该看到，我国香港、澳门、内地之间进行的刑事司法协助，有比较复杂的社会背景，这使得三地开展的刑事司法协助有以下特点：

1. 香港、澳门、内地进行的刑事司法协助，性质复杂、种类繁多。它既包括两个特别行政区之间的刑事司法协助，也包括特别行政区与内地的刑事司法协助；既包括不同社会制度的地区之间进行的刑事司法协助，也包括相同社会制度的地区之间的刑事司法协助。

2. 香港、澳门与内地的刑事司法协助，内容丰富，异彩纷呈。香港、澳门和内地的刑事司法协助是不同法系之间的刑事司法协助。由于历史的原因，香港属于"英美法系"，澳门属于"大陆法系"，内地属于"社会主义法系"。由于法系不同，法律文化差别也比较大。这使香港、澳门与内地的刑事司法协助内容丰富多彩。这种"丰富多彩"的司法协助，一方面可能会增加司法协助的难度，另一方面也将会为三地法律文化的交流、完善，起到积极的促进作用。

3. 香港、澳门与内地建立刑事司法协助关系，任务艰巨，困难比较多。香港、澳门和内地实行不同的社会制度，分属不同的法系，法律文化不同，法治观念有较大的差别，不同地区的人们对三地开展司法协助的必要性、可行性、条件、内容以及应当遵循的原则有不同的认识，开展起来有相当的困难。香港自1997年7月1日回归祖国，至今已近十七年了。但时至今日，仍没有与内地签订刑事司法协助协议，实际上开展的刑事司法协助，与回归前没有什么区别。而且香港一些别有用心的人，还在散布一些攻击内地司法制度的言论，公然阻挠香港与内地进行刑事司法协助。香港立法会一位姓吴的议员，在《香港律师》杂志上撰文说："保安局局长叶刘淑仪女士就即将和内地讨论移交安排一事，表示香港反对死刑的立场不宜一成不变，令立法会会议成员为之震惊。同时，政府缺乏明确底线，更令整个安排的商谈产生莫大疑问。其实，在这种情况下订立移交安排，结果可能不止移交逃犯，连香港市民的基本权利及自由的保障也会一起放弃。"① 这种荒谬的言论，不仅是明显对内地的法治缺乏基本的信任，而且是在对内地法治现状的污蔑，不能不令人气愤。对此言论如果不予以澄清，少数港人的错误认识不断加深，何谈刑事司法协助协议？近几年来，内地与香港间的刑事司法协助实际是在"不平等地"进行着。自1990年以来，"通过行政的安排，内地移交了128名逃犯到香港。移交这些逃犯的原则是他们是只触犯香港法例的港人，并无涉及内地罪行。相反，香港一直以没有协议为由，拒绝内地有关移交逃犯的要求。"②

（二）香港、澳门与内地刑事司法协助的模式

香港、澳门和内地采取什么模式来建立刑事司法协助，是一个重要的问题。世界上其他多法域国家内不同法域之间进行刑事司法协助，主要采取区际冲突法和统一实体法的模式。③ 这两种模式实际上都是通过立法的途径，解决不同法域间的刑事司法协助。对于我国不同法域之间采取何种途径开展刑事司法协助的问题，我国学者进行了广泛的讨论，综合学者们的观点，大约有11种之多：中央统一立法模式、示范法模式、中国大陆最高人民法院指导模式、分片中心模式、民间协助模式、委托模式（游击模式）、直接协商模式、第三方协助的模式、借助国际刑事司法协助的模

① 吴蔼仪：《移交须有底线》，载《香港律师》，1999（1）。

② 《保安局局长叶刘淑仪：港与大陆磋商逃犯时可参考三项国际协议原则》，载《联合早报电子版》，1998-11-16。

③ 参见张少兵：《海峡两岸区际司法协助问题刍议》，载《法学评论》，1993（4）。

式、统一机构模式、分阶段模式。① 学者们提出的这些模式，有的是在香港、澳门回归前提出的，随着香港、澳门的回归，它们已经失去其价值。但是，学者们在香港回归以前的论述，可以对我们今天的研究提供宝贵的借鉴作用。

笔者认为，香港、澳门和内地之间建立刑事司法协助，应当循序渐进，不要急于求成。在特别行政区建立之初的若干年，可以采取限定的国际法模式和区际协商的模式，建立临时性的刑事司法协助关系，待条件成熟后，通过中央统一立法的模式，建立稳定的区际刑事司法协助关系。

1. 限定的国际法模式。

通过国际法的途径是国家间进行刑事司法协助的唯一途径，它根据协助双方缔结或参加的国际公约、双边协定或者共同参加的国际组织章程进行。香港、澳门和内地之间，在香港、澳门回归前，基本上采取国际法的途径开展司法协助。香港、澳门回归后，是不是完全不能使用这种途径了呢？笔者认为，也不能完全排除这种模式，但是，要严格限定。香港特别行政区基本法第 152 条第 2 款规定：香港特别行政区可以“中国香港”的名义参加不以国家为单位参加的国际组织和国际会议。第 3 款规定：对中华人民共和国已参加而香港也以某种形式参加了的国际组织，中央人民政府将采取必要措施使香港特别行政区以适当形式继续保持在这些组织中的地位。第 4 款规定：对中华人民共和国尚未参加而香港已以某种形式参加的国际组织，中央人民政府将根据需要使香港特别行政区以适当形式继续参加这些组织。第 153 条第 2 款规定：中华人民共和国尚未参加但已适用香港的国际协议仍可继续适用。中央人民政府根据需要授权或协助香港特别行政区政府作出适当安排，使其他有关国际协议适用于香港特别行政区。澳门特别行政区基本法第 137 条第 2 款、第 3 款、第 4 款与香港特别行政区基本法第 152 条第 2 款、第 3 款、第 4 款有同样性质的规定。澳门特别行政区基本法第 138 条第 2 款与香港特别行政区基本法第 153 条第 2 款有同样性质的规定。由于上述法律的规定，可能出现香港、澳门和内地共同参加了一些国际公约或者共同参加了同一个国际组织，或者香港与澳门共同参加了国际公约或国际组织这种情况。例如，国际刑警组织在香港设有中心局。1984 年我国也加入了国际刑警组织，国际

① 参见赵秉志、黄晓亮：《中国区际刑法专题整理》，52～56 页，北京，中国人民公安大学出版社，2009。

刑警在我国也设立了国家中心局。按照中英双方已经达成的协议，香港回归后，将保留国际刑警组织香港中心局。这样，中国国家中心局与香港中心局之间就有一种合作关系，可以按照国际刑警组织章程开展相关的警务合作。

但是，我们应该看到，香港、澳门和内地间的刑事司法协助，是一国内的司法协助，原则上不能通过“国际法”的途径来进行，在特殊情况下需要通过国际法途径的，也应当受到限制，否则，长期下去，必将对国家主权产生不良的影响。笔者认为，在目前香港、澳门和内地还没有建立有效的、稳定的法域间刑事司法协助途径的情况下，可以根据已有的国际法途径进行司法协助，但不能再开辟新的国际法途径。等到国内的法域间刑事司法协助途径建立后，应当终止使用国际法途径。另外，在目前进行的通过国际法途径进行刑事司法协助时，必须遵照“一国两制”的方针，遵守宪法和基本法，注意维护国家主权，反对有损国家主权和统一的做法。凡是国际法途径中主权国家之间坚持的限制条款和条件，任何一方都应当在三地的司法协助中放弃使用，不仅如此，还应当坚持国内不同法域间刑事司法协助的原则。通过“放弃”和“坚持”，达到借“国际法途径的外壳”开展三地间司法协助的目的。

2. 区际协商的模式。

国内区际司法协助的协商模式有一案一议的“个案协商”和签订“刑事司法协助协议”两种。目前，在香港、澳门与内地都没有签订司法协助协议的情况下，实践中进行的就是“个案协商”。“个案协商”虽然比较灵活，但不稳定，不仅不能保证每案协助顺利，而且工作量大，重复劳动多。当需要协助的案件数量很大时，这种方式将不胜其烦。因此，当前最好的模式是签订三地相互间的司法协助协议。

签订三地间的司法协助协议，符合两个基本法的规定。香港特别行政区基本法第 95 条规定：“香港特别行政区可与全国其他地区的司法机关通过协商依法进行司法方面的联系和相互提供协助。”澳门特别行政区基本法第 93 条也有类似的规定。但是，香港、澳门和全国其他地区的司法机关，在地位上是平等的，签订司法协助协议应当坚持平等协商的原则，反对强迫和不平等。

根据司法协助协议的性质，笔者认为，香港、澳门和全国其他地区签订刑事司法协助协议，应当具备两个条件：第一，国家通过立法对三地刑事管辖权进行了较为明确的划分，三地间的刑事管辖权有了比较明确的分配。如果刑事管辖权没有较为明确的分配，对实践中发生的一些案件，由哪一方行使刑事管辖权尚且不清楚，怎么进行司法协助呢？所以，三地签订司法协助协议，应该在全国人民代表大会或其常务委员会对三地刑事管辖权冲突问题进行立法后，方可进行。第二，签订刑事司法协助协议的双方都应当对他方的法律及司法体制有足够的信心。如果一方认为他方的法律或司法体制是极其糟糕的，缺乏足够的信任，也很难开展健康的司法协助。在这个问题上，我们必须摒弃偏见。香港、澳门和内地实行不同的社会制度，分属不同的法系，法治观念、法律文化有相当大的差距。这些差距是历史形成的，根据"一国两制"的精神，短期内不可能实现一致。我们不能被这些差距蒙住眼睛，不愿了解对方法域的法治精神；更不能夜郎自大，盲目崇拜自己的法律和司法体制，瞧不起其他法域的法律与司法体制。香港的一些法律界人士尤其需要改变这种观念。我国内地的法制建设，在改革开放以来的三十多年里发生了翻天覆地的变化，中国特色社会主义法律体系基本建成。内地的刑法在 1997 年、刑事诉讼法在 1996 年、2012 年相继修改后，刑事法治得到了长足的发展。内地的司法制度也在不断的改革，刑事诉讼中对人权的保障机制也日益强化。这些都是举世瞩目的成就，有些人就是视而不见，仍然声称对内地的法治缺乏信心，阻挠香港与内地签订司法协助协议。在这个问题上，我们虽然不能强迫，但也不能坐视一些人的无理阻挠，要积极争取条件。三地的司法协助协议是"双边"的，三地至少可以签订三份《司法协助协议》。在香港与内地不能率先签订的情况下，内地的司法机关与澳门的司法机关可以先行一步，或者澳门和香港可以先行签订。在这个问题上要提倡顾全大局，为三地的整体利益考虑，对国家的长治久安负责。

根据香港特别行政区基本法和澳门特别行政区基本法的规定，香港、澳门和内地签订刑事司法协助协议的主体，是司法机关。由于法律规定的不同，三地对司法机关的理解也不同。内地的公安、司法机关含义最广，数量最多，包括法院、检察院、公安机关、国家安全机关等。澳门的司法机关包括法院和检察院。香港的司法机关只有法院。签订司法协助协议，应该由三地最高的司法机关作为代表。这在香港、澳门没有问题，在内地就出现问题了。内地的最高人民法院、最高人民检察院、公安部和国家安全部是各自系统的最高机关，但是，他们或直属于中央人民政府，或由最高权力机关直接产生，是全国性的国家机关，这些机关在国际上代表中国，如果由他们作为内地的代表机关，与特别行政区司法机关签订司法协助协议，似有不妥，也有违两个基本法的规定。因为根据香港特别行政区基本法第 95 条、澳门特别行政区基本法第 93 条的规定，香港、澳门的司法机关与全国其他地区的司法机关通过协商建立司法方面的联系和相互提供司法协助。这里规定的司法机关是指“地区”的司法机关，不是中央的司法机关。

有学者建议，内地的司法机关可以由某一个省的司法机关作为代表，其他省、自治区和直辖市的司法机关通过加入的方式与香港、澳门的司法机关签订协议，这样可以减少内地各省、自治区、直辖市分别与香港、澳门签订协议带来的麻烦。① 笔者认为这个观点是可行的，笔者建议由广东省的高级人民法院、省人民检察院作为代表，分别与香港、澳门的终审法院、检察院签订刑事司法协助协议。内地各省、自治区、直辖市如需要与香港、澳门进行刑事司法协助的，都通过广东省的司法机关与香港、澳门司法机关联系进行。有人担心，这样一来，最高人民法院、最高人民检察院如果在办案时遇到需要协助的问题时，就无法按照这些协议进行了。笔者认为，这个担心有一定的道理，但不是无法解决。如果最高人民法院或最高人民检察院在办案时遇到需要特别行政区司法机关协助的问题，可以由它们有关的庭（厅）出面，与特别行政区的司法机关进行个案协商。因为最高人民法院和最高人民检察院亲自承办的案件数量有限，个案协商可以满足要求。至于公安部门，也可以由一个省的公安部门为代表，与香港的律政司、保安局以及澳门的警察部门签订一些警务合作的协议。目前，香港的律政司和保安局也在作这方面的考虑。②

总之，香港、澳门和内地的刑事司法协助协议的签订，可以多头并举，不拘一格。

3. 统一立法模式

经过若干年区际刑事司法协助的实践后，我们可以开始研究通过中央统一立法的模式建立特别行政区之间以及它们和内地间的刑事司法协助关系。统一立法的模式是国际上其他国家解决国内不同法域间刑事司法协助的惯常做法，这种模式最为规范，最符合法治的精神，也能充分体现“一国两制”的伟大思想。具体的做法是由全国人民代表大会或其常务委员会

---

① 参见陈曾侠：《“一国两制”下粤港澳互涉刑事案件管辖与司法协助探讨》，载《政法学刊》，1996（4）。

② 参见《梁爱诗：港两原因难审张子强》，载香港《文汇报》，1998－11－04。

通过制定区际刑法（含刑事管辖权分配、冲突协调、区际刑事司法协助等内容）的方法，一劳永逸地解决特别行政区之间及其与内地之间的刑事管辖权分配、冲突协调和刑事司法协助等问题。

二、香港、澳门、内地刑事司法协助应遵守的原则及基本内容

（一）香港、澳门与内地区际刑事司法协助应遵守的原则

香港、澳门、内地间进行刑事司法协助应当遵守什么原则，香港特别行政区与内地的学者看法不尽一致。内地学者都同意不实行国际司法协助中通行的原则。香港的法律界、法学界的一些人士则认为，在香港与内地开展的刑事司法协助中，要遵守国际刑事司法协助通行的原则，似乎不这样做，就不能维护香港独立的司法权和终审权，不能保障香港居民的人权。① 这种观点是极其错误的。

根据我国宪法和香港特别行政区基本法、澳门特别行政区基本法的规定，香港、澳门、内地进行的刑事司法协助，是一国内的不同法域间进行的司法协助，而非国际刑事司法协助，无论如何都不能适用国际刑事司法协助的原则。三地间刑事司法协助原则的确定，要遵守“一国两制”的基本方针，符合我国宪法和两个基本法的规定。本着以上考虑，笔者认为香港、澳门、内地区际刑事司法协助原则应当有以下几个：

1. 维护国家主权、有利于打击犯罪的原则。

香港、澳门与内地，都是中华人民共和国不可分割的组成部分，香港、澳门的法律尽管保留了回归前原有的大部分法律，但它们已经成为我国法律的组成部分。尽管香港、澳门有相对独立的司法权和终审权，但它们都来源于我们国家的司法主权。香港、澳门不是国际法的主体，中国的主权也只有一个，在三地进行的包括刑事司法协助在内的一切司法协助，均是在国内不同法域之间进行的，与国际刑事司法协助有本质的区别。国际刑事司法协助的一些原则，如“政治犯不协助”、“军事犯不协助”、“可能判死刑的不协助”等，带有明显的政治色彩，有的国家在国际刑事司法协助中坚持这些原则，是为了表达他们的政治主张，维护甚至扩张其国家主权。如果我们在国内进行的刑事司法协助，适用了国际刑事司法协助的原则，国家的主权，特别是司法主权将会受到严重的破坏。因此，必须反对在国内刑事司法协助中适用国际刑事司法协助原则的主张。

---

① 参见吴蔼仪：《移交须有底线》，载《香港律师》，1999（1）。

在国内不同的法域间开展刑事司法协助，维护国家主权，必须树立打击犯罪、维护社会秩序的一盘棋思想。犯罪行为，不论发生在香港、澳门或是在内地，均是对我国社会秩序、法律制度的破坏，各地的司法机关都负有予以打击或者协助其他法域的司法机关进行打击的义务。任何坐视他地犯罪，能予协助而不协助的做法与想法，都是不正确的，都会损害国家的整体利益。

2. 尊重对方法域的法律及刑事管辖权的原则。

香港、澳门、内地开展刑事司法协助，除了强调维护国家主权，即贯彻"一国"思想外，还应当贯彻"两制"的思想。香港、澳门有不同于内地的法律体系和司法制度，有自成系统的司法机关，这是我国宪法和法律确认的基本原则。三地开展的刑事司法协助，正是基于这个客观事实，否则，也不会有国内的区际刑事司法协助的问题了。香港、澳门和内地的法律尽管不同，但都是根据当地的社会实际和历史事实确定下来的，既符合当地社会需要、也体现了国家的意志。在进行刑事司法协助过程中，不同法域的司法机关必须尊重对方法域的法律及刑事管辖权。尊重是提供刑事司法协助的前提，没有尊重就不会有真正的协助。

在进行刑事司法协助中尊重对方法域的法律与刑事管辖权，要求协助的双方"求同存异"。香港、澳门和内地分属不同的法系，有不同的社会制度，在刑法和刑事诉讼法上有很多不同。三地的刑事法律和刑事司法体制的差别是存在的，但没有优劣之分，不能用本法域的法律文化与法制观念评判其他法域的刑法规定和刑事诉讼活动，更不能要求对方法域按照本法域的理念进行刑事诉讼，否则就不提供刑事司法协助。要注意克服本法域法律、司法体制优越论的不良倾向，反对在提供刑事司法协助过程中对他法域的刑事诉讼指手画脚的霸道行径。对他法域刑事司法体制存在的不良问题，可以提出善意的批评，以利于共同进步，但不得将这些"不良问题"作为不提供刑事司法协助的借口。

3. 平等互利原则。

国内不同法域间进行的刑事司法协助是双向的，因此应当做到平等互利。任何一方的司法机关，都是中国的司法机关，大家的法律地位是平等的，不论是请求方还是协助方，都要在协助过程中平等协商，平等讨论问题。提出申请要合理、合法、遵守协议，提供协助要尽心尽力。不论是香港、澳门或内地的司法机关，都有依照法律和协议提出协助请求的权利，也都有对他方的合理、合法、符合协议规定的请求提供协助的义务。

4. 适当保留公共秩序的原则。

赵秉志教授在论及香港、澳门与内地刑事司法协助的原则时，提出了“适当保留公共秩序”的原则①，笔者深表赞同。香港、澳门和内地有不同的法律制度，有独立的司法权，如果对他法域司法机关提出的刑事司法协助的任何申请，不提任何条件，一概予以提供，也不利于贯彻“一国两制”方针。为了维护各法域的法律制度和独立的司法权，适当保留公共秩序是必要的。但是，在国内不同法域间进行的刑事司法协助适当保留公共秩序，应当与国际刑事司法协助中的公共秩序保留有所不同。笔者认为，国内区际刑事司法协助适当保留公共秩序，可以从以下几个方面考虑：第一，对申请方法域没有刑事管辖权的案件，不提供刑事司法协助。第二，发现提出刑事司法协助申请的司法机关，没有按照它所在法域的法律进行刑事诉讼的，被申请方有权拒绝提供协助。第三，对其他法域提出的移交本法域居民的请求，可以附条件移交，其条件以保护该居民的人权为限。比如，要求依法公开审判，随时向协助方通报诉讼进展情况，要求受到公平对待等。提出这些“保留”，还有助于加强不同法域司法机关之间的监督，提高国家的法制建设水平。

（二）香港、澳门、内地刑事司法协助的主要内容

刑事司法协助是加强刑事合作，打击犯罪、预防犯罪的有效手段。香港、澳门、内地间刑事司法协助的内容，是关系到三地间开展的司法协助能否有效开展的关键问题。目前三地进行的刑事司法协助，是个案协商式的，主要内容有：联合侦破重大刑事案件、协助追捕逃犯、协助追缴赃款赃物、联合打击突出的刑事犯罪、互相协助调查取证、犯罪情况交流、相互送达司法文书、安排证人过境出庭作证等。② 这些内容，尽管对于三地打击犯罪、处理互涉案件起了积极的作用，但还不能充分满足三地共同打击犯罪的要求，需要进一步充实。

如何充实三地间刑事司法协助的内容？我们或许可以从国际刑事司法协助中得到有益的启示。国际刑事司法协助，就其内容而言有三种类型。第一种类型的刑事司法协助是最狭义的刑事司法协助，包括证人与鉴定人的询问；物的引渡；搜查、扣押；文书送达以及提供犯罪情报等。第二种

---

① 参见赵秉志：《外向型刑法问题研究》（上卷），639页，北京，中国法制出版社，1997。

② 参见陈曾侠：《“一国两制”下粤港澳互涉刑事案件管辖与司法协助探讨》，载《政法学刊》，1996（4）。

类型的刑事司法协助除了包括第一种类型的所有内容外，加上一个犯罪嫌疑人、被告人的引渡。第三种类型的刑事司法协助的内容更广泛，除了前两项刑事司法协助的所有内容外，还包括刑事诉讼的移管和外国刑事判决的承认与执行。① 不同国家间的刑事司法协助采取哪一种类型，完全视其相互间的外交关系及提供协助国的政治主张而定，很少考虑惩治犯罪的实际需要。香港、澳门和内地的刑事司法协助，是一国内的司法协助，不存在“外交关系”和其他政治因素的干扰。为了国家的整体利益，也可以不考虑因不同法域社会制度的不同而存在的政治主张的差异。三地间的刑事司法协助可以完全本着惩治犯罪、维护社会秩序的客观需要。以这种思路为出发点，笔者认为，香港、澳门、内地间进行的刑事司法协助，应该是最广泛的刑事司法协助，也可以称为“区际刑事合作”。具体内容应当包括以下方面：

1. 犯罪嫌疑人、被告人的移交。

犯罪嫌疑人、被告人的移交，是指一个法域根据其他法域司法机关的请求，将在本法域内、被请求法域司法机关指控为犯罪嫌疑人或被告人的人遣送给请求法域的司法机关。这种“遣送犯罪嫌疑人、被告人”的活动，国际上称为“引渡”。

不同法域间移交犯罪嫌疑人、被告人是否应该有一个条件？笔者认为完全应该。但是，这个条件必须与引渡的条件有所区别。香港保安局局长叶刘淑仪曾经说过：“港府与内地磋商移交逃犯的协议时，可以参考国际上有关协议的原则，包括：一、所指罪行是两地法律均有订明的；二、司法程序要有保障，就是逃犯不会被胡乱审判和定罪；三、承诺不向移交的逃犯执行死刑。她指出，香港与美国订立的有关协议符合上述原则。”② 笔者认为，这种观点是不够妥当的。内地与香港订立刑事司法协助协议，岂能与美国相提并论？这种观点哪里还有“一国”的观念？叶刘淑仪讲到的三个原则，是国际刑事司法协助的通行做法。国际间坚持这样的原则，是为了要他国在刑事诉讼中接受协助国的法治观念和政治主张，这是掺杂了外交关系和政治因素的原则。一国内的不同法域之间的刑事司法协助，如果坚持这些原则，是违背“一国两制”基本方针的。根据《香港特别行

① 参见董番舆：《关于国际司法协助的一般考察》，载《比较法研究》，1987（1）。

② 《保安局局长叶刘淑仪：港与大陆磋商移交逃犯时可参考三项国际协议原则》，载《联合早报电子版》，1998-11-16。

政区基本法》和《澳门特别行政区基本法》的规定，香港、澳门与内地各自实行不同的社会制度与法律制度 50 年不变。此是港人常挂在嘴边的“井水不犯河水”。内地学者在研究这个问题时一致同意不适用国际刑事司法协助的原则，是出于尊重特别行政区社会制度和法律制度的考虑。香港的法律界官员持这种观点，岂不是想以香港的法律制度以及法治观念影响内地的司法制度，这不是不尊重内地的司法制度、干涉内地的法律制度吗？如果按照这种观点，不仅三地的刑事司法协助无法进行，而且还会破坏“一国两制”的宪法原则，诚令香港的有关人士三思。

笔者认为，香港、澳门、内地间进行的刑事司法协助，不实行“双重犯罪原则”、“承诺不执行死刑原则”、“政治犯不移交原则”、“本地居民不移交原则”。而应当考虑确定新的原则。从维护“一国两制”、有利于惩治犯罪、维护三地社会秩序的基本思路出发，应当确立的原则是：第一，“没有刑事管辖权不移交”。即请求移交方的法域对本案没有刑事管辖权的，被请求方不移交案犯。第二，“正在进行刑事诉讼的不移交”。即他方法域司法机关请求移交的案犯正在被本法域的司法机关追究刑事责任的，不予移交。第三，“有不良记录的不予移交”。即请求移交的他法域的具体承办案件的司法机关，在请求前的 2 年内，有严重的侵犯当事人人权的记录，被依法查证属实的，被请求方可不予移交。这条原则，也属于“公共秩序保留”，它有助于改善有关司法机关的办案水平，促进法治现代化。

在司法实践中，除了移交犯罪嫌疑人、被告人外，还有罪犯移交的问题。被一法域判刑正在执行期间的罪犯，如果脱逃后偷渡到他法域，他法域也应当应罪犯刑罚执行地法域的要求，移交偷渡过来的罪犯。

2. 承认、协助执行其他法域法院的刑事判决。

根据“一国两制”的方针，香港、澳门、内地的法院应当相互承认他法域法院的刑事判决，这对于健全三地的刑罚制度有积极的意义。首先，相互承认他法域法院的判决，可以避免“一罪两罚”和“一罪两审”，保障犯罪人的人权，节约司法资源；其次，相互承认他法域的判决，可以做到有效惩罚和教育犯罪分子。假如一个公民在香港犯罪，被判监禁 3 年，3 年期满，释放后回到内地，5 年内又犯可被判处有期徒刑之罪。如果内地法院不承认香港法院的判决，就不能认定他是累犯，所判刑罚不足以教育犯罪者本人。如果承认香港法院的判决，有助于建立完善的累犯制度。

刑事判决的执行有时也需要他法域的司法机关给予协助。例如，犯罪人是特别行政区居民的案件。假如内地法院依法判决没收财产或罚金，而犯罪人在内地没有可以执行的财产，如果特别行政区的法院不协助执行，该项判决就无法执行，对犯罪人就不能“罚当其罪”。一法域法院协助执行他法域法院的判决，必须具备以下条件：第一，请求方法域有刑事管辖权；第二，请求协助执行的判决是已经发生效力的判决；第三，请求协助执行的判决，在请求方法域无法执行的。如果不同时具备上述三个条件，被请求方有权不予协助。

3. 协助查证有关案件事实，收集有关证据。

随着三地之间人员往来的日益频繁，跨越法域犯罪的现象会越来越多。某一法域司法机关在办理刑事案件时，往往需要其他法域的司法机关协助查证有关的案件事实，收集、提供必要的证据。例如，内地法院审判特别行政区居民的重婚案件，需要特别行政区司法机关协助查证该被告人在特别行政区的婚姻状况；如果犯罪行为在两地甚至三地分别实施，承办案件的司法机关更需要他法域司法机关协助查清在其法域内的犯罪行为。为他法域司法机关刑事诉讼的需要，提供协助的司法机关，应当按照请求方司法机关的要求和请求方法律的规定，提供符合规格的证据。这方面的协助包括：协助请求方司法机关询问证人、被害人、鉴定人（专家证人）；收集并提供书面证据；安排证人、专家证人过境作证等。

4. 查证、移交赃款赃物。

司法实践中，为了逃避惩罚，一些犯罪分子在作案后，往往将赃款、赃物从一个法域转移到另一个法域。例如，在内地盗窃文物后，将非法占有的文物转移到香港或澳门，或者在香港、澳门销售。这种情况下就需要他法域的司法机关协助查清赃款赃物的去向、销售情况等。此外，一地的司法机关在诉讼后，对于犯罪人非法占有的他法域居民的财产，依法返还被害人，也需要他法域司法机关的协助。这种协助，既能帮助请求方司法机关开展刑事诉讼，又能有效保护被害人的合法财产权益。

5. 代为送达刑事诉讼文书。

刑事诉讼中的文书送达是诉讼活动的一个重要内容，文书如果不能准确、及时送达，不仅会影响刑事诉讼的顺利进行，还可能使诉讼参与人不能行使法定的诉讼权利。由于互涉案件的大量存在、三地间人员往来的频繁，一个案件中的当事人及其他诉讼参与人不在同一个法域的现象非常多，为了保证不在本法域内的诉讼参与人及时参加诉讼，了解诉讼的进程和判决、裁定的内容，承办案件的司法机关需要准确无误地将有关诉讼文书送达他们的手中。与其他几种送达方式相比较，由他法域的司法机关代为送达是最可靠的一种。

6. 刑事诉讼结果的通报及其他情报的交流。

对于他法域司法机关提供了刑事司法协助的案件，或者是刑事管辖权发生竞合的案件，在诉讼结束后，承办案件的司法机关应当将案件的诉讼结果及时通报有关法域的司法机关。在通报时，尤其应当将他法域司法机关、当事人关心的事项作详细说明。这是刑事司法协助的一项内容，也是不同法域的司法机关建立互信关系的必要途径。除了通报刑事诉讼结果外，不同法域的司法机关还应当经常沟通，交换犯罪情况通报，交换刑事诉讼法律、司法解释、判例以及其他法律资料，以便共同对付犯罪案件，互相促进提高刑事司法水平。

为了保证香港、澳门、内地间的刑事司法协助顺利开展，除了通过协商确定刑事司法协助的内容、条件、原则外，还要明确刑事司法协助的程序。这是开展这项工作的又一保障。这个程序大体上应当包括“请求的提出”、“请求的审查”、“请求的接受”、“协助执行”、“拒绝接受请求的说明”等。同时，对请求方司法机关的资格等也应当明确。限于本书的中心论题不在这里，故对此不作赘述。

第八章　海峡两岸刑事管辖权的冲突与协调

一、台湾地区的“刑事管辖权”

本书所称的台湾地区，是指台湾本岛、澎湖、金门、马祖以及目前被台湾当局所控制的我国东南海域的其他岛屿。有关台湾的全部事实和法律证明，台湾是中国不可分割的一部分……1949年10月1日，中华人民共和国中央人民政府宣告成立，取代中华民国政府成为全中国的唯一合法政府和在国际上的唯一合法代表，中华民国从此结束了它的历史地位……国民党统治集团退踞台湾以来，虽然其政权继续使用“中华民国”和“中华民国政府”的名称，但它早已无权代表中国行使国家主权，实际上始终只是中国领土上的一个地方当局。[①] 这是联合国和国际社会所公认的事实。[②]

在台湾和祖国大陆统一之前，从法律地位上来说，它属于“割据地区”。所谓“割据”，是指“以武力占据部分地区，在一国内形成对抗的局面”[③]。割据有很多样态，有封建割据、军阀割据、旧政府残余势力的割据，也有人民武装（起义）割据等。割据地区当局对割据地区的控制，也有不同的表现形式，有的残害百姓，鱼肉人民，实行无理性、悖人伦的控制；有的以“国家政府”自居，颁行所谓的法律，组建所谓的政府，对人民进行的实际管理并不违反理性和人伦。即使割据地区当局在割据地区进行合乎理性和人伦的管理，但由于这种割据地区当局颁行的“法律”以及依照这些“法律”进行的管理，缺乏国家主权基础上的法理依据，既得不

---

① 参见中华人民共和国国务院台湾事务办公室、新闻办公室：《一个中国的原则和台湾问题》(2000年2月·北京)。

② 1971年10月，第26届联合国大会通过2758号决议，驱逐了台湾当局的代表，恢复了中华人民共和国政府在联合国的席位和一切合法权利。截至2011年7月31日，世界上有172个国家与中华人民共和国建立了外交关系，它们都承认一个中国原则，并且承诺在一个中国的框架内处理与台湾的关系。

③ 夏征农、陈至立主编：《辞海》，697页，上海，上海辞书出版社，2009。

到国内大多数民众的认同，也得不到国际社会的承认，因而它们的“法律”和“管理”没有真正的“合法性”，只是属于一种事实存在。

台湾当局在国际上某些国家的支持下，置全中国人民的愿望和祖国和平统一大业于不顾，坚持顽固的立场，抱残守缺，不与大陆实现和平统一，实际控制着台湾地区。中华人民共和国中央人民政府还没有对台湾进行实际的统治，台湾当局拥有实际的“管理”。台湾当局在台湾沿用“中华民国的法律”，设立“司法机关”，对台湾发生的刑事案件、民事案件行使实际上的“司法权和终审权”。在中华人民共和国的司法管辖权实际上还没有及于台湾地区的情况下，台湾当局在事实上拥有对台湾地区发生的刑事案件进行起诉、审判和惩罚的“刑事管辖权”。

台湾与香港、澳门一样，都是中华人民共和国的一个地区，但目前台湾地区的“刑事管辖权”与香港、澳门享有的刑事管辖权是不同的。香港、澳门的刑事管辖权，是中华人民共和国最高权力机关——全国人民代表大会通过制定法律授予它们的，它们的刑事管辖权是中华人民共和国刑事管辖权的一个组成部分，属于一种国家刑事管辖权的合法分配。台湾目前具有的“刑事管辖权”，没有主权基础，没有法理依据，属于对国家刑事管辖权的“非法分割”①。或者说，台湾的“刑事管辖权”只是一种“事实存在”，而非一种有主权基础、法理依据的“法律存在”。

台湾当局如果顺应潮流，响应中国共产党“一国两制、和平统一”的方针，与大陆实现统一，按照《中华人民共和国宪法》第31条的规定，国家权力机关将制定“台湾特别行政区基本法”，中央人民政府将在台湾设立特别行政区，依法授予其高度自治权。届时，台湾也将和香港、澳门一样，享有包括刑事管辖权在内的独立的司法权和终审权。那时，台湾的刑事管辖权也就是一种基于中华人民共和国国家主权“合法分配”的刑事管辖权。本章论述的“台湾的刑事管辖权以及台湾与大陆刑事管辖权的冲突、协调”等问题，都是以台湾没有与中国大陆统一为前提条件的。台湾与中国大陆统一后，它所享有的刑事管辖权及其与内地、其他特别行政区刑事管辖权的冲突、司法协助等问题，与本书第五章、第六章和第七章论述的道理一样，不需要再行论证。

台湾地区“刑事管辖权”的内容及其原则，是由台湾地区“刑法”及

---

① 这里的“非法分割”，指的是没有以主权国家的宪法、法律为依据的分配，没有主权国家最高权力机关授予的分配，与香港、澳门特别行政区的合法分配相对应。

其他关系法规确定的。台湾地区“刑法”，是1935年国民党政府在大陆颁布施行的，经过1948年、1954年、1969年、1992年、1994年、1997年、1999年、2001年、2002年、2003年、2005年、2006年、2007年、2008年、2009年、2010年共23次修改（1954年、1997年和1999年均有过两次修改，2001年和2009年均有三次修改）而延续下来的。台湾地区“刑法典”第3条至第9条，规定了其刑事管辖权的主要内容和原则。根据台湾地区“刑法典”的这些规定，台湾的“刑事管辖权”包括“属地管辖权”、“属人管辖权”、“保护管辖权”、“对国际犯罪的管辖权”等内容。其中，“属地管辖权”是其最主要的内容。

（一）台湾的属地管辖权

台湾地区“刑法”第3条规定：“本法于在‘中华民国’领域内犯罪者，适用之。在‘中华民国’领域外之‘中华民国’船舰或航空器内犯罪者，以在‘中华民国’领域内犯罪论”。第4条规定：“犯罪之行为或结果，有一在‘中华民国’领域内者，为在‘中华民国’领域内犯罪”。台湾地区“陆海空军刑法”第4条规定：“陆海空军军人，在民国军队占领地域内犯罪，犯刑法或其他法令之罪者，以在民国内犯罪论。其对军队占领地域内之本国人民，与从军之外国人及俘虏犯罪者，亦同。”从台湾地区“刑法”的规定来看，台湾地区“刑法”规定的是绝对的属地管辖权，不论是任何人，只要在台湾实际控制的区域内犯罪，一律适用台湾地区“刑法”。这样规定，是不是说台湾地区“刑法”在属地管辖方面没有任何例外吗？不是。根据台湾学者们的解释，台湾地区“刑法”的“属地管辖权”有两方面的例外：其一，台湾法上的例外，主要有三种情形：一是“总统”在职期间，除内乱罪与外患罪外，非经罢免或解职，不受刑事上之诉究（台湾地区“宪法”第52条）；二是“国民大会”代表在会议时，“立法委员”、“监察委员”所为之言论及表决，对外不负责任，自不得以刑法限制之；三是联合国在台召开各项会议，其出席代表、副代表、顾问、秘书，所享有之特权及豁免，比照驻台外交官办理。[①] 其二，国际法上之例外，是指享有治外法权者之犯罪不适用“本国（地区）”刑法。包括外国元首及其家属随从，驻在本国之外国使领馆人员及其亲属随从，经允许而入本国之外国军队，但间有不予例外的保留。[②]

---

① 参见曾荣振：《刑法总整理》，16页，台北，三民书局，1977。

② 参见郑健才：《刑法总论》，47页，台北，三民书局，1985。

台湾地区“刑法”规定，在台湾的船舰或航空机内犯罪者，与在台湾控制的地域内犯罪相同。这是将船舰、航空器与地域相提并论。此外，对于隔地犯，台湾地区“刑法”规定，犯罪行为或结果有一在“中华民国”领域内者，为在“中华民国”领域内犯罪。从这些规定可以看出，台湾地区“刑法”规定的属地管辖权，体现了其刑事管辖权扩张的倾向，这会与其他国家、地区的刑事管辖权发生比较激烈的冲突。

（二）台湾的属人管辖权

台湾地区“刑法”的第 6 条和第 7 条规定了“属人管辖权”。根据这两个条文的规定，台湾地区“刑法”对台湾人民在其地域外犯罪行使的刑事管辖权，因犯罪主体的身份不同而不同。对台湾公务员的境外犯罪处理较严，对一般公民在境外犯罪处理较宽。台湾的公务员，在境外犯以下三类罪的，台湾都要对其行使刑事管辖权：第一类犯罪是“刑法”第 5 条规定的 10 种犯罪：（1）内乱罪；（2）外患罪；（3）第 135 条、第 136 条及第 138 条规定之妨害公务罪；（4）第 185 条之一、之二规定之公共危险罪；（5）伪造货币罪；（6）第 201 条、第 202 条规定的伪造有价证券罪；（7）第 211 条、第 214 条、第 216 条和第 218 条规定的伪造文书罪；（8）毒品罪（但施用毒品及持有毒品、种子、施用毒品罪，不在此限）；（9）第296 条的妨害自由罪；（10）第 333 条和第 334 条规定的海盗罪。第二类罪是第 121 条至 123 条、第 125 条、第 126 条、第 129 条、第 131 条、第 132 条及第 134 条的渎职罪；第 163 条的脱逃罪；第 213 条的伪造文书罪和第 336 条第一项之侵占罪。第三类罪是除了上述两类罪以外，在其地域外犯其他最轻本刑 3 年以上有期徒刑，而且犯罪地法律也认为是犯罪者。而对台湾一般公民，台湾仅对其在境外实施的上述第一类罪和第三类罪追究刑事责任。他们在台湾之外比公务员少被追究一类犯罪。

（三）台湾的保护管辖权

台湾地区“刑法”第 5 条和第 8 条规定了“保护管辖权”。根据这两个条文的规定，外国人在台湾地域外犯以下罪的，台湾对其行使刑事管辖权：第一，“刑法”第 5 条规定的 10 种犯罪，包括：（1）内乱罪；（2）外患罪；（3）第 135 条、第 136 条及第 138 条规定之妨害公务罪；（4）第 185 条之一、之二规定之公共危险罪；（5）伪造货币罪；（6）第 201 条、第 202 条规定的伪造有价证券罪；（7）第 211 条、第 214 条、第 216 条和第 218 条规定的伪造文书罪；（8）毒品罪（但施用毒品及持有毒品、种子施用毒品罪，不在此限）；（9）第 296 条的妨害自由罪；（10）第 333 条和

第334条规定的海盗罪。第二，在“中华民国领域”外对“中华民国”人民犯罪、最轻本刑为3年以上有期徒刑而且犯罪地法律也认为是犯罪的。这里的“保护”，包括对“中华民国”的保护和“中华民国”人民的保护。

（四）台湾的“国际犯罪管辖权”

国际犯罪管辖权是国家根据普遍管辖原则和国际条约管辖国际犯罪的权力。“普遍管辖原则，是指当一个国家既不是犯罪行为的发生地国，也不是行为人和受害人的国籍国，甚至也不是犯罪行为的受害国时，该国仅仅基于行为人所犯的罪行是严重的国际罪行而对该案件具有刑事管辖权。”① 台湾不是一个国家，没有国际法地位，故其“刑法”没有明确规定对国际犯罪的刑事管辖权，但在该法第5条有“世界主义——国外犯罪之适用”的规定。② 世界主义是普遍管辖原则的另一种叫法。仔细研究台湾地区“刑法”这一条的规定我们可以发现，这是一个非常含混不清的条文。首先，在这一条中，它把保护主义（即保护原则）和世界主义混合规定在一起，没有区分清楚哪些犯罪是保护原则管辖的，哪些犯罪是世界主义原则管辖的。其次，这一条规定的10种犯罪，多数不是国际犯罪而是国内犯罪，如内乱罪、外患罪、妨害公务罪、伪造文书罪等。如果这些犯罪都可以按照世界主义来管辖，不仅不可能，而且会在国际社会引发严重的冲突。在这条规定中，只有少数犯罪如毒品罪、海盗罪属于国际犯罪，可以按照普遍管辖原则或世界主义行使刑事管辖权。台湾地区“刑法”的这条规定，显示出台湾“法律”尴尬的国际地位。台湾当局以“国家”自居，总想在法律中规定一些体现台湾国际地位的条文。但实际上，国际社会和联合国是不承认它是国家的，只承认它是中国的一个地区。所以，台湾不可能参加那些主权国家缔结的国际条约，因而不可能根据国际条约的规定获得国际犯罪的刑事管辖权。这种混乱的规定恰恰说明台湾“法律”没有主权基础和法理依据，仅仅属于事实存在的性质。

二、海峡两岸刑事管辖权冲突的原因与表现形式

如前所述，《中华人民共和国刑法》在刑事管辖权的规定方面，与台湾地区“刑法”的规定大体相同。大陆的刑事管辖权，一般包括“领域管

---

① 高秀东：《论普遍管辖原则》，载《法学研究》，2008（3）。

② 参见台湾“司法院”编：《简易小六法》，G5页，台北，台湾三民书局股份有限公司，2010。

辖权”、“属人管辖权”、“保护管辖权”和“普遍管辖权”。不论是在法律规定的层面或者是在司法实际的层面，台湾的刑事管辖权与大陆的刑事管辖权都存在冲突。发生冲突的原因有以下几个方面：

1. 在台湾与祖国大陆统一前，客观上存在两个刑事管辖权并存的局面。而且，每一个刑事管辖权认为它所管辖的地域和人及于另一个刑事管辖权所管辖的地域和人。台湾当局不顾国际社会对其不予承认的现实，固守“中华民国法统”，仍然在其“刑法”中规定，台湾刑事管辖权所及的“领域”包括台湾地区和大陆；它所管辖的人民，除了台湾地区的人民外，还包括大陆的人民。台湾当局制定的“台湾地区与大陆地区人民关系条例”第75条规定，“在大陆地区或在大陆船舰、航空器内犯罪，虽在大陆地区曾受处罚，仍得依法处断。但得免其刑之全部或一部之执行”。而大陆刑法的管辖领域，是中华人民共和国的全部领土，包括台湾地区。大陆刑法所及的人民，包括台湾地区在内的所有中国公民。这样，不论国际社会承认与否，台湾当局一贯声称的“刑法”效力，与大陆刑法的效力，在地域范围与属人范围上是一致的。所以，海峡两岸刑事管辖权的冲突，在法律层面上是全面的冲突。这是两岸发生法律冲突的主要原因。

2. 海峡两岸人民交往日益频繁，发生了一些涉及两岸的刑事法律关系，是海峡两岸产生刑事管辖权冲突的实际因素。如果海峡两岸的人民互不往来，没有任何交往，台湾地区“刑法”的效力实际上不能及于大陆和大陆人民。大陆的刑法暂时也不会及于台湾地区与台湾人民，两岸刑事管辖权就不会发生实际的冲突。自1979年以来，为实现祖国的统一，中国共产党和中央人民政府多次提出和平统一的主张，敦促台湾当局以中华民族的利益为重，与大陆实现和平统一，在统一前，国共两党开展两岸谈判，在民间实行直接的“通邮”、“通航”和“通商”。在中国共产党和中央人民政府的感召下，台湾当局迫于民众的压力，于1987年开放台湾地区民众赴大陆探亲，1991年废除“动员戡乱时期临时条款”，后来又成立了海峡两岸交流基金会，并与大陆的海协会进行了多次商谈。台湾的国民党、亲民党和新党的领导人多次到大陆，与中国共产党的领导人进行了会谈。在这样的背景下，台湾地区民众纷纷到大陆探亲访友，投资经商，大陆的人士也不断到台湾地区进行旅游、探亲和学术交流。据国务院台湾事务办公室官方网站公布，自1987年至2010年年底，台胞累计来大陆61 027 572人次，大陆居民赴台累计4 513 820人次。仅2010年台胞来大陆就达到5 140 554人次，大陆居民赴台 1 661 877 人次。[①] 伴随海峡两岸人员的往来，一些涉及两岸的刑事犯罪也不断发生，例如，发生于 20 世纪 90 年代初期的劫机案，发生于 2010 年至 2011 年的电信诈骗案，都在海峡两岸产生了极大的轰动。一些在此岸犯罪的人，为逃避惩罚，利用两岸目前政治对立的形势，潜逃彼岸，产生了一些使海峡两岸刑事管辖权发生冲突的现实因素。

3. 海峡两岸司法机关对一些涉及海峡两岸的犯罪都主张刑事管辖权，是刑事管辖权发生实际冲突的关键因素。根据海峡两岸法律规定的现实，涉及海峡两岸的犯罪，包括犯罪行为或犯罪结果跨越两岸的；当事人分属两岸的；两岸人员在国外共同针对中国公民犯罪的；以及在此岸犯罪，潜逃到彼岸的等多类案件。如果海峡两岸的司法机关对这些案件都主张行使刑事管辖权，就会发生实际的冲突。例如，大陆的一些犯罪分子，为逃避刑法的惩罚，把台湾当做劫机者的“天堂”，仅在 1993 年，就有多人多次劫机去台湾。对这些劫机案件，大陆不论根据国际法还是国内刑法，都享有无可争议的刑事管辖权，大陆的司法机关多次向台湾地区当局交涉，要求遣返劫机犯，但台湾地区当局置之不理，也依据台湾“刑法”，强行行使刑事管辖权，造成刑事管辖权的实际冲突。

根据目前海峡两岸的刑法规定以及两岸在刑事管辖权方面的主张，台湾地区与大陆刑事管辖权的冲突，主要表现为刑事管辖权的竞合，只要两岸刑法都认为是犯罪的案件，都有可能发生法律层面的刑事管辖权冲突。但在司法实践中，可能发生冲突的表现形式主要有以下几个方面：

第一，此岸的居民在本地犯罪后，潜逃到彼岸。此岸的属地管辖权与彼岸的属人管辖权发生冲突。例如，2002 年在无锡发生的一起“灭门惨案”就属于这种情况。犯罪嫌疑人黄吉茂等三人在无锡市某小区 702 室，将被害人顾某及其妻子和 14 个月大的女儿杀死。黄吉茂作案后经香港潜逃至台湾，2010 年在台湾被抓获。

第二，此岸的居民在彼岸犯罪。此岸的属人管辖权与彼岸的属地管辖权发生冲突。

第三，犯罪行为与犯罪结果分别发生于海峡两岸的，此岸与彼岸均属于犯罪地，都对该案件享有属地管辖权，因而发生冲突。

---

① 参见国务院台湾事务办公室网站，http：//www.gwytb.gov.cn/lajlwl/rywltj/201101/t20110120－1715616.htm，2012 年 2 月 13 日访问。

第四，犯罪行为跨越海峡两岸的，如在此岸进行犯罪预备，在彼岸实施犯罪，两岸均认为本地为犯罪地，都主张属地管辖权。

第五，海峡两岸的居民共同在一边犯罪。犯罪发生的一边享有属地管辖权，另一边享有属人管辖权。

第六，海峡两岸的居民共同在两岸犯数罪。即共同犯罪人在海峡两岸均犯有罪行，两岸均对他们享有属地管辖权和属人管辖权。

第七，中国公民在中国领域外犯罪，如果同时触犯两岸刑法，两岸均会按照属人原则主张刑事管辖权。例如，1999 年 2 月 16 日，台湾省籍渔船“金庆 12 号”船长龚泰安开枪射杀 15 名大陆籍船员。当时，该渔船正在印度洋上。由于当事人均是中国公民，中华人民共和国外交部发言人章启月在 1999 年 2 月 25 日举行的新闻发布会上表示，中国司法机关对台湾和大陆渔民公海冲突一案有管辖权。① 同时，台湾地区有关部门也声称对此案有管辖权。

第八，外国人在中国领域外对中国公民犯罪，依照两岸法律都构成犯罪的，两岸都可能按照保护管辖原则主张刑事管辖权。

上述在司法实践中可能发生刑事管辖权冲突的八种情况，并不一定形成真正的冲突。有管辖权的一方如果出于谦让或者其他原因，主动放弃了自己拥有的管辖权，而默认或者协助对方行使管辖权，就不会发生现实的冲突。例如，2010 年 12 月，大陆公安机关和菲律宾警方联手，共同破获了一起跨境电信诈骗案。菲律宾警方在马尼拉逮捕了 24 名犯罪嫌疑人，其中 10 人是中国大陆居民，14 人是台湾地区居民，被害人主要分布在中国大陆。2011 年 2 月 2 日，菲律宾警方将这 24 名犯罪嫌疑人全部引渡给大陆公安机关。对于此案，中国大陆按照国际法、国内法都认可的属人管辖原则和保护管辖原则，拥有刑事管辖权，台湾地区按照台湾地区“刑法”规定的属人管辖原则也拥有“刑事管辖权”。案件发生后，台湾“陆委会”立即发布新闻稿，请大陆按照《海峡两岸共同打击犯罪及司法互助协议》向台湾地区遣返台籍犯罪嫌疑人。台湾岛内舆论也一片哗然，一些人在媒体上发表文章，声称“中华民国”拥有刑事管辖权，要求台湾当局向菲律宾、中国大陆进行交涉，维护其刑事管辖权。② 实际上，不论从国际法还是国内法来说，台湾当局及台湾社会舆论的观点都是不正确的。从

---

① 参见《北京：对喋血案有管辖权》，载香港《文汇报》，1999－02－26。

② 参见台湾《自由时报》的相关报道，2011－02－13。

国际法来说，菲律宾警方把24名犯罪嫌疑人引渡给中华人民共和国中央人民政府而不引渡给台湾当局，完全是正确的，符合国际惯例。因为菲律宾与中华人民共和国建立有外交关系，菲律宾承认台湾不过是中国的一个省，引渡犯罪嫌疑人当然是引渡给中央政府，不会引渡给地方当局。犯罪嫌疑人从国外引渡回中国后，是由大陆司法机关处理还是由台湾警方、司法机关处理，是中国的内部事务，海峡两岸可以协商解决。从维护两岸关系的大局出发，大陆公安部在北京首都机场将案件移交给台湾地区警方处理，避免了一起刑事管辖权冲突事件的发生。

三、海峡两岸协调刑事管辖权冲突的尝试

当前，国家还没有统一，海峡两岸"分治"[①] 仍然存在。海峡两岸刑事管辖权的承认、刑事管辖权冲突的协调，时常受到台湾当局的否认与阻挠。两岸至今还没有就刑事管辖权冲突的协调进行谈判，更遑论达成协调刑事管辖权冲突的协议。但是，海峡两岸刑事管辖权的冲突并没有想象的那么严重，这主要得益于海峡两岸刑事司法合作机制的推行。也可以说，海峡两岸刑事司法合作实践既缓和了两岸刑事管辖权的冲突，也向协调刑事管辖权冲突迈出了重要的一步。

（一）海峡两岸刑事司法合作的实践

自20世纪80年代以来，随着海峡两岸政治关系的缓和，海峡两岸人员往来日益频繁，为了打击犯罪，保护人民的合法权益，在中国共产党和中央人民政府的推动下，两岸开始积极接触，逐步建立了刑事司法合作的机制。归纳起来，海峡两岸进行的刑事司法合作，大体经历了以下三种方式：

1. 间接方式。

在海峡两岸关于刑事司法合作的协议签订之前，海峡两岸就进行过一次间接的刑事司法合作——遣返犯罪嫌疑人的实践。1988年8月，台湾警方通缉的杀人嫌疑犯杨明宗被大陆公安机关抓获后，公安部刑事侦查局曾多方设法与台湾警方联系遣返事宜，但由于台湾当局固守"三不"政策，竟然予以拒绝。1989年4月，我方以杨明宗犯有伪造新加坡护照为由，将犯罪嫌疑人杨明宗押解新加坡警方。同年5月，台湾警方通过新加

---

① 本章所说的"分治"是指大陆在合法的中央人民政府的管治之下，而台湾地区在台湾地方当局的管治之下，还没有实现国家治理统一的实际状态。

坡将该犯罪嫌疑人押解回台湾受审。[①] 这种通过第三方实行犯罪嫌疑人遣返的方式，被称为“间接方式”。这种方式费时费力，极不利于打击犯罪，实不应为今后两岸刑事司法合作所效法。

遣返杨明宗案件是海峡两岸承认对方“刑事管辖权”走出的第一步。大陆警方将台湾警方通缉的犯罪嫌疑人遣返回台湾，实际上是承认了台湾当局对台湾地区发生的刑事案件的事实管辖权的。如果不承认台湾当局的刑事管辖权，对杨明宗案件就会有两种处理结果：或者由大陆司法机关起诉、审判杨明宗，或者对台湾警方对杨明宗的通缉置之不理，不会费尽心机将他通过新加坡遣返台湾。

2.《金门协议》的签订及其实践。

在中国共产党和平统一思想的感召下，在海峡两岸人民的积极推动下，台湾当局在20世纪90年代初，不得不在刑事司法合作方面迈出了第一步。1990年9月，台湾当局同意台湾红十字会与大陆的红十字会在金门签订了关于互相遣返偷渡者、刑事嫌疑犯、刑事犯的《金门协议》。该协议的内容主要有以下几个方面：第一，规定了“确保遣返作业符合人道精神”和“确保遣返安全便利”的原则。第二，明确了遣返对象。遣返对象包括三种人：一是违反规定进入对方地区的居民；二是刑事嫌疑犯；三是已经判刑的刑事犯。第三，约定了遣返的地点在福建省的福州市和厦门市的边境口岸。第四，规定遣返的程序。包括被遣返人的情况通报和核查制度、遣返专用船只和悬挂的旗帜、遣返交接时代表人员签署交接见证书等。

《金门协议》签订后，大陆的有关方面积极行动起来，为落实该协议做了一系列的工作。1991年，公安部、国务院台湾事务办公室和卫生部联合给中共中央、国务院递交了一份《关于实施遣返工作几个问题的请示精神》，经中共中央、国务院批准，明确遣返工作由公安部归口负责，其他部门配合。公安部在1991年12月31日发布了《关于实施大陆与台湾双向遣返工作的通知》，明确了大陆对台遣返工作的原则、遣返人员范围、遣返工作程序等内容。在这个文件中，公安部明确指定福建省公安厅统一组织实施遣返工作，在遣返工作中要坚持“有利于两岸关系发展、推动祖国和平统一大业、维护大陆稳定”等原则。明确了大陆接受的被遣返人员是经核查属实的私自渡海的大陆居民、我方通缉的刑事犯罪分子和偷渡到

① 参见廖增昀：《两岸刑事司法协助研讨》，载《法学研究》，1994（2）。

台的其他违法犯罪分子。规定了大陆方面向台湾遣返的 5 类人员：第一，利用非法途径、没有合法证件进入大陆的台湾人员；第二，经甄审上报同意遣返的台方通缉的犯罪分子；第三，台湾人员在大陆犯罪依法审理后认为可以遣返的，或在侦查中拘捕经甄审同意遣返的；第四，在大陆有嫖娼、套汇、赌博、走私等违法行为，尚不构成犯罪的，依法给予行政处罚后，在大陆继续居留有碍社会稳定的台方人员；第五，滞留大陆、证件过期或因其他原因不适宜在大陆居留必须遣返的台方人员。

根据《金门协议》，海峡两岸也进行了一些实际的遣返工作。1990 年 10 月，台湾方面根据该协议将大陆通缉的盗窃犯吴大鹏遣返大陆，大陆方面将吴文信等 17 名刑事犯遣返台湾。同年 12 月，大陆方面又通过这一渠道将叶振甫等 6 名刑事犯遣返台湾。1991 年台湾发生的“三保警案”，也是通过台湾的红十字会直接进入大陆，与大陆的红十字会谈判而得以解决的。①

《金门协议》及根据该协议而进行的遣返实践，在两岸刑事司法合作历史上有划时代的意义，它开辟了两岸刑事司法合作的新纪元。这对于两岸刑事司法交流，促进祖国的和平统一大业有积极的作用。但是，《金门协议》只是民间协议，从理论上讲对“官方”没有约束力，在执行时也由两岸的红十字会在场见证。刑事司法合作应该是司法机关之间的事情，借助民间进行这样的合作“名不正、言不顺”，实施起来也不方便。因此，此前不守信用的台湾当局随时都会否定它的效力。1993 年，海峡两岸发生了 11 起大陆犯罪分子劫持大陆客机去台湾的恶性案件，台湾当局不遵守《金门协议》的约定，对劫机事件采取“人机分开”的处理办法，即安排被劫持客机和全体乘客、机组人员返回大陆，扣留劫机歹徒不予同机遣返。可见，《金门协议》的签订及其实施，仍无法满足海峡两岸共同打击犯罪的需要。

3.《海峡两岸共同打击犯罪及司法互助协议》的签订及其实践。

随着海峡两岸关系的缓和，2009 年 4 月 26 日，海峡两岸关系协会会长陈云林与台湾海峡交流基金会董事长江丙坤在南京签署了《海峡两岸共同打击犯罪及司法互助协议》。这个协议共有 5 章 24 条，分别规定了总则、共同打击犯罪、司法互助、请求程序和附则等内容。与《金门协议》

---

① 参见陈安主编：《海峡两岸交往中的法律问题研究》，288 页，北京，北京大学出版社，1997。

相比较，这个协议规定的合作更全面、内容更丰富，措施更具体，操作起来更加便捷。

《海峡两岸共同打击犯罪及司法互助协议》在共同打击犯罪和与之相关的合作方面，规定的主要内容有：第一，关于共同打击犯罪的范围。双方同意采取措施共同打击的犯罪，是双方均认为涉嫌犯罪的行为。如果一方认为涉嫌犯罪，另一方认为未涉嫌犯罪但有重大社会危害，可以通过个案协商的办法，获得协助。根据海峡两岸犯罪的实际情况，协议约定双方同意着重打击的犯罪是：（1）涉及杀人、抢劫、绑架、走私、枪械、毒品、人口贩卖、组织偷渡及跨境有组织犯罪等重大犯罪；（2）侵占、背信、诈骗、洗钱、伪造或者变造货币及有价证券等经济犯罪；（3）贪污、贿赂、渎职等犯罪；（4）劫持航空器、船舶及涉恐怖活动等犯罪；（5）其他刑事犯罪。尽管协议中没有明确规定，但从条文内容看，在共同打击犯罪方面，双方基本遵从了“双重犯罪”的原则，而且把打击犯罪的重点放在了侵犯人民合法权益、危害经济社会秩序、渎职、劫机、劫船和恐怖活动等领域，这样，巧妙地回避了所谓政治犯等敏感问题，体现了双方的务实精神。第二，关于协助侦查。在协助侦查方面，双方同意交换涉及犯罪的有关情报、资料，协助缉捕。协议还约定，在必要时进行合作协查、侦办。这些规定，将使海峡两岸侦查犯罪的合作更加密切，打击犯罪的力量大大加强。体现了一国内刑事司法合作的特点。第三，关于人员遣返。人员遣返是《金门协议》的主要内容，在《海峡两岸共同打击犯罪及司法互助协议》中，遣返不仅再次得到肯定，而且丰富、发展了新的内容：（1）在遣返方式上，增加了海运或空运直航的方式。（2）由于近年来偷渡的现象大大减少，刑事犯、刑事嫌疑犯的遣返成为主要的遣返对象，因此，遣返时移交有关证据（卷证）是非常重要的，这些内容在协议里有相应的规定。（3）为了尊重对方的司法程序，协议约定，受请求方已对遣返对象进行司法程序者，可以在程序终结后遣返。第四，关于联系主体。《海峡两岸共同打击犯罪及司法互助协议》规定，本协议议定事项，由各方主管部门指定之联络人联系实施。必要时，经双方同意得指定其他单位进行联系。什么是“各方主管部门”？协议没有进一步明确。从该协议主旨是“打击犯罪和司法互助”方面理解，这里的主管部门，应当是打击犯罪和司法工作的主管部门。在大陆一方，应当是公安部、最高人民检察院、最高人民法院，在台湾一方，应当是其“法务部”等机关。由打击犯罪和司法工作主管部门进行直接的联系，是海峡两岸司法合作的一大进步，这有利于提高打击犯罪和司法工作的时效性和准确性，也体现了一国内不同法域之间开展刑事司法合作的特点。第五，关于其他方面的合作。协议还规定了在刑事司法方面的协助调查取证、罪赃移交、罪犯移管（接返）、人道探视等内容。同时，还规定了司法互助的相关程序和其他要求。

《海峡两岸共同打击犯罪及司法互助协议》签订后，台湾方面在 2011 年 1 月，制定了《海峡两岸缉捕遣返刑事犯或刑事嫌疑犯作业要点》、《海峡两岸罪犯接返作业要点》、《海峡两岸调查取证及罪赃移交作业要点》、《海峡两岸犯罪情资交换作业要点》和《海峡两岸送达文书作业要点》五个规范性文件。大陆方面也作了相应的安排，最高人民法院发布了《关于人民法院办理海峡两岸送达文书和调查取证司法互助案件的规定》。海峡两岸的刑事司法合作实践也取得了较大进展。“据统计，2009 年以来，两岸警方共合作打掉跨境诈骗电信犯罪团伙 80 余个，大陆向台湾遣返移交电信诈骗犯罪嫌疑人 50 余名，向台湾提供各类证据资料 500 余份，台湾向大陆提供各类证据材料 300 余份。”①

（二）海峡两岸开展的刑事司法合作对协调刑事管辖权冲突的意义

海峡两岸签订《金门协议》、《海峡两岸共同打击犯罪及司法互助协议》并积极在实践中予以实施，是采取务实的态度在事实上承认对方刑事管辖权的重要举措。因为就司法层面而言，刑事管辖权包括对犯罪的侦查、起诉、审判和惩罚等诸项权能，海峡两岸就共同打击犯罪的合作和刑事司法互助，属于一种承认并帮助对方实现刑事管辖权的活动。这是协调两岸刑事管辖权冲突的第一步，也是极其关键的一步。因为，协调刑事管辖权冲突，前提是承认对方刑事管辖权的存在，如果不承认对方的刑事管辖权，就不会协调双方之间产生的刑事管辖权冲突。

但是，我们也要看到，目前海峡两岸相互对刑事管辖权的承认是不彻底的。因为，在这两个协议特别是《海峡两岸共同打击犯罪及司法互助协议》中，双方仅约定承认对方法院作出的民事裁判，还互不承认对方法院作出的刑事裁判。按照台湾制定的《海峡两岸罪犯接返作业要点》第 9 条、第 10 条的规定，台湾方面把被大陆法院刑事裁判确定人（也即被裁判人）接返后，并不执行大陆法院的判决，而要交给台湾有“管辖权”的检察机关进行重新侦查，适用台湾的刑法、刑事诉讼法及相关法律进行新的刑事诉讼。这清楚表明，台湾是不承认大陆的刑事裁判的，这种行为也

① 王文硕：《跨境协作，阻断电信诈骗》，载《人民公安报》，2010 - 11 - 18。

可以推定为，台湾对大陆刑事管辖权的承认是不彻底的，在某些方面仍然是抽象概念上的承认。因此，我认为，《海峡两岸共同打击犯罪及司法互助协议》的签订及其实施，虽然对于协调海峡两岸刑事管辖权冲突有积极的意义，但还是万里长征的第一步。要解决海峡两岸刑事管辖权冲突的问题，还需要走很长的路，做很多的工作。

四、协调海峡两岸刑事管辖权冲突的前提和原则

当前，台湾与大陆刑事管辖权的协调，主要是在事实上相互承认刑事管辖权的基础上，对互涉海峡两岸的案件的管辖进行大体的划分，并在刑事诉讼上予以必要的配合。在台湾与大陆统一后，台湾作为一个特别行政区，它与大陆刑事管辖权冲突的协调原则、措施，一如香港、澳门刑事管辖权与内地刑事管辖权的协调。在台湾与大陆统一前，两岸刑事管辖权冲突协调的原则、措施与特别行政区之间以及它们和内地刑事管辖权冲突的协调原则、措施不完全相同，因而需要特别研究。

（一）海峡两岸协调刑事管辖权冲突的前提

海峡两岸刑事管辖权冲突的协调，前提是要在一个中国的原则下承认当前海峡两岸“分治”的现实。自中华人民共和国成立的那一天起，中央人民政府就一贯坚持“世界上只有一个中国，台湾是中国领土不可分割的一部分。中华人民共和国中央人民政府是中国唯一的合法政府。”这是举世公认的事实。自1949年以来，多数台湾的前领导人、现任领导人和在台湾的国民党当局，也承认“一个中国”的原则。虽然其间李登辉、陈水扁上台后抛出的“两国论”，迷惑了一些台湾人，但是大多数台湾人民仍然认同“一个中国”的立场。如果我们不坚持“一个中国”的立场，两岸刑事管辖权的协调就没有任何可能。

两岸刑事管辖权的协调，是一个国家内不同法域之间的刑事管辖权的协调，不能适用国际上协调刑事管辖权的原则和方法，这也是两岸人民公认的。在一个中国的原则下，我们还要承认现实。目前，中央的刑事管辖权不能及于台湾地区，台湾的“刑事管辖权”更不可能及于大陆。台湾的“刑事管辖权”只能就台湾地区发生的刑事案件实施有效的管辖，中央的刑事管辖权也暂时不能对台湾地区的刑事案件实施有效的管辖。在这种情况下，我们只能面对现实，采取灵活务实的办法，来协调两岸刑事管辖权的冲突。

承认两岸“分治”的现实，还应该在一定程度上承认对方的法律和刑

事管辖权。这对处于政治对立的海峡两岸来说，是比较困难的，但也是协调刑事管辖权所必需的。笔者这里说的在“一定程度上承认”，就中央人民政府而言，仅承认台湾法律在台湾地区具有一定的维护社会秩序、保护人民权利、打击犯罪的作用，对于它所具有的反共、反对中央人民政府的法律，是不承认的。对于台湾适用于一般刑事犯罪（涉及政治性的犯罪除外）的刑事管辖权，可以承认；对于它适用于镇压人民的政治性犯罪的刑事管辖权，不予承认。

从国际法和中华人民共和国的法律来看，台湾当局是一个“非法”存在的政府。对非法政府的“法律及管辖权”的承认，完全是为了防止出现法律的真空，维护非法政府所在地区社会秩序的需要。著名的国际法学家格劳秀斯在 17 世纪就提出了一个“事实需要原则”的理论，用以解决两个互不承认政府之间的法律承认。这个原则的大意是：非法政府的法律及其措施，凡是为了维持当地社会的良好秩序及有利于人民的公共行政，公民就应该遵守，法院也应予以执行。① 改革开放以来，在海峡两岸的交往中，中央人民政府及大陆的地方司法机关，事实上是有限承认台湾当局的刑事管辖权的。早在 1990 年 9 月，国务院台湾事务办公室发言人就在针对当时台湾海峡发生的台湾渔民被抢劫事件所发表的谈话中，提出了“和台湾有关方面合作，共同维护台湾海峡海上治安和正常秩序”的建议。1991 年 9 月 25 日，中共中央台湾办公室副主任唐树备致电台湾有关方面，建议两岸有关方面立即就合作打击台湾海峡海上走私、抢劫问题进行具体商谈。② 1988 年，大陆有关司法机关将因犯杀人罪而被台湾通缉的台湾居民杨明宗通过新加坡警方遣返台湾；1990 年 10 月，大陆方面又将吴文信等 17 名台籍刑事犯遣返台湾。同年 12 月，又将叶振甫等 6 名刑事犯遣送台湾。这些事实充分说明，大陆从保护海峡两岸人民的合法权益不受犯罪侵害的目的出发，承认或者默许台湾当局对一般刑事犯罪的刑事管辖权。

台湾当局对大陆刑事管辖权的承认，前后充满矛盾。1990 年 9 月，台湾当局授权台湾红十字会与大陆的红十字会在金门达成了相互遣返偷渡者、刑事嫌疑犯和刑事犯的《金门协议》。同年 10 月，台湾方面将在北京

---

① 转引自陈安主编：《海峡两岸交往中的法律问题研究》，281 页，北京，北京大学出版社，1997。

② 参见《法制日报》，1991－09－28。

作案后潜逃台湾的盗窃犯吴大鹏遣返大陆受审。对于大陆方面呼吁的两岸共同打击海上犯罪的倡议，台湾也曾作出过一定的回应。台湾“行政院大陆委员会”主任委员黄昆辉、副主任委员马英九曾表示做进一步研究。① 1991 年 9 月 25 日，台湾“行政院大陆委员会”与有关部门开会研商，决定成立“两岸共同防制犯罪专案小组”，并拟由该小组研拟出台方整体立场后，再授权“海基会”与大陆有关方面就两岸共同打击犯罪做初步接触。② 但是，在台湾 1992 年 7 月 31 日公布的“台湾地区与大陆地区人民关系条例”中，它们又明显违背其以前的立场，否认大陆的刑事管辖权。该法第 75 条规定，在大陆或大陆船舰、航空器内犯罪，虽在大陆曾受处罚，仍得依法处断。也就是对在大陆实施的犯罪实行“双重起诉”和“两罚”原则，这是在法律中公然否认大陆刑事管辖权的错误行径。正如台湾学者批评的那样，“大陆地区人民犯罪依台湾法律追诉，实为自欺欺人，事实上，目前台湾法权不及于大陆，如果追诉相当困难，此一规定实不切实际”③。马英九作为台湾地区领导人上台以来，台湾当局逐步回到一个中国的立场上来，承认中华人民共和国中央人民政府在大陆的“统治权”和司法管辖权。2011 年 5 月 30 日，马英九发表讲话说：“‘中华民国政府’在 1992 年即宣告了对大陆地区主张宪法上的主权，已没有实际上的‘治权’④ …… 传统国际公法的承认制度，不适用于两岸，所以‘我们无法也不会承认中国大陆的主权，但是我们不应也不会否认大陆当局在大陆有效实行统治权的事实’。”⑤

（二）协调海峡两岸刑事管辖权冲突的原则

在坚持“一个中国”原则和承认对方刑事管辖权的前提下，考虑到海峡两岸政治对立，只能对两岸刑事管辖权作粗线条划分的现实，两岸在现阶段应当充分认识到刑事管辖权的协调，对于保护两岸人民的合法权益、维护两岸社会秩序、打击犯罪的重要意义，按照“犯罪地管辖原则”和“实际控制原则”，对刑事管辖权进行大体的划分，以最大可能地协调刑事管辖权的冲突。

---

① 参见台湾《联合报》，1991-07-22。

② 参见台湾《联合报》，1991-09-26。

③ 台湾《自立晚报》，1989-01-12。

④ 治权是孙中山先生所称的政府治理国家的权力，亦称“政府权”或“五权”（见夏征农、陈至立主编：《辞海》，2953 页，上海，上海辞书出版社，2009）。以此来看，台湾当局不仅在大陆没有治权，在台湾地区行使的也不是治权，仅仅是一种事实上的管理。

⑤ 《马英九：两岸应互不承认 互不否认》，载《台湾联合新闻网》，2011-05-31。

所谓“犯罪地管辖原则”，是指台湾和大陆的司法机关，对于发生于自己实际控制地区的刑事案件，行使刑事管辖权，对于发生在对岸的一般刑事案件，哪怕是本方居民实施的，也不行使刑事管辖权（涉及两岸政治性质的刑事案件除外）。由犯罪地司法机关管辖案件，是国际社会和各国法律都遵守的主要管辖原则。犯罪地管辖有利于查明案件的事实，有利于收集证据，也有利于诉讼参与人参加诉讼。所谓“实际控制原则”，是指对于两岸都有刑事管辖权的案件，通过协商不能移送对方管辖，或者实际控制的一方不愿意同对方协商刑事管辖权的，都由实际控制犯罪嫌疑人、被告人的一方行使刑事管辖权。

按照以上两个原则，我们可以对涉及海峡两岸的刑事案件的管辖权，大体做以下划分，以便基本上起到协调两岸刑事管辖权冲突的作用：

第一，此岸居民在彼岸犯罪，而且没有逃回居住地的，由彼岸行使刑事管辖权。如果潜逃回居住地，经协商此案同意移送彼岸管辖的，亦由彼岸行使刑事管辖权。

第二，此岸居民在此岸犯罪逃到彼岸的，由彼岸遣返给此岸，由此岸行使刑事管辖权。

第三，犯罪行为、犯罪结果或者犯罪行为跨越两岸的，通过协商能够确定刑事管辖权的，以协商确定；不能协商或者经协商无法达成协议的，由实际控制犯罪嫌疑人、被告人一方行使刑事管辖权。

第四，两岸居民共同实施同一犯罪的案件，由犯罪地的司法机关行使刑事管辖权。两岸居民共同实施数个犯罪的案件，由实际控制犯罪嫌疑人、被告人的司法机关行使刑事管辖权。如果两岸分别控制了部分犯罪嫌疑人或被告人，致使任何一方都无法对全案行使刑事管辖权的，可以实行个案协商，确定刑事管辖权。

第五，中国公民在中国领域外实施的、依照两岸法律都认为是犯罪的案件，由该犯罪嫌疑人出现地的司法机关或通过外交途径引渡到该公民的一方司法机关行使刑事管辖权。

第六，外国人对中国公民犯罪，依照两岸法律都应当追究刑事责任的，由发现该外国人或通过外交途径引渡到外国人的一方行使刑事管辖权。

（三）协调海峡两岸刑事管辖权冲突的基本方式

根据以上的论述，笔者认为，当前协调海峡两岸刑事管辖权冲突的基本方式，主要包括以下几种：

1. 承认对方已经审结的刑事案件的刑事管辖权，避免重复追诉。

对于对方已经审判终结，裁判发生效力的一般刑事案件①，原则上承认其裁判的效力，不要用己方的法律再次追诉。如果不坚持这一条原则，对对方处理过的刑事案件再次侦查、起诉和审判，不仅浪费司法资源，造成诉讼困难，侵犯被追诉人人权，还会使两岸的刑事管辖权发生大量的冲突。当前，台湾当局在这个问题上，仍然坚持错误的做法。台湾 2011 年制订的《海峡两岸罪犯接返作业要点》第 9 条、第 10 条规定，受刑事裁判确定人接返后，应即送交有管辖权之检察机关。检察机关接收受刑事裁判确定人后，应立即开始侦查，适用“刑法”、“刑事诉讼法”及相关法律处断。这些规定非常清楚，是要对经大陆司法机关裁判确定的罪犯重新侦查和起诉，这是否定大陆刑事管辖权的赤裸表现。这种做法，于台湾、于大陆、于被追诉的人员都是没有一利的，希望台湾当局早日废除这样的法律，回到正确的道路上来。

2. 通过个案协商的办法解决司法实践中发生的刑事管辖权冲突。

在司法实践中，对于对方管辖的裁判没有终结的案件，如果一方认为应当由自己行使刑事管辖权的，应当按照《海峡两岸共同打击犯罪及司法互助协议》规定的刑事司法合作通道，进行个案协商，由双方就协调刑事管辖权的冲突达成一致意见。如果达不成一致的意见，由实际控制犯罪嫌疑人的一方进行管辖。

3. 签订相关的协议，确定协调刑事管辖权冲突的原则和协商机制。

在条件成熟的情况下，由海协会和海基会就海峡两岸刑事管辖权冲突的协调问题进行对话商谈，对海峡两岸发生的互涉刑事案件分别由哪一方进行管辖作大体的划分，制定协调刑事管辖权冲突的基本原则，建立稳定的刑事管辖权冲突的协商机制，全面解决两岸的刑事管辖权冲突。并在此基础上，开展积极的刑事司法合作，协助对岸警方和司法机关实现对刑事案件的侦查、起诉、审判和刑事裁判的执行，以有力地打击犯罪，充分保护两岸人民的合法权益，维护两岸的社会秩序。

① 这里讲的一般刑事案件，是指侵犯公民权利、扰乱社会秩序等刑事案件，不包括与两岸“政治对立”相关联的刑事案件。

第九章　国际特设刑事法庭管辖权

国际特设刑事法庭是国际社会专门为某一事件或者某一地区设立的起诉、审判和惩处严重违反国际法、国际惯例的犯罪行为的刑事司法机构。迄今为止，国际社会特设的国际刑事法庭共有四个：一是根据 1945 年 8 月 8 日《伦敦四国协定》设立的欧洲国际军事法庭，二是 1946 年 1 月 19 日盟军最高统帅宣布设立的远东国际军事法庭，三是根据 1993 年 5 月 25 日联合国安全理事会第 827 号（1993）决议设立的起诉应对 1991 年以来前南斯拉夫境内所犯的严重违反国际人道主义法行为负责的人的国际法庭（简称前南斯拉夫国际法庭），四是根据 1994 年 11 月 8 日联合国安全理事会第 955 号决议设立的卢旺达国际刑事法庭。

国际特设刑事法庭有以下两个特点：第一，设立时间上的临时性。国际特设刑事法庭都是临时设立的国际刑事司法机构，它们与国际刑事法院不同，不是永久存在的，一旦相关决议规定的国际犯罪被审判完毕，就要被解散。比如，欧洲国际军事法庭从 1945 年 10 月 13 日正式组成到 1946 年 10 月欧洲轴心国主要战犯审判结束，一共存在了 1 年多一点的时间；远东国际军事法庭也只存在了 2 年多的时间。第二，管辖犯罪的特定性。国际特设刑事法庭管辖的犯罪，都是设立它的协定或者决议明确规定的某类人员实施的某几种犯罪，或者是在某特定时期和特定地域发生的某几种犯罪。因此，国际特设刑事法庭管辖的犯罪都是特定的，不是普遍的。欧洲国际军事法庭管辖的犯罪，是第二次世界大战期间欧洲轴心国首要战犯实施的严重违反国际法的犯罪行为。远东国际军事法庭管辖的犯罪，是第二次世界大战期间日本首要战争罪犯实施的严重违反国际法的犯罪行为。前南斯拉夫国际法庭管辖的犯罪，是 1991 年以来在前南斯拉夫境内发生的严重违反国际人道主义法的犯罪。卢旺达国际刑事法庭管辖的犯罪，是 1994 年 1 月 1 日至 1994 年 12 月 31 日期间在卢旺达境内和邻国发生的灭绝种族罪和其他严重违反国际人道主义法的犯罪行为。

上述四个国际刑事司法机构大体可以分为两种类型，一是国际军事法庭，二是一般的国际刑事法庭。国际军事法庭是在第二次世界大战结束后的特殊背景下设立的，是战争阵营的一方——同盟国联合起来组建的起诉、审判战争阵营的另一方——轴心国战犯的国际刑事司法机构。这种国际刑事司法机构之所以挂名为“军事”法庭，一是因为它们都是在军事占领当局主导下的起诉和审判，二是因为它们都实行了一些不同于一般刑事法庭的规则。一般的国际刑事法庭是联合国安全理事会为了履行联合国宪章所赋予的职责而通过自己的决议设立的国际刑事司法机构，它们是在一国或者局部地区因为发生了严重的民族冲突而出现大量的严重违反国际法的犯罪的背景下设立的，其目的是惩罚严重违反国际人道主义法的暴行，保护人权和维护世界和平。国际军事法庭的管辖权主要来自设立它的数个国家拥有的“保护管辖权”，一般国际刑事法庭的管辖权来源于联合国安全理事会的授权。

国际特设刑事法庭与国际刑事法院虽然同属于国际刑事司法机构，但是，两者之间有着非常明显的区别。国际刑事法院是根据 1998 年 7 月 17 日在罗马通过的《国际刑事法院规约》设立的国际刑事司法机构。国际刑事法院是常设的刑事司法机构，其管辖权及于世界各地，带有明显的普遍性。它不像国际特设刑事司法机构那样临时存在，管辖权仅仅及于特定的犯罪（人）。笔者认为，国际特设刑事法庭是在没有常设的国际刑事法院的情况下设立的，国际刑事法院设立后，一般不需要再设立临时性的国际特设刑事法庭，以前由国际特设刑事法庭管辖的犯罪，原则上可以由国际刑事法院来处理。

一、国际军事法庭的管辖权

（一）欧洲国际军事法庭的管辖权

欧洲国际军事法庭是在第二次世界大战以后由美国、原苏联、英国、法国等国家①在德国设立的，旨在对欧洲轴心国首要战争罪犯进行起诉、

① 欧洲国际军事法庭系根据美、苏、英、法签订的《伦敦四国协定》设立。该协定签署后，希腊、丹麦、南斯拉夫、荷兰、捷克斯洛伐克、波兰、比利时、埃塞俄比亚、澳大利亚、洪都拉斯、挪威、巴拿马、卢森堡、海地、新西兰、印度、委内瑞拉、乌拉圭、巴拉圭共 19 个国家也加入了该协定。参见何勤华、朱淑丽、马贺：《纽伦堡审判》，345 页，北京，中国方正出版社，2006。

审判的军事法庭。由于这个法庭主要的审判地点是德国的纽伦堡市，故也称为“纽伦堡国际军事法庭”。

第二次世界大战是由德国、意大利、日本等法西斯国家发动的人类历史上空前规模的战争。这次战争先后使六十多个国家、地区，20 亿以上的人口卷入。战争共造成 5 500 万—6 000 万人死亡，13 000 万人受伤。参战的一些国家，特别是德国、意大利、日本等法西斯国家在战争期间犯下了严重的违反国际法、国际惯例的罪行，给世界人民造成了罄竹难书的灾难。

在第二次世界大战进行期间，国际社会就开始酝酿战后对战犯的惩罚、审判一事。1941 年底，法国、比利时、希腊、荷兰、波兰、挪威、南斯拉夫和卢森堡八个国家在伦敦的流亡政府召开了专门的联络会议，研究战后处置战犯的问题。1942 年 1 月 13 日，上述八国在伦敦的圣詹姆斯王宫发表了《詹姆斯宣言》，确定通过司法手段惩罚罪犯。1943 年 10 月，苏联、美国、英国三个国家的外交部长在莫斯科召开会议，发表了《关于暴行的莫斯科宣言》，明确指出：“战争罪犯必须受到惩罚，凡对暴行或罪行负有直接责任以及曾经同意实施暴行或罪行的人员，应被送回罪行发生地国并由获得解放的国家根据其本国法予以惩处；凡犯有不限于特定地理位置的重大罪行的战争罪犯，由同盟国共同进行惩处。”① 1945 年 2 月，在纳粹德国濒临崩溃的背景下，苏、美、英三国政府首脑在乌克兰的雅尔塔召开会议，重申要公正而迅速地惩办一切战争罪犯的宗旨。第二次世界大战的欧洲战场结束后，苏、美、英三国首脑和外交部长在波茨坦召开会议，再次声明逮捕和审判纳粹战犯的立场和决心。1945 年 8 月 8 日，苏、美、英、法四国政府在伦敦正式缔结了《关于对欧洲轴心国首要战犯起诉和惩处的协定》（简称《伦敦四国协定》），决定设立欧洲国际军事法庭，起诉、审判和惩处纳粹首要国际战犯。这次会上，同时通过了作为《伦敦四国协定》附件的《国际军事法庭宪章》。

欧洲国际军事法庭由四名法官和四名助理法官组成，分别由四个伦敦协定的签字国——美、苏、英、法各派出一名法官和一名助理法官。欧洲国际军事法庭自 1945 年 11 月 20 日至 1946 年 10 月 1 日，开庭 216 次，

① 转引自肖平：《国际刑事管辖权发展评析》，载《福建政法管理干部学院学报》，2003(2)。

审判了22名纳粹德国的首要战犯。① 判处戈林等12人绞刑，赫斯等7人监禁，沙赫特等3人无罪。

欧洲国际军事法庭的审判是人类历史上第一次开展的国际性审判实践，对于国际刑法和国际刑事司法的发展具有重要的意义。

欧洲国际军事法庭的管辖权，是由《伦敦四国协定》及其附件《欧洲国际军事法庭宪章》直接规定的，其内容主要有以下几个方面：

1. 欧洲国际军事法庭管辖的犯罪主体。

《伦敦四国协定》第1条、《欧洲国际军事法庭宪章》第1条、第6条对国际军事法庭管辖的犯罪主体均有明确的规定。根据这些条文的规定，欧洲国际军事法庭管辖的犯罪主体，是欧洲轴心国的首要战争罪犯。战犯是指参与策划、准备、发动或进行侵略战争，或者在战争、武装冲突中违反战争法规和惯例，或者在战前、战时违反人道原则而构成犯罪，需要承担刑事责任的人。在第二次世界大战的欧洲战场，战犯数以万计，欧洲国际军事法庭不可能全部管辖，只能择其要者而审之。按照《伦敦四国协定》的规定，对于一般的战犯，第二次世界大战结束后，“将被解回他们犯下罪恶行为的国家，以便按照这些被解放的国家和将在这些国家建立的自由政府的法律加以审判和惩处”②。而那些首要战争罪犯，由于其实施的罪行“没有特殊的地理位置”，涉及多个国家，为了防止发生国家间刑事管辖权的冲突，也为了体现对他们惩处的严厉、严肃和慎重，则由国际军事法庭管辖。

首要战争罪犯的确定是一件很严肃也很复杂的事情。由于纳粹德国发动的侵略战争是一种“举国体制”，国家的军、政、宪、特、政党几乎都卷入了战争。战犯人数多，分布部门广，犯罪行为涉及的地域非常广阔，因此，对首要战犯必须仔细、慎重地予以甄别。欧洲国际军事法庭创造了由参加审判的国家分别提出战犯名单，然后共同协商确定的做法。“这样就保证了除自杀的希特勒、戈贝尔外，纳粹德国发动战争的其他主要责任人员全部被定为战争罪犯、几乎无一漏网的结局”③。

---

① 控诉方正式起诉了24名纳粹首要战犯，但由于被告罗伯特·莱伊在审判前自杀，关于古斯塔夫·克虏伯的起诉案被法庭分离，实际受审的个人被告只有22名。参见何勤华、朱淑丽、马贺：《纽伦堡审判》，1页，北京，中国方正出版社，2006。

② 《伦敦四国协定》序言。赵永琛：《国际刑法约章选编》，677页，北京，中国人民公安大学出版社，1999。

③ 何勤华、朱淑丽、马贺：《纽伦堡审判》，23页，北京，中国方正出版社，2006。

除了首要战争罪犯这些个人外，欧洲国际军事法庭管辖的犯罪主体还包括“犯罪组织”。

起诉并审判犯罪组织的设想是美国人首先提出来的。美国人认为："纳粹政权是一个犯罪集团，一个巨大的阴谋。纳粹的全部行动是一种蓄意的、协同一致的尝试，旨在全力武装以寻求战争，强行掠夺别国领土，攫取他国财富，奴役和剥削他们的人民，灭绝欧洲的犹太人。"① 经过审判把纳粹德国的有关机构、单位宣布为犯罪组织，不仅是它们罪有应得，而且可以简化后续审判中的很多司法程序。② "这些纳粹机构曾是共谋者实施其罪恶计划的工具，通过法律宣告可以确认其犯罪性，并加速随后的对组织成员的审判程序，因为一旦某个组织被宣告为犯罪，其成员就不能对既成事实提出抗辩。"③ 通过对纳粹德国的某些机构、组织进行审判，可以让德国人民和世界人民认清纳粹的本质，铲除其对人民思想的毒害，根绝其对德国人民的影响，防止纳粹主义复活，维护世界和平。

美国的主张一开始遭到苏联的坚决反对，但在数次的激烈辩论后，包括苏联在内的其他三大参审国都同意了这个意见。《欧洲国际军事法庭宪章》第 9 条规定："于审判任何团体或组织之任何分子个人时，本法庭得宣布（关于该个人可能定罪之任何行为）该个人所属之团体或组织，为一犯罪组织。"④ 经过欧洲国际军事法庭的审判，盖世太保、党卫队和纳粹党的政治领袖集团被宣布为犯罪组织。

2. 欧洲国际军事法庭管辖的犯罪类型。

欧洲国际军事法庭管辖的犯罪，包括破坏和平罪、战争罪和违反人道罪三种。《欧洲国际军事法庭宪章》对这三种罪的构成作了较为详尽的规定。根据宪章的规定，破坏和平罪是指策划、准备、发动或进行侵略战争或违反国际条约、协定或保证的战争，或为实现上述行为而参与共同计划或共谋。战争罪是指违反战争法规或战争习惯的罪行。这种违反行为包括（但并不限于）：屠杀或虐待占领区平民，或以奴隶劳动为目的、或为其他任何某种目的而将平民从被占领区或在被占领区放逐，屠杀或虐待战俘或

① 何勤华、朱淑丽、马贺：《纽伦堡审判》，61 页，北京，中国方正出版社，2006。

② 按照美国人的设想，"如果能够证实党卫队是一个犯罪组织，那么就不必去进行几乎是不可能的工作，去逐个证实每一个成员是罪犯，只需要证明这个人属于党卫队，就可处以恰如其分的惩罚"。参见何勤华、朱淑丽、马贺：《纽伦堡审判》，62 页，北京，中国方正出版社，2006。

③ 何勤华、朱淑丽、马贺：《纽伦堡审判》，89 页，北京，中国方正出版社，2006。

④ 赵永琛：《国际刑法约章选编》，681 页，北京，中国人民公安大学出版社，1999。

海上人员，杀害人质，掠夺公私财产，恣意破坏城镇乡村，或任何非属军事必要而进行破坏。违反人道罪是指在战争爆发以前或在战争期间对平民进行的屠杀、灭绝、奴役、放逐或其他非人道行为，或借口政治、种族或宗教的理由而犯的属于法庭有权受理的业已构成犯罪或与犯罪有关的迫害行为，不管该行为是否触犯进行此类活动的所在国法律。①

3. 欧洲国际军事法庭管辖的地域范围。

《伦敦四国协定》和《欧洲国际军事法庭宪章》都没有明确规定法庭管辖的地域范围。但是，根据这两个法律文件关于法庭管辖的犯罪主体的规定，我们可以准确地推断出法庭管辖的地域范围。欧洲国际军事法庭起诉和审判的是欧洲轴心国的首要战争罪犯。在第二次世界大战中，欧洲轴心国发动的侵略战争，主要在欧洲的一些国家进行，同时也波及了北非和西亚的一些国家。因此，欧洲国际军事法庭管辖的地域范围，是第二次世界大战欧洲战场的范围。至于第二次世界大战中东亚战场的战争罪犯，则由远东国际军事法庭管辖。

（二）远东国际军事法庭的管辖权

远东国际军事法庭是第二次世界大战以后同盟国在日本东京设立的旨在对远东主要战争罪犯进行起诉、审判和惩罚的国际刑事司法机构。

第二次世界大战期间，日本与纳粹德国、意大利等法西斯国家组成轴心国，在亚洲对中国、东南亚各国进行了大肆的侵略，日本军国主义的铁蹄所到之处，尸堆成山，血流成河，共杀死、杀伤了数以千万计的平民，犯下了骇人听闻的战争罪行。早在战争进行期间，遭受日本、德国等法西斯国家侵略的有关国家政府，就表明了战争结束后惩罚战争罪犯的决心。1942 年 10 月 14 日，苏联政府指出："犯罪之希特勒政府及其所有同谋犯，因他们在德军及其伙伴所暂时霸占之领土上对苏联各族人民及所有爱好自由之各国人民所犯罪行，理应而且必将获得应受之严刑峻罚。"② 1945 年 7 月 26 日，英、美、中三国政府首脑在波茨坦召开会议，发表了《波茨坦公告》，明确指出要严惩日本战犯。该公告第 10 条规定："我们无意奴役日本民族或消灭其国家，但对于战犯，包括虐待我们俘虏的人在内，将处以严厉之法律裁判。"③ 1945 年 12 月 27 日，美、英、中、苏四国外

① 对这三种罪的表述，不同的书籍略有不同。本书采用何勤华、朱淑丽、马贺：《纽伦堡审判》（中国方正出版社，2006）一书中的表述。

② 余先予、何勤华、蔡东丽：《东京审判》，9 页，北京，中国方正出版社，2005。

③ 余先予、何勤华、蔡东丽：《东京审判》，10 页，北京，中国方正出版社，2005。

务大臣达成一致意见，约定并要求盟国驻日本最高统帅应执行一切必要措施以使“占领和管制日本”诸条款（包括惩办日本战犯）一一实现。[①] 随后，经过苏联、美国、中国、英国、法国、澳大利亚、加拿大、新西兰、荷兰之间数次外交谈判以后，达成协议，决定将远东首要战犯交由上述9国代表组成的国际军事法庭审判。[②] 1946年1月19日，远东盟军最高统帅麦克阿瑟发布了设置远东国际军事法庭的命令，宣布正式在日本东京设置远东国际军事法庭。

远东国际军事法庭的审判史称“东京审判”。这次审判自1946年1月19日开始，1948年11月12日结束，共起诉28名被告[③]，25人被判有罪。判处东条英机、土肥原贤二、广田弘毅、板垣征四郎等7人绞刑，判处荒木贞夫等16人无期徒刑，判处东乡茂德20年有期徒刑，判处重光葵7年有期徒刑。

远东国际军事法庭行使管辖权的直接依据，是《远东国际军事法庭宪章》。[④] 该宪章是一个集实体法、程序法于一身的国际法律文件，它有5章17条，分别规定了“法庭之组织”、“管辖权及一般规定”、“对被告之公正审判”、“法庭之权力与审讯之进行”和“判决与刑罚”等内容。宪章第5条、第6条规定了管辖权问题。根据这些规定，远东国际军事法庭的管辖权主要有以下内容：

1. 远东国际军事法庭对人的管辖权。

《远东国际军事法庭宪章》第5条规定：“本法庭有权审判和惩罚被控以个人身份或团体成员身份犯有各种罪行包括破坏和平罪之远东战争罪犯。”欧洲人指亚洲东部地区为远东。在第二次世界大战期间，日本是亚洲东部地区唯一一个大肆发动侵略战争的国家。因此，这里的远东战争罪犯，实际上就是日本战争罪犯。众所周知，在第二次世界大战期间，上至日本天皇下至一些下级军官，乃至士兵，都实施了违反国际法、国际惯例的犯罪行为，人数数以万计。如果他们都要国际军事法庭审判，显然是不

---

① 参见余先予、何勤华、蔡东丽：《东京审判》，11页，北京，中国方正出版社，2005。

② 原定由9个国家派出代表组成远东国际军事法庭，后来，印度、菲律宾也参加了组建军事法庭的协议，故实际上由11个国家派出代表组成了远东国际军事法庭。参见余先予、何勤华、蔡东丽：《东京审判》，11页，中国方正出版社，2005。

③ 在28名被告中，有2人在审判过程中死亡，1人因患精神病被解除指控，故只有25人被判有罪。

④ 笔者发现该宪章在不同的书中文字表述略有不同。本书采用赵秉志、王秀梅编：《国际刑事审判规章汇编》（中国人民公安大学出版社，2003）一书中的表述。

可能的。因此，麦克阿瑟在发布设置远东国际军事法庭的命令时，特别强调："本命令所规定之任何事项，均不得妨碍为审理战犯而在日本或曾与日本处于战争状态之联合国会员国领土内所设置或行将设置之任何国际、国内或占领地法庭或委员会以及其他法庭之管辖。"① 所以，远东国际军事法庭管辖的战犯不是全部的远东战犯，而是远东主要的战争罪犯。因此，《远东国际军事法庭宪章》第1条开宗明义地指出，设立远东军事法庭的目的，在于对远东主要战争罪犯进行公平而迅捷的审判。

在第二次世界大战刚刚结束不久，为了防止日本战犯逃跑，麦克阿瑟在1945年9月就给盟军下达了逮捕日本战犯的命令。美国国家陆海军协调委员会把日本罪犯分为A、B、C三级。A级战犯又称为甲级战犯，是指那些犯有共谋侵略他国，以战争破坏或威胁世界和平，违反战争法规和战争惯例，违反人道等行为的战争罪犯；B、C级战犯又称为乙、丙级战犯，他们是指那些违反日内瓦红十字条约等国际公约或者违反战时法规直接从事或指挥实施了杀人、强奸等残暴行为或虐待战俘、拘禁人员等不人道行为的战争罪犯。② 远东国际军事法庭审判的被告，是盟国国际检察局从盟军逮捕的甲级战犯嫌疑人中挑选出来的。国际检察局的执行委员会多次召开会议，进行比较和选择。"选择被告的标准是：被告会以破坏和平罪被起诉；被起诉的全体被告是日本政府不同部门的代表，是起诉书所涉及的不同时期的代表；被告是主要头目并对罪行负有主要责任；每个被告都有一项最主要的罪行。"③ 按照这个标准，最终确定了28名被告人。

2. 远东国际军事法庭对事的管辖权。

对事的管辖权是指管辖的犯罪类型和犯罪的时间期限。根据《远东国际军事法庭宪章》第5条的规定，法庭管辖的犯罪有三项。第一项是破坏和平罪。指策划、准备、发动或执行一种经宣战或不经宣战之侵略战争，或违反国际法、条约、协定或保证之战争，或参与上述任何罪行之共同计划或阴谋。第二项是普通战争罪。指违反战争法规或战争惯例之犯罪行为。第三项是违反人道罪。指战争发生前或战争进行中对任何和平人口之杀害、灭种、奴役、强迫迁徙，以及其他不人道行为，或基于政治上的或种族上的理由而进行旨在实现或有关本法庭管辖范围内任何罪行之迫害行

① 余先予、何勤华、蔡东丽：《东京审判》，15～16页，北京，中国方正出版社，2005。

② 参见余先予、何勤华、蔡东丽：《东京审判》，13页，北京，中国方正出版社，2005。

③ 余先予、何勤华、蔡东丽：《东京审判》，37～38页，北京，中国方正出版社，2005。

为，不论这种罪行是否违反行为地国家的国内法。凡参与上述任何罪行之共同计划或阴谋之领导者、组织者、教唆者与共谋者，对于任何人为实现此种计划而作出之一切行为，均应负责。

《远东国际军事法庭宪章》并没有对法庭管辖的犯罪的时间界限进行规定。在实际的审判中，法庭根据中国检察官向哲浚的意见，将 1928 年 6 月 4 日日本关东军实施的爆炸杀害张作霖的"皇姑屯事件"作为起点。①因此，法庭管辖的犯罪的时间界限是自 1928 年 6 月 4 日至日本战败，宣布投降期间发生的所有符合《远东国际军事法庭宪章》规定的罪行。

3. 远东国际军事法庭管辖的地域范围。

远东国际军事法庭管辖的地域范围，是远东地区。具体而言，是日本法西斯军队铁蹄践踏、蹂躏的地区。只要在这些地区发生了《远东国际军事法庭宪章》规定的犯罪，都是法庭管辖的范围。

（三）国际军事法庭管辖权的法理分析

对于欧洲国际军事法庭和远东国际军事法庭的管辖权，历来都存在争议。有人认为这些审判是"胜利者对战败者的审判"②，"不是'正义的胜利'，而是'胜利者的正义'"③。还有人对法庭的管辖权提出质疑，认为"法庭的管辖权没有充分的依据，完全由战胜国的法官组成，没有来自中立国（比如瑞士和葡萄牙）的法官，也没有德国的法官"④。这些观点不仅是在否定审判的公正性，也是在否定国际军事法庭的管辖权。

纵观第二次世界大战的历史，笔者认为，国际军事法庭的审判，不是胜利者对战败者的审判，而是战争中受害的国家和人民对侵害国犯罪集团和犯罪分子的审判。国际军事法庭的管辖权，具有充分的法理依据，它来源于受到战争侵害国家的"属地管辖权"和"保护管辖权"。

欧洲国际军事法庭由美、苏、英、法四国派出法官组成，美、苏、英、法四国不仅是第二次世界大战中取得胜利的国家，也是第二次世界大战中受到纳粹德国战争侵害（伤害）最严重的国家。1940 年 6 月，纳粹德国的军队对法国发起了大规模的进攻，不到半个月的时间，首都巴黎沦

① 参见向隆万：《东京审判：中国检察官向哲浚》，9 页，上海，上海交通大学出版社，2010。

② 何勤华、朱淑丽、马贺：《纽伦堡审判》，18 页，北京，中国方正出版社，2006。

③ 柯岚：《拉德布鲁赫公式的意义及其在二战后德国司法中的运用》，载《华东政法大学学报》，2009（4）。

④ 同上注。

陷，6 月 22 日法国贝当政府投降，法国被纳粹德国所占领。在整个第二次世界大战期间，法国和“自由法国”的武装力量战死 21 万人，有 35 万平民死亡。1941 年 6 月，纳粹德国背信弃义，撕毁《苏德互不侵犯条约》，向苏联发动了大规模的突然袭击，苏联人民不得不奋起反抗，进行了伟大的卫国战争。“根据俄罗斯公布的资料，苏联在 1941 年到 1945 年卫国战争期间，因战争死亡 2 700 万人，其中苏联红军牺牲 866.84 万人。按照 1941 年的价格计算，这场战争给苏联造成的物质损失达 6 790 亿卢布。”① 纳粹德国的军队虽没有侵入到英国本土，但其空军对英伦三岛进行了长时间的轰炸，造成了巨大的人员伤亡和经济损失。据美国《世界年鉴》(1949 年）的记载，整个第二次世界大战中，英国死亡军人 353 652 人，负伤 475 070 人，失踪 90 944 人。平民死伤 60 595 人。经济损失在 1 500 亿美元以上。美国本土虽然没有受到纳粹德国的侵略，但其东海岸曾受到纳粹德国军舰的袭击，特别是在太平洋战争爆发后的第 4 天，德国、意大利、日本签订了对美英共同作战协定，德国对美国宣战，美国不得不正式参加第二次世界大战。在整个第二次世界大战中，美国参战人数为 15 272 566，死亡 393 131 人，负伤673 807人。② 同时也遭受了巨大的经济损失。

遭受到纳粹德国侵略的国家，或者因为纳粹德国发动第二次世界大战而遭受人员伤亡和经济损失的国家，在战争结束以后，完全可以按照各自国家刑法的规定，对侵略者在本国领域内实施的犯罪，或者对侵略者在领域外针对本国国家和人民实施的犯罪行使刑事管辖权，追究犯罪集团或犯罪人的刑事责任，其根据就是国际社会公认的属地管辖原则、保护管辖原则。1943 年 10 月苏、美、英三国外长在莫斯科通过的《关于希特勒分子对其所犯罪行责任问题的宣言》，就宣告战犯“将被解回犯罪地点，由他们所曾迫害的人民予以审判”。但是，如果受到战争侵害的国家都来分别管辖战争罪犯，不仅影响诉讼的效率，更主要的是会发生管辖权的冲突，因此，联合起来共同起诉、审判和惩罚战争罪犯是最为明智的选择。所以，联合成立的欧洲国际军事法庭，对纳粹德国首要战争罪犯行使的管辖权，实际上是美、苏、英、法四国国家刑事管辖权的联合。它不仅有国际法的依据，也有国内法的依据，因此完全是正当的。相反，如果由中立的

① 朱贵生、王振德、张椿年等：《第二次世界大战史》，3 版，5 页，北京，人民出版社，2005。

② 参见美国《世界年鉴》，1953。

国家进行管辖，或者由中立国法官参加的审判，反而没有法理的依据。

由于日本对中国全面和直接的侵略，中国是第二次世界大战中损失最为严重的国家。“据不完全统计，在整个抗战期间，中国的死伤人数达3 500万，其中死亡 2 100 万，仅南京大屠杀就死亡 30 万人以上。按 1937 年的比价计算，日本侵略者给中国造成的直接经济损失达 1 000 亿美元，间接经济损失达 5 000 亿美元。”① 由于日本发动的太平洋战争，日本轰炸了美国的珍珠港，侵入了美国占领的菲律宾，英国占领的香港、新加坡、缅甸、文莱，法国所属的越南、老挝、柬埔寨，荷兰所属的印度尼西亚（史称荷属东印度），澳大利亚托管的巴布亚新几内亚，因此，参加远东国际军事法庭的中国、美国、英国、法国、荷兰、澳大利亚、菲律宾等国，实际上都是第二次世界大战中日本侵略战争的受害国。日本虽然没有直接侵入加拿大，但作为英联邦成员国的加拿大曾有 1 975 名士兵因驻守香港，参加了抵抗日本入侵的“香港保卫战”，290 名加拿大军人阵亡，其余的人全部被俘，在日本集中营从事繁重的劳动，有 300 人被虐待致死②，因而也成为日本侵略的受害国。

与欧洲国际军事法庭管辖权的道理相同，远东国际军事法庭对日本主要战争罪犯的审判，也主要不是胜利者对战败者的审判，而是受害国家对战争罪犯的审判。远东国际军事法庭的管辖权，是遭受战争侵害国家的刑事管辖权联合行使的表现。因此，国际军事法庭的刑事管辖权，是受侵害国家刑事管辖权的联合。③

关于欧洲国际军事法庭、远东国际军事法庭管辖权与有关国家刑事管辖权的关系，在有关文件中有明确的规定。《欧洲国际军事法庭宪章》第 11 条规定：任何被法庭判决的个人均可因其作为某一犯罪集团或组织的成员犯有另一罪行而受到本条例第 10 条所称的某一国家法庭、军事法庭或占领区法庭的起诉，上述法庭可以在被告判决的情况下对被告补充判刑，并且不受法庭由于被告参与上述集团或组织的犯罪活动而判处的刑罚的限制。在 1946 年 1 月 19 日远东盟军总司令麦克阿瑟发布的“设置远东

① 朱贵生、王振德、张椿年等：《第二次世界大战史》，3 版，4 页，北京，人民出版社，2005。

② 参见《蒙城华人报》第 156 期，杰西撰写的文章。

③ 欧洲国际军事法庭的布置，充分体现了四国联合行使管辖权的性质。在法庭上，美、英、法三国法官身着黑色的法衣，而前苏联的法官则一身戎装。法官的身后是苏、美、英、法四国的国旗。

国际军事法庭”的命令中，也明确规定：“本命令所称之任何事项，均不得妨碍为审理战犯而在日本或曾与日本处于战争状态之联合国会员国领土内所已设置或行将设置之任何国际、国内或占领地法庭或委员会以及其他法庭之管辖。”① 从这些规定可以看出，国际军事法庭管辖权属于“优先但不排他的管辖权”。也就是说，国际军事法庭对于经过有关国家认可的被告人，有优先审判、惩罚的权力，在它行使完管辖权之后，有关国家的法庭可以对这些被告人再行起诉、审判和处罚。有关国家对于国际军事法庭没有管辖的其他战争罪犯，有权依照国际法、国内法行使管辖权。这种“优先但不排他的管辖权”，不仅保障了有关国家刑事管辖权的有效联合行使，以达到惩罚共同的战争罪犯的目的，同时也尊重了国家的刑事管辖权，有助于建立刑事管辖权行使的国际秩序。

二、国际刑事法庭的管辖权

迄今为止，国际社会设立的国际刑事法庭有两个，即前南斯拉夫国际刑事法庭和卢旺达国际刑事法庭。② 这些国际刑事法庭都是由联合国安理会根据《联合国宪章》的规定而设立的，旨在管辖某个地区在某一时间内集中发生的国际刑事犯罪。

（一）前南斯拉夫国际刑事法庭的管辖权

前南斯拉夫国际刑事法庭是联合国安理会根据《联合国宪章》的有关规定设立的，旨在起诉、审判和惩罚 1991 年以来在前南斯拉夫境内发生的严重违反国际人道主义法行为的刑事司法机构。

前南斯拉夫是 1929 年至 2003 年建立在欧洲南部巴尔干半岛上的国家。在第二次世界大战期间，南斯拉夫一度被德、意法西斯军队占领。1945 年，该国人民在南共联盟和铁托的领导下，击败法西斯军队，于当年 11 月 29 日成立了南斯拉夫联邦人民共和国，1963 年，该国通过新宪法，改国名为南斯拉夫社会主义联邦共和国。南斯拉夫由斯洛文尼亚、克罗地亚、波斯尼亚和黑塞哥维那、黑山、塞尔维亚和马其顿 6 个共和国以及科索沃、伏伊伏丁那两个自治省组成，面积 25.58 万平方公里。

从 1990 年起，前南斯拉夫国内的民族矛盾不断恶化，随后不久，斯

---

① 余先予、何勤华、蔡东丽：《东京审判》，15～16 页，北京，中国方正出版社，2005。

② 有人认为国际刑事法庭还有塞拉里昂国际刑事法庭。这个法庭是 2002 年 1 月 16 日联合国和塞拉利昂政府之间达成协定而设立的。笔者认为，它不是一个真正的国际刑事法庭，而是“有着混合管辖权限和人员组成的自成一格的条约性法庭”。

洛文尼亚、克罗地亚两个共和国先后宣布脱离南斯拉夫联邦而独立，从而引发了战火。“在1991年夏天斯洛文尼亚和克罗地亚两共和国掀起‘独立’风波后，南斯拉夫爆发了腥风血雨的武装冲突，其规模之大、战斗之激烈、伤亡之惨重，是第二次世界大战后欧洲地区前所未有的。”① 在这次严重的武装冲突中，发生了一系列严重违反国际人道主义法行为的事件。1993年2月9日，联合国秘书长向联合国安理会主席提交了一份报告，确认了下列事实：“自1991年以来，在前南冲突中、尤其是在波黑，发生了和发生着一系列战争罪和反人类罪行，诸如故意杀人、民族清洗、集体屠杀、任意逮捕、有组织有系统的拘留、酷刑、强奸妇女、抢劫、毁坏公民财产、破坏文化和宗教财产等。”② 在这样的背景下，联合国安理会于1993年2月22日通过了第808号决议，决定成立前南斯拉夫问题国际刑事法庭，同年5月25日，安理会根据《联合国宪章》第7章的规定，以第827号决议的形式，通过了《前南斯拉夫国际刑事法庭规约》③，正式建立了“前南斯拉夫国际刑事法庭”。该法庭设在海牙，由分庭（两个初审分庭、一个上诉分庭）、检察官和书记官处构成。

1. 前南斯拉夫国际刑事法庭管辖权的主要内容。

根据《前南斯拉夫国际刑事法庭规约》第1条的规定，前南斯拉夫国际刑事法庭的职权范围，是起诉应对1991年以来前南斯拉夫境内所犯的严重违反国际人道主义法行为负责的人。这里讲的“起诉”，是法庭管辖权的一部分，显然不是全部。法庭的主要职权范围应该是审判。所以，前南斯拉夫国际刑事法庭的职权范围，实际上是起诉、审判和惩罚应对1991年以来在前南斯拉夫境内发生的严重违反国际人道主义法行为负责的人。

《前南斯拉夫国际刑事法庭规约》对法庭的管辖权作了明确的规定。概括起来，前南斯拉夫国际刑事法庭（以下简称前南法庭）管辖权包括四个方面的内容：

（1）前南法庭的属事管辖权。属事管辖权指的是法庭管辖的案件范围。根据《前南斯拉夫国际刑事法庭规约》第2条至第5条的规定，前南

① 徐坤明：《南斯拉夫内战和解体》，1页，北京，新华出版社，1993。

② 赵海峰、宋健强：《前南斯拉夫问题国际刑事法庭——国际刑事司法的新开端》，载《人民司法》，2005（2）。

③ 本书引用的《前南斯拉夫国际刑事法庭规约》，出自赵秉志、王秀梅编：《国际刑事审判规章汇编》（中国人民公安大学出版社，2003）一书。

法庭管辖四类犯罪。第一是严重违反《日内瓦公约》的犯罪，即针对《日内瓦公约》保护的人或财产而实施的侵害行为。这些行为有：故意杀害；酷刑或不人道待遇，包括生物学实验；故意使身体或健康遭受重大痛苦或严重伤害；无军事上之必要，而以非法和横蛮之方式，对财产进行大规模的破坏与占用；强迫战俘或平民在敌对国军队中服务；故意剥夺战俘或平民应享的公民及合法审讯的权利；将平民非法驱逐出境或移送或非法禁闭；劫持平民做人质。第二是违反战争法和惯例的犯罪。违反战争法和惯例的犯罪分别由以下行为构成：使用有毒武器或其他武器，以造成不必要的痛苦；无军事上之必要，横蛮地摧毁或破坏城市、城镇和村庄；以任何手段攻击或轰击不设防的城镇、村庄、住所和建筑物；夺取、摧毁或故意损坏专用于宗教、慈善事业和教育、艺术和科学的机构、历史文物和艺术及科学作品；劫掠公私财物。第三是灭绝种族犯罪。灭绝种族罪是指蓄意全部或局部消灭某一民族、人种、种族或宗教团体，而实施下列行为的犯罪：杀害该团体的成员；致使该团体的成员在身体上或精神上遭受严重伤害；故意使该团体处于某种生活状况下，以毁灭其全部或局部的生命；强制施行办法，意图防止该团体内的生育；强迫转移该团体的儿童至另一团体。前南法庭管辖的灭绝种族罪，不仅包括灭绝种族罪的直接实施行为，也包括灭绝种族的预谋行为、直接公然煽动行为、意图灭绝行为和共谋灭绝行为。第四是危害人类的犯罪。《前南斯拉夫国际刑事法庭规约》第 5 条规定的危害人类罪是一个很宽泛的概念，这个罪指的是在国际或国内的武装冲突中，交战双方针对平民犯下的谋杀、灭绝、奴役、驱逐出境、监禁、酷刑、强奸和基于政治、种族、宗教原因而进行的迫害等其他不人道的行为。上述四种犯罪在司法实践中可能会出现牵连和交叉关系，对准确认定犯罪不利，但却可以把各种犯罪囊括进来，防止遗漏犯罪行为人而使其逃脱法庭的制裁。

(2) 前南法庭的属人管辖权。《前南斯拉夫国际刑事法庭规约》第 6 条规定，前南法庭对自然人有管辖权。这一条包含几个意思：第一，前南法庭管辖的主体是自然人，不是法人。也即只追究自然人的刑事责任，而不追究国家、组织、团体等法人、单位的法律责任；第二，这里指的自然人是指所有达到刑事责任年龄、具有刑事责任能力的人，不论他是前南斯拉夫人或者是哪国人；第三，前南法庭管辖的自然人，包括国家元首、政府首脑、政府负责官员①、军事指挥人员以及直接参加交战的人员。上述人员只要实施了《前南斯拉夫国际刑事法庭规约》规定的犯罪，均不得因为其具有的身份而免除刑事责任或减轻刑罚。

（3）前南法庭的属地管辖权。《前南斯拉夫国际刑事法庭规约》第8条规定，前南法庭的管辖权，涵盖前南斯拉夫社会主义联邦共和国的全部领域，包括其所属的六个共和国、两个自治省的全部表土、领水和领空。只要是在其领域内发生的《前南斯拉夫国际刑事法庭规约》规定的犯罪，都在前南法庭的管辖范围内。

（4）前南法庭的属时管辖权。《前南斯拉夫国际刑事法庭规约》第8条规定的属时管辖权，是1991年1月1日以来发生的《前南斯拉夫国际刑事法庭规约》规定的各种案件。前南国际法庭共指控161人，其中126名被指控者已经审结，35名被指控者的诉讼目前仍在进行中。至于前南法庭的管辖权止于何时，《前南斯拉夫国际刑事法庭规约》没有作出规定，因此，至少要等到已经受理的这些案件审理完毕。

2. 前南斯拉夫国际刑事法庭管辖权与国家管辖权的关系

前南斯拉夫国际刑事法庭管辖的犯罪，都发生在前南斯拉夫社会主义联邦共和国的境内，如果该联邦共和国没有解体，这些犯罪当属国内犯罪，不需要国际社会的干预。由于南斯拉夫社会主义联邦共和国的解体，斯洛文尼亚、克罗地亚、波斯尼亚和黑塞哥维那、黑山、塞尔维亚、马其顿等国家纷纷独立并得到国际社会的承认，在这些国家之间发生的犯罪就成了国际犯罪。对于这些犯罪，在前南斯拉夫境内新独立的国家也享有管辖权。如何界定前南斯拉夫国际刑事法庭管辖权与新独立国家刑事管辖权的关系，是一个重要的问题。

《前南斯拉夫国际刑事法庭规约》第9条、第10条对这个问题有明确的规定。根据这些规定，前南斯拉夫国际刑事法庭对前南斯拉夫境内新独立的国家的刑事管辖权，是一个并行但优先的关系。这种关系表现在以下几个方面：第一，对于《前南斯拉夫国际刑事法庭规约》规定的犯罪，前南斯拉夫国际刑事法庭和新独立的国家的国内法院都有管辖权；第二，新独立的国家的国内法院要服从于前南斯拉夫国际刑事法庭的管辖，也即，对于国际刑事法庭要求管辖的案件，任何新独立的国家的国内法院，都不得管辖，都要将案件移交给国际刑事法庭；第三，任何因犯有严重违反国

① 参见《前南斯拉夫国际刑事法庭规约》第7条的规定。

际人道主义法的犯罪而受到国际刑事法庭审讯的人，就不应再受到国内法院的审讯。相反，因同样的犯罪而受到国内法院审讯的人，如果他或她受审的行为被定性为普通的罪行，或者国际刑事法庭认为国内法院的诉讼程序不公正、不独立，而且目的在于包庇被告，使其免除承担犯有国际罪行的责任，或者认为该案没有依法进行细致的起诉，国际刑事法庭可以重新审判该案。这种关系，实际上是把国际刑事法庭的管辖权高高地置于国家管辖权之上，不论这些规定是否具有正当的理由，从客观上说，它都是对国家主权的侵害。

3. 前南斯拉夫国际刑事法庭管辖权的正当性分析。

"正当"在伦理学上指符合道德原则和规范的行为。① 近年来，"正当性"一词在法学领域被广泛使用，一般意思是指一事物所具有的符合道德原则、法律规范的性质。由此推论，前南斯拉夫国家刑事法庭管辖权的正当性，是指前南斯拉夫国家刑事法庭管辖权具有符合道德原则和法律规范的属性。1991 年以来，在前南斯拉夫境内发生了大量的违反国际人道主义法的事件，而前南斯拉夫社会主义联邦共和国及其冲突后纷纷独立的国家不能管辖、不愿管辖这些犯罪案件，联合国安理会依照《联合国宪章》设立前南斯拉夫国际法庭，构成了前南斯拉夫国际法庭管辖权的正当性基础。

自 1991 年以来，前南斯拉夫境内发生了大规模的武装冲突，国际社会对此极为关注。国际红十字会、联合国人权委员会、欧洲共同体和联合国安理会分别派出人员进行调查，发现在这场冲突中，违反基本人权和人道主义法的状况非常严重。"1992 年 7—12 月，国际红十字会的登记显示，数万人在波黑被非法扣留、拘禁。"② 联合国人权委员会 1992 年 8 月 13 日任命的特别报告员——波兰前总理马左维奇，为联合国人权委员会提交了四份前南斯拉夫地区人权状况报告，"这些报告含有大量的事实，说明在前南斯拉夫境内的冲突各方都有违反国际人道主义法的情况，塞族和克族都有从事种族清洗的行为，而塞族武装部队的违法活动包括从事种族清洗则更有广泛和有组织性。"③ "许多被关押的波黑穆斯林人在 1992

① 参见夏征农、陈至立主编：《辞海》，2920 页，上海，上海辞书出版社，2009。

② 凌岩：《跨世纪的海牙审判——记联合国前南斯拉夫国际法庭》，17 页，北京，法律出版社，2002。

③ 凌岩：《跨世纪的海牙审判——记联合国前南斯拉夫国际法庭》，18 页，北京，法律出版社，2002。

年间被酷刑致死或被有组织的枪毙。在波斯尼亚武科瓦尔市陷落后约有3 000人失踪。穆斯林居民是主要受害者并受到灭绝的实际威胁。波黑武装冲突的主要目的是建立一个种族统一的地区。种族清洗不是战争的结果，而是战争的目标。这个目标大部分已通过杀害、拷打、强奸、摧毁房屋和威胁达到了……特拉弗尼克市有 14 000 难民。穆斯林人居住的卡萨拉克村 1992 年 5 月受到塞族的炮击……15 000 人的居民中约有 5 000 人被屠杀……塞族和穆斯林相互指责对方有组织地强奸上千名妇女，尤其在集中营中。”[①] 1992 年 12 月间至 1993 年 1 月间，欧洲共同体派出的特别调查小组作出令人震惊的结论：“强奸穆斯林妇女是在大规模、有计划有预谋的方式下进行的，该小组估计受害者约在 10 000 至 60 000 之间，较合理的估计是约两万受害妇女。”[②] 前南斯拉夫地区发生的这些暴力行为，严重违反了《日内瓦公约》，构成了严重的国际犯罪，理应受到法律的严厉制裁。

前南斯拉夫境内发生的这些犯罪案件，前南斯拉夫社会主义联邦共和国首先具有刑事管辖权。然而，由于斯洛文尼亚、克罗地亚、波黑等国家纷纷宣告独立并很快得到西方某些发达国家的承认，前南斯拉夫社会主义联邦共和国已经解体，“国已不国”，它已经不能对这些犯罪行使刑事管辖权了。除了南斯拉夫社会主义联邦共和国外，新独立的国家在理论上对发生在前南境内的犯罪亦享有管辖权，它们可以属地原则、属人原则、保护原则行使管辖权，然而，由于这些犯罪是伴随着民族冲突、“国家独立”而发生的，具有深刻的政治背景，对其他民族、国家犯罪的人，在本国本民族看来，不仅不是犯罪分子，反而是“伟大的英雄”，依靠新独立的国家行使管辖权，是不可能的。前南各国不仅自己不管辖这些犯罪，而且反对国际法庭管辖这些犯罪。“在法庭成立的头两年，前南各国不仅没有逮捕一名被起诉者，有些被告还被提升，公开与法庭对抗。……克罗地亚国防部长戈伊科·苏三称被国际法庭起诉的两名嫌疑犯‘仍是克罗地亚民族最伟大的儿子’。”[③]

---

① 凌岩：《跨世纪的海牙审判——记联合国前南斯拉夫国际法庭》，19～20 页，北京，法律出版社，2002。

② 凌岩：《跨世纪的海牙审判——记联合国前南斯拉夫国际法庭》，22 页，北京，法律出版社，2002。

③ 凌岩：《跨世纪的海牙审判——记联合国前南斯拉夫国际法庭》，225 页，北京，法律出版社，2002。

前南斯拉夫社会主义联邦共和国因不复存在而不能管辖，前南地区新独立的国家出于本国本民族的利益不愿管辖，而后来建立的国际刑事法院当时还没有诞生，这就出现了管辖的真空。如果国际社会袖手旁观，这些犯罪分子得不到惩罚，违反国际人道主义法的行为还会蔓延，前南地区也无法实现和平。在这种特殊情况下，由国际社会出面，按照国际法或国际惯例成立国际刑事法庭行使管辖权，不仅有迫切的需要，也符合道德的原则。

若干年来，对于前南国际法庭的合法性问题，国际社会一直存在争论。前南国际法庭审理的第一个案件的被告人塔迪奇（Tadic）及其辩护律师，在辩护时首先对法庭成立的合法性提出质疑。也有一些国家不赞成前南国际法庭这种成立的方式。在安理会通过成立前南国际法庭的决议后，“中国代表李肇星表示：中国一向反对违反国际人道主义法的罪行，赞成应对这种罪行进行审判。由于前南斯拉夫的特殊情况和恢复维持国际和平的迫切性，中国代表投票赞成这一刚通过的决议。但是，中国代表保留其观点，即国际法庭应以条约建立。以安理会决议建立前南法庭的方式只是适用于前南特殊情况的临时安排，不能构成先例”①。

联合国安理会有没有权力设立国际法庭来管辖国际罪行?《联合国宪章》没有明确的规定。有学者援引《联合国宪章》第 29 条、第 39 条、第 41 条的规定，认为安理会有权设立前南法庭以审判违反国际人道主义法的罪行。② 前南法庭上诉庭也持这种观点，它在塔迪奇（Tadic）一案的判决中得出结论说：“联合国安理会根据《联合国宪章》第 41 条的规定，完全具有（fall squarely）设立国际刑事法庭的权力。换句话说，联合国安理会设立前南国际刑事法庭，符合国际法和刑法上关于‘合法性原则’的要求。”③ 这种观点无论从哪里说都有点牵强附会。理由很简单：第一，国际法学界公认的一个原则是：对于私权利来说，只要法律没有明确禁止就可以行使，而公权力的行使则必须要有法律的明确授权。设立国际法庭是安理会的一项“公权力”，岂能不需要法律的明确规定？第二，成立国际刑事法庭是涉及国家主权的大事，如果《联合国宪章》的制定者们真的

① 凌岩：《跨世纪的海牙审判——记联合国前南斯拉夫国际法庭》，25～26 页，北京，法律出版社，2002。

② 参见凌岩：《跨世纪的海牙审判——记联合国前南斯拉夫国际法庭》第一章第三节《国际法庭的设立是否合法》，北京，法律出版社，2002。

③ 朱文奇：《论成立国际刑事法庭的合法性问题》，载《时代法学》，2005（6）。

同意安理会直接设立它，肯定应当在《联合国宪章》中明确规定，绝不会让后人通过那几个条文来推导出“安理会有权决定设立”的结论。第三，如果按照《联合国宪章》的规定安理会有权设立国际刑事法庭，1998 年成立的“国际刑事法院”就不会那么艰难，直接由安理会决定设立不是很简单吗?

前南国际法庭的合法性问题，也是前南国际法庭管辖权合法性的问题。管辖权是国家主权的主要组成部分，在当今国际社会，国家是行使刑事管辖权的主要主体。国际社会成立国际刑事法庭或者国际刑事法院，应当建立在国家管辖权联合或者让与的基础上。前文所述的纽伦堡国际军事法庭和东京国际军事法庭，就是建立在第二次世界大战相关受害国管辖权联合的基础上。后文所述的国际刑事法院就是建立在签约国国家管辖权让与的基础上。不论是国家管辖权的联合还是国家管辖权的让与，都应当通过条约的方式建立国际（刑事）法庭（法院）。只有这样，才能体现对国家主权的尊重，才能使国际刑事法庭获得有关国家的支持。从这个意义上讲，联合国安理会通过决议的方式设立前南国际法庭，其管辖权的合法性的确存在欠缺的地方。

因此，前南法庭的设立，只能是特殊情况下的无奈选择，是处理前南各国武装冲突、维护地区和平的权宜之计。在国际刑事法院已经成立了的今天，联合国安理会今后不能再按照这种方式设立国际刑事法庭。

（二）卢旺达国际刑事法庭①的管辖权

卢旺达（Rwanda）是一个东非内陆国，面积 2.63 万平方公里，人口 895.5 万（2007 年），与刚果（金）、乌干达、坦桑尼亚、布隆迪为邻。卢旺达的国民主要有胡图人、图西人，还有少量的特瓦人。由于历史上欧洲殖民者的人为制造，胡图人和图西人长期存在严重的民族矛盾。1994 年 4 月 6 日，卢旺达时任总统哈比亚里马纳乘坐的飞机被火箭弹击落坠毁，引发了全国性的骚乱。胡图族极端分子建立临时政府，开始执行灭绝图西人的计划。由图西人组成的卢旺达爱国阵线军，在向首都基加利进军的过程中，也杀害了大量的胡图族平民。“根据卢旺达政府的最后统计，937 000 名卢旺达男女老幼被杀害。同时造成数百万人流离失所。”②

---

① 卢旺达国际刑事法庭的英文名字是“THE INTERNATIONAL TRIBUNAL FOR RWANDA”。因为它实际上是一个刑事法庭，再加上“TRIBUNAL”是特殊法庭的意思，故不少学者直接将其称为“卢旺达国际刑事法庭”。

② 凌岩:《卢旺达国际刑事法庭的理论与实践》，4 页，北京，世界知识出版社，2010。

对于卢旺达发生的这次种族灭绝灾难，国际社会没有及时采取行动予以制止。事件发生后，联合国人权委员会任命了一名卢旺达问题特别报告员，调查卢旺达发生的这次大屠杀事件。1994 年 7 月 1 日，联合国安理会通过了第 935 号决议，要求联合国秘书长成立一个专家委员会，调查卢旺达境内发生的严重违反人道主义法的事实，并确定谁应对此事件负责。专家委员会调查后认为，“最好由一个国际法庭而不是由国内法庭来起诉在卢旺达武装冲突期间犯有国际法罪行的人”①。1994 年 11 月 8 日，联合国安理会根据《联合国宪章》第 7 章的规定，通过了第 955（1994）号决议，建立卢旺达国际刑事法庭，管辖 1994 年 1 月 1 日至 1994 年 12 月 31 日期间，在卢旺达境内所发生的灭绝种族罪和其他严重违反国际人道主义法的暴行以及卢旺达公民在邻国实施的灭绝种族罪和其他此类暴行。该法庭设在坦桑尼亚的阿鲁沙。

1. 卢旺达国际刑事法庭管辖权的主要内容。

《卢旺达国际法庭规约》② 第 1 条规定了卢旺达国际法庭的职权范围，这是对卢旺达国际法庭管辖权的总体规定。接下来的第 2 条至第 7 条，规定了该法庭的属事管辖权、属人管辖权、属地管辖权和属时管辖权。

根据这些规定，我们可以清楚地知道，卢旺达国际刑事法庭管辖的案件主要有两类：

（1）1994 年 1 月 1 日至 1994 年 12 月 31 日期间自然人在卢旺达境内发生的灭绝种族罪和其他严重违反国际人道主义法的暴行。构成这类案件必须同时具备以下条件：第一，案件发生的时间只能是在 1994 年 1 月 1 日至 1994 年 12 月 31 日期间。不在此期间发生的案件，就不在法庭的管辖范围内；第二，案件发生的地点是卢旺达境内，包括卢旺达的领土、领水和领空。不在卢旺达境内发生的案件，也不属于此类案件；第三，实施案件的是具备刑事责任能力的所有自然人，包括卢旺达公民和其他国家的公民以及无国籍人。单位、团体、组织不是卢旺达国际法庭管辖的犯罪主体；第四，实施的犯罪是灭绝种族罪和其他严重违反国际人道主义法的暴行。除此之外的其他刑事犯罪不在卢旺达国际刑事法庭的管辖范围之内。

---

① 凌岩：《卢旺达国际刑事法庭的理论与实践》，16 页，北京，世界知识出版社，2010。

② 本书引用的《卢旺达国际法庭规约》，选自赵永琛：《国际刑事约章选编》（中国人民公安大学出版社，1999）一书。

(2) 1994 年 1 月 1 日至 1994 年 12 月 31 日期间卢旺达公民在卢旺达邻国所犯的灭绝种族罪和其他严重违反国际人道主义法的暴行。构成这类案件必须同时具备以下条件：第一，案件发生的时间只能是在 1994 年 1 月 1 日至 1994 年 12 月 31 日期间；第二，实施犯罪的主体是具备刑事责任能力的卢旺达公民。其他国家的公民实施的犯罪，不属于此类案件；第三，案件发生的地点是卢旺达的邻国，包括刚果（金）、乌干达、坦桑尼亚、布隆迪。卢旺达公民在其他地区实施的犯罪，不属于此类案件；第四，案件类型是灭绝种族罪和其他严重违反国际人道主义法的犯罪。其他种类的犯罪不在卢旺达国际法庭的管辖范围之内。

《卢旺达国际法庭规约》规定的"属事管辖权"（即法庭管辖的犯罪种类），包括灭绝种族罪和其他严重违反国际人道主义法的犯罪。其他严重违反国际人道主义法的犯罪又包括危害人类罪和违反日内瓦公约及其议定书共同第三条的犯罪。《卢旺达国际法庭规约》规定的灭绝种族罪、危害人类罪与《前南斯拉夫国际刑事法庭规约》的规定基本一致，这里不再赘述。违反日内瓦公约及其议定书共同第三条的犯罪，包括但不限于以下 8 种：侵害个人的生命、健康、身体或精神良好状态，特别是谋杀以及诸如酷刑、毁伤或任何形式的体罚等不人道待遇；集体惩罚；劫持人质；恐怖主义行为；损害个人尊严，特别是侮辱性和有辱人格的待遇、强奸、强迫卖淫和任何形式的猥亵性攻击；劫掠；未经有文明人民认同的必需的司法保障的正规组织的法庭宣判，径行判罪和执行处罚；威胁实施上述行为。

2. 卢旺达国际刑事法庭管辖权与国家管辖权的关系。

卢旺达国际刑事法庭管辖的案件，是发生在卢旺达境内以及卢旺达公民在其邻国实施的国际犯罪。按照刑事管辖权的一般原理，卢旺达对这些刑事案件享有属地管辖权、属人管辖权，卢旺达的邻国对卢旺达公民在其境内实施的犯罪，也享有属地管辖权。因此卢旺达国际刑事法庭的管辖权与卢旺达及其邻国的管辖权可能发生冲突。为了解决这个问题，《卢旺达国际刑事法庭规约》第 8 条作了明确的规定。这个规定有两项基本内容：第一，卢旺达国际刑事法庭和有关的国家（主要指卢旺达及其邻国），对 1994 年 1 月 1 日至 1994 年 12 月 31 日期间，在卢旺达境内所发生的灭绝种族罪和其他严重违反国际人道主义法的暴行以及卢旺达公民在邻国实施的灭绝种族罪和其他此类暴行，都享有并行管辖权。也就是说，卢旺达国际刑事法庭、卢旺达及其邻国等国家，都可以按照一定的原则，对这些国际犯罪行使管辖权。第二，当卢旺达及其邻国等其他国家的管辖权与卢旺达国际刑事法庭的管辖权发生冲突时，卢旺达国际刑事法庭享有优先管辖权。“在诉讼的任何阶段，卢旺达国际法庭可根据本规约及卢旺达国际法庭诉讼程序和证据规则，正式要求国内法庭服从其管辖。”①

《卢旺达国际刑事法庭规约》之所以作出上述规定，主要基于以下事实：“卢旺达种族灭绝的犯罪嫌疑人并不都在卢旺达境内，很多人逃到了国外，在非洲、欧洲、美洲和亚洲都发现了逃亡的卢旺达犯罪嫌疑人。”②这样，除了卢旺达及其邻国外，可能有很多国家都有权依照普遍管辖原则管辖这些案件。为了保护有关国家管辖这些案件的积极性，也为了有效解决司法实践中发生的管辖权冲突，作出这个卢旺达国际刑事法庭与有关国家“并行并优先”的管辖原则，是合适的选择。

3. 卢旺达国际刑事法庭管辖权的正当性分析。

如前所述，正当性包括合伦理性和合法性两个方面。

1994 年 1 月 1 日至 12 月 31 日在卢旺达境内及其邻国发生的种族灭绝和其他严重违反国际人道主义法的暴行，应当得到法律的公正且及时的审判。但是，有权管辖这些犯罪的国家——卢旺达，在浩劫过后，几乎没有司法管辖的力量。“1994 年大屠杀发生后，卢旺达国内的司法体系崩溃，它没有人力、物力和财力来审判那么多被指控为犯罪的人。例如，原来国家和省法院的 800 名律师和法官中，在 1994 年 7 月以后只剩下 40 名还活着并住在卢旺达境内。”③ 浩劫过后的卢旺达政府曾于 1994 年 8 月敦促联合国秘书长为卢旺达建立一个像前南国际刑庭那样的国际法庭。所以，建立卢旺达国际刑事法庭，是审判国际犯罪、保护卢旺达公民人权、维护国际和平秩序的实际需要，符合国际伦理规范。

对于卢旺达国际刑事法庭的合法性问题，国际社会存在不同的意见。④ 西方发达国家认为它具有合法性。比如，法国和西班牙在表决后的声明中都特别肯定了安理会行动的合法性。法国认为，受托维持和平的安理会的这个行动是合法和不可缺少的。西班牙认为，在紧急情况下个案解

① 《卢旺达国际法庭规约》第 8 条第 2 款。引自赵永琛：《国际刑事约章选编》，713 页，北京，中国人民公安大学出版社，1999。

② 凌岩：《卢旺达国际刑事法庭的理论与实践》，60 页，北京，世界知识出版社，2010。

③ 凌岩：《卢旺达国际刑事法庭的理论与实践》，22 页，北京，世界知识出版社，2010。

④ 这些意见在凌岩：《卢旺达国际刑事法庭的理论与实践》（世界知识出版社，2010）一书中有细致的介绍，请参阅该书第 23～30 页。

决方法可能是恰当的。一些发展中国家认为设立卢旺达国际刑事法庭是不合法的。例如，巴西和阿根廷都认为这种国际司法干预是不合法的。也有的国家对这种建立国际刑事法庭的做法持保留态度。笔者认为，建立卢旺达国际刑事法庭的合法性是存在的。理由是：第一，如上所述，建立这个国际刑事法庭具有现实的必要性；第二，在联合国宪章中也能找到一定的法律依据；第三，有卢旺达国家的请求。《卢旺达国际刑事法庭规约》确定的管辖权的内容，基本上也是合法的。从《卢旺达国际法庭规约》的规定来看，卢旺达国际刑事法庭管辖的案件，是1994年1月1日至12月31日发生在卢旺达境内的灭绝种族罪和其他严重违反国际人道主义法的案件以及卢旺达公民在卢旺达邻国实施的灭绝种族罪和其他严重违反国际人道主义法的案件。对这些案件，卢旺达国家按照属地原则、属人原则而具有刑事管辖权，卢旺达的邻国按照属地原则也享有刑事管辖权。但是，卢旺达应当是最主要的管辖权国家。对于这些案件，卢旺达国家可以自己管辖，也可以通过委托的方式将其管辖权让与国际组织。卢旺达政府督促联合国秘书长建立卢旺达国际刑事法庭的行动，就是将其刑事管辖权向联合国有关组织让与的明示性举动。① 联合国安理会在这种情况下决定成立卢旺达国际刑事法庭，并规定它管辖在卢旺达境内发生的灭绝种族罪和其他严重违反国际人道主义法的案件，是具有合法性基础的。

卢旺达国际刑事法庭管辖的卢旺达公民在卢旺达邻国实施的灭绝种族罪和其他严重违反国际人道主义法的案件，遭到了卢旺达邻国乌干达和刚果（金）的强烈反对。"乌干达声称其法院在其领土内有优先管辖权，刚果（金）则认为强迫邻国放弃管辖权虽有利于卢旺达国际刑事法庭，但不利于联合国的所有成员国的利益。"② 严格上说，卢旺达国际刑事法庭的这一管辖权，侵犯了卢旺达邻国的刑事管辖权。因为在所有管辖权原则中，属地管辖是最主要的原则，卢旺达邻国对于卢旺达公民在其境内实施的灭绝种族罪和其他严重违反国际人道主义法的案件有首先的管辖权，在

① 笔者也注意到，卢旺达政府在表决建立卢旺达国际刑事法庭的时候投了反对票。但是，仔细分析他们的意见，笔者发现，卢旺达政府并不是反对成立卢旺达国际刑事法庭来管辖这些犯罪，而是在具体决议内容上不同意联合国安理会的意见，这些反对意见恰恰说明了他们赞成卢旺达国际刑事法庭对1994年1月1日至12月31日在其境内发生的灭绝种族罪和其他严重违反国际人道主义法的案件行使管辖权。卢旺达政府的反对意见参见凌岩：《卢旺达国际刑事法庭的理论与实践》，18～20页，北京，世界知识出版社，2010。

② 洪永红：《论卢旺达国际刑事法庭的管辖权》，载《河北法学》，2008（8）。

没有征得卢旺达邻国同意的情况下，规定由卢旺达国际刑事法庭对这些犯罪行使管辖权，在合法性上是难以立足的。可能考虑到这个问题，“在实践中，卢旺达国际刑事法庭起诉的犯罪都发生在卢旺达境内，没有涉及卢旺达公民在邻国的严重违反国际人道法的犯罪”①。

① 凌岩：《卢旺达国际刑事法庭的理论与实践》，47页，北京，世界知识出版社，2010。

第十章　国际刑事法院管辖权

1998年6月15日，由联合国召开的外交全权代表会议在意大利罗马举行。参加会议的有160个联合国会员国、专门机构会员国和国际原子能机构会员国，17个政府间组织，14个联合国专门机构和基金会，124个非政府组织的代表。会议经过5周的热烈讨论，于1998年7月17日通过了《国际刑事法院规约》(以下简称《罗马规约》)。《罗马规约》首先申明对国际社会关注的最严重犯罪不能听之任之，决心使上述犯罪不再逍遥法外，"决心为此目的并为了今世后代设立一个独立的常设国际刑事法院"[①]。2002年7月1日，《罗马规约》正式生效，备受全世界瞩目和争议的国际刑事法院正式成立。

在国际刑事法院成立之前，国际上曾经出现过4个"国际刑事司法机构"，即"纽伦堡国际军事法庭"、"东京国际军事法庭"、"前南斯拉夫国际刑事法庭"和"卢旺达国际刑事法庭"。有学者认为，2002年7月1日成立的国际刑事法院和这四个国际刑事司法机构都属于广义上的"国际刑事法院"[②]。笔者认为，这种观点是不妥当的。自从《罗马规约》生效后，"国际刑事法院"就是一个专有名词了，它应该特指《罗马规约》规定的、2002年成立、设立在荷兰海牙的那个"国际刑事法院"。以前出现的四个"国际法庭"都不是常设性的，都是为特定目的设立的，一旦特定的案件审判结束，都会终止。因此，笔者在本书中提到的"国际刑事法院"，仅指2002年7月1日成立的"国际刑事法院"。

国际刑事法院成立前后，有关国际刑事法院的诸多问题，都受到国际社会的广泛关注。在这些诸多的问题中，国际刑事法院的管辖权问题，是

---

① 《国际刑事法院规约》序言。引自中国人民大学刑事法律科学研究中心促进国际刑事法院发展项目办公室、亚洲法律资源中心合编：《国际刑事法院手册》，26页，北京，中国人民公安大学出版社，2005。

② 高燕平：《国际刑事法院》，2页，北京，世界知识出版社，1999。

争议最大、讨论最热烈的问题。① 在人类几千年的历史上，世界各地发生的刑事案件，基本上都是由各国的司法机关根据本国法律进行处理的，在国家仍然是国际社会基本构成要素的今天，各国拥有的刑事管辖权几乎可以覆盖世界上发生的所有犯罪案件。现在，出现了不隶属于任何国家的"国际刑事法院"，它管辖什么案件，它拥有什么样的管辖权，它的管辖权与国家的刑事管辖权如何协调，当然就是国际社会关注的焦点。正因为如此，本章的讨论就有了理论意义和现实意义。

一、《罗马规约》② 规定的刑事管辖权的主要内容

如前所述，自从国际社会提出建立国际刑事法院以来，关于国际刑事法院管辖权的内容，国际外交界、学术界提出了许许多多的观点。笔者在本部分阐述的国际刑事法院管辖权的内容，不是对这些理论上的观点进行诠释、分析和评论，而是根据已经实行的《罗马规约》的规定，分析国际刑事法院现实拥有的法定的刑事管辖权的内容。现在，法学研究的方法有了很大的进步，不少人对解释性的法学研究方法不屑一顾。但笔者认为，在法律研究方法中，解释性的研究方法是一个重要的基础。一些所谓"改革"、"完善"的长篇大论式的论证，如果不建立在对现有法律、现有制度的准确理解上面，那统统都属于空中楼阁。就国际刑事法院管辖权而言，学者们的观点固然充满智慧，但《罗马规约》的规定则更为规范，因为它是对学者们观点的折中与综合。只有先对法定的刑事管辖权的内容进行分析，才好开展下文的论述。从法学研究的逻辑关系来看，对现行法律规定的分析和研究，在很多时候应该是法学理论研究展开的起点。

（一）国际刑事法院管辖的犯罪类型

国际刑事法院管辖的犯罪，是整个国际社会都关注的最严重的犯罪。

根据《罗马规约》第5条至第8条的规定，国际刑事法院管辖以下四类犯罪案件：

1. 灭绝种族罪。灭绝种族罪是指蓄意全部或者局部消灭某一民族、族裔或者宗教团体而实施的下列任何一种行为：杀害该团体（包括民族、

① 参见曾令良：《国际法发展的历史性突破——〈国际刑事法院规约〉述评》，载《中国社会科学》，1999（2）。

② 本书引用的《罗马规约》条文，均出自中国人民大学刑事法律科学研究中心促进国际刑事法院发展项目办公室、亚洲法律资源中心合编：《国际刑事法院手册》，北京，中国人民公安大学出版社，2005。

族裔、宗教团体，下同）的成员；致使该团体的成员在身体上或精神上遭受严重伤害；故意使该团体处于某种生活状况下，毁灭其全部或局部的生命；强制实行办法，意图防止该团体内的生育；强迫转移该团体的儿童至另一团体。说到灭绝种族罪，大家都会想到第二次世界大战时期纳粹德国大量杀害犹太人的罪恶行径。1946 年 12 月 11 日联合国大会在第 96（1）号决议中，就声明灭绝种族罪是国际法上的一种罪行。1948 年 12 月 9 日联合国大会通过的《防止及惩治灭绝种族罪公约》，再次申明灭绝种族罪违背联合国的精神与宗旨，且为文明社会所不容，要求行为发生地的国家主管法院或者缔约国接受其管辖权的国际刑事法院予以管辖。可见，灭绝种族罪是一项严重的国际罪行。

2. 危害人类罪。危害人类罪是指在广泛或有系统地针对任何平民人口进行的攻击中，在明知这一攻击的情况下，作为攻击的一部分而实施的下列任何一种行为：谋杀；灭绝；奴役；驱逐出境或强行迁移人口；违反国际法基本原则，监禁或以其他方式严重剥夺人身自由；酷刑；强奸、性奴役、强迫卖淫、强迫怀孕、强迫绝育或严重程度相当的任何其他形式的性暴力；基于政治、种族、民族、族裔、文化、宗教、性别，或根据公认为国际法不容的其他理由，对任何可以识别的团体或集体进行迫害；强迫人员失踪；种族隔离罪；故意造成重大痛苦，或对人体或身心健康造成严重伤害的其他性质相同的不人道行为。

3. 战争罪。《罗马规约》规定的战争罪，包括以下几类：一是严重破坏 1949 年 8 月 12 日《日内瓦公约》规定的 8 种行为。二是严重违反国际法既定范围内适用于国际武装冲突的法规和惯例的 26 种行为。三是在非国际性武装冲突中，对不实际参加敌对行动的人，包括已经放下武器的武装部队人员，及因病、伤、拘留或任何其他原因而失去战斗力的人员实施下列任何一种行为：对生命与人身施以暴力，特别是各种谋杀、残伤肢体、虐待及酷刑；损害个人尊严，特别是侮辱性和有辱人格的待遇；劫持人质；未经具有公认为必需的司法保障的正规组织的法庭宣判，径行判罪和处决。四是严重违反国际法既定范围内适用于非国际武装冲突的法规和惯例的 12 种行为。

4. 侵略罪。“侵略罪以非法使用武力为主要手段，入侵或攻击另一国领土，侵犯另一国主权、领土完整或政治独立，严重地破坏了国家之间的正常关系，严重地危害了世界和平与安全，威胁到整个人类的生存和基本利益，是引起国际社会关注的、最严重的国际罪行。”① 早在古希腊时期，就有人提出“侵略”的概念，但国际社会至今还没有一个公认的定义。二次大战以后，联合国对侵略问题高度重视，1950 年 11 月 17 日联合国大会通过决议，谴责侵略罪是危害世界和平与安全的、所有罪行中最严重的罪行，并将制定“侵略”定义的任务交给了刚刚成立的联合国国际法委员会。② 经过二十多年的努力，联合国大会 1974 年 12 月 14 日通过了《关于侵略定义的决议》，该决议第 1 条给侵略下的定义是：“侵略是指一个国家使用武力侵犯另一个国家的主权、领土完整或政治独立，或以本《定义》所宣示的与联合国宪章不符的任何其他方式使用武力。”③由于当时世界正处于冷战时期，这个定义通过后，并没有获得国际社会的广泛认同。此后，经济侵略、文化侵略的概念陆续提出，1974 年的定义显然难以涵盖，所以，迄今为止，“不存在一个为各国普遍或广泛接受的、符合刑法精确性的、能够用来确定有关人员刑事责任的法律上的侵略定义”④。鉴于这种情况，国际刑事法院目前还不能管辖侵略罪，它只能“在依照(罗马规约）第 121 条和第 123 条制定条款，界定侵略罪的定义，及规定本法院对这一犯罪行使管辖权的条件后，本法院即对侵略罪行使管辖权”⑤。

从上面的论述可以看出，国际刑事法院管辖的犯罪具有以下特点：第一，这些犯罪都是国际社会高度关注的严重犯罪；第二，犯罪波及面广，持续时间长；第三，犯罪往往是以国家、组织（团体）名义实施，而且与国家、组织的政策有密切关系；第四，这四类罪中的具体犯罪一般都属于国际人权法所禁止的犯罪。

（二）国际刑事法院管辖的犯罪主体

根据多数国家国内刑法理论，犯罪主体包括自然人、法人以及非法人团体。在起草国际刑事法院规约的过程中，也有人主张国家也可以构成国际犯罪的主体。⑥ 考虑到法人犯罪的刑事责任在国际法上还没有定论，国家犯罪的刑事责任在国际法学界也有很大的争论，《罗马规约》只把国际

① 高燕平：《国际刑事法院》，299 页，北京，世界知识出版社，1999。
② 参见《联合国大会决议》380 (v)，1950-11-17。
③ 《关于侵略定义的决议》第 1 条，联合国大会 1974 年 12 月 14 日通过。引自赵永琛：《国际刑法约章选编》，102 页，北京，中国人民公安大学出版社，1999。
④ 高燕平：《国际刑事法院》，303 页，北京，世界知识出版社，1999。
⑤ 《罗马规约》第 5 条第 2 款。
⑥ 参见马进保：《论国际犯罪中的国家责任》，载《法律科学》，1995 (6)。

刑事法院管辖的犯罪主体确定为自然人。根据《罗马规约》的规定，年满18岁的自然人，不论是单独或者伙同他人实施本规约规定的犯罪，都应当承担刑事责任并应受到处罚。

考虑到国际刑事法院管辖的犯罪的特殊性，《罗马规约》第27、28条，还对犯罪主体作了以下特别的规定：第一，《国际刑事法院规约》对任何人一律平等适用，不因官方身份而有差别。犯罪人具有的“国家元首、政府首脑、政府成员、议会议员、选任代表、政府官员”等官方身份，在任何情况下都不得成为免除刑事责任、减轻刑罚的理由。第二，犯罪人根据国内法、国际法享有的外交特权、豁免权或者免予追究法律责任的特别程序规则，也不能成为国际刑事法院对他行使管辖权的障碍。第三，军事指挥官对于其控制、指挥下的部队实施的犯罪承担刑事责任。军事指挥官或以军事指挥官身份有效行事的人，即使本人没有参与实施国际犯罪，但如果未对在其有效指挥和控制下的部队，或在其有效管辖和控制下的部队适当行使控制，在该军事指挥官或该人知道，或者根据当时的情况理应知道部队正在实施或即将实施犯罪，而未采取在其权力范围内的一切必要而合理的措施，包括防止或制止这些犯罪的实施、报请主管当局就此事进行调查和起诉的，应当对这些部队实施的犯罪负刑事责任。第四，除了军事指挥官以外，其他上级人员如果未对在其有效管辖或控制下的下级人员适当行使控制，符合下列条件的，应对下级人员实施的犯罪负刑事责任：（1）该上级人员知道下级人员正在实施或即将实施这些犯罪，或故意不理会明确反映这一情况的情报；（2）犯罪涉及该上级人员有效负责和控制的活动；（3）该上级人员未采取在其权力范围内的一切必要而合理的措施，防止或制止这些犯罪的实施，或报请主管当局就此事进行调查和起诉。

（三）国际刑事法院管辖权的空间效力

国际刑事法院管辖权的空间效力，是指国际刑事法院管辖权所及的地域。国际刑事法院既不同于国内法院，也不是覆盖所有国家的世界法院，而是由缔约国组建而成的国际刑事司法机构，因此，它的管辖权的空间效力，既不能无条件地覆盖全球，也不只是局限于某一国家。根据《罗马规约》的规定，国际刑事法院管辖权的效力，可以及于任何缔约国境内和以特别协定约定的任何其他国家境内。① 具体来说，国际刑事法院管辖权的

① 《罗马规约》第4条第2项规定：本法院根据本规约规定，可以在任何缔约国境内，或以特别协定在任何其他国家境内，行使其职能和权力。

效力，及于以下空间：第一，所有缔约国的领域。国际刑事法院可以对缔约国领域内发生的《罗马规约》规定的四类犯罪行使管辖权。因为《罗马规约》第 12 条规定：一国成为本规约缔约国，即接受本法院对第 5 条所述犯罪的管辖权。第二，所有在缔约国注册的船舶和飞行器。第三，明确表示接受国际刑事法院管辖的非缔约国领域。第四，缔约国或者接受其管辖的国家的国民实行国际犯罪的地域。第五，联合国安全理事会依照《联合国宪章》第七章的规定，授权国际刑事法院管辖的犯罪的地域。根据《罗马规约》的规定，联合国安理会可以将任何地区发生的国际犯罪交给国际刑事法院管辖。在这种情况下，国际刑事法院管辖的空间，就不局限于缔约国、接受其管辖的非缔约国领域。

（四）国际刑事法院管辖权的时间效力

国际刑事法院管辖权的时间效力也称为“属时管辖权”，它指国际刑事法院管辖权发挥作用的时间界限。根据《罗马规约》的规定，国际刑事法院管辖权的时间效力包括以下内容：（1）国际刑事法院仅对《罗马规约》生效后实施的犯罪具有管辖权。这也就是说，对于国际刑事法院成立前发生的国际犯罪，不具有溯及既往的效力。法律不具有溯及既往的效力，是国际法、国内法奉行的基本原则。《罗马规约》第 126 条第1 款规定，本规约应在第 60 份批准书、接受书、核准书或加入书交存联合国秘书长之日起 60 天后的第一个月份的第一天开始生效。《罗马规约》在 2002 年 7 月 1 日生效，因此，国际刑事法院管辖权在该日开始发挥作用。（2）对于在《罗马规约》生效后成为缔约国的国家，国际刑事法院只能对在本规约对该国生效后发生的犯罪行使管辖权。《罗马规约》第 126 条第 2 款规定，对于在第 60 份批准书、接受书、核准书或加入书交存后批准、接受、核准或加入本规约的每一个国家，本规约应在该国交存其批准书、接受书、核准书或加入书之日起 60 天后的第一个月份的第一天对该国开始生效。（3）声明接受国际刑事法院管辖权的非缔约国，自向国际刑事法院书记官长提交的声明生效后，国际刑事法院就可以对其行使管辖权。

根据加入和缔结国际条约自愿的原则，原属《罗马规约》的缔约国，有权退出该规约。[①] 退约在通知收到 1 年后生效，除非通知指明另一较晚时间。当退约通知生效后，国际刑事法院的管辖权就失去对该国的效力了。

---

① 参见《罗马规约》第 127 条规定：“缔约国得以书面通知联合国秘书长退出本规约”。

（五）国际刑事法院管辖权的启动

根据《罗马规约》第13条的规定，国际刑事法院启动刑事管辖权，主要有三种方式：

1. 缔约国提交情势。缔约国提交情势是指缔约国将有关国际犯罪发生的状况和发展趋势报告给国际刑事法院。缔约国提交的犯罪情势，必须是缔约国境内发生或者是缔约国国民实施的《罗马规约》规定的国际犯罪，对于其他国际犯罪，缔约国不能向国际刑事法院提供。缔约国提供情势时，应当尽可能具体地说明国际犯罪的相关情节，并应当附上缔约国所掌握的所有犯罪资料和辅助文件。

截止到2008年7月，国际刑事法院已经收到缔约国提交的三个情势，分别是乌干达共和国（2004年1月29日）、刚果民主共和国（2004年4月19日）和中非共和国（2005年1月6日）提交给检察官办公室的三个情势，检察官分别于2004年6月23日和7月29日宣布对刚果民主共和国和乌干达共和国展开调查，目前预审分庭正在处理这两个情势。①

2. 联合国安理会提交情势。联合国安理会承担维护国际和平与安全的主要职责。因此，当《罗马规约》规定的国际犯罪发生后，联合国安理会可以根据《联合国宪章》第7章的规定，向国际刑事法院的检察官提交显示一项或多项犯罪已经发生的情势。需要特别说明的是，联合国安理会提交情势与缔约国不同，它可以就世界范围内发生的任何《罗马规约》规定的国际犯罪提交情势，不论犯罪是否发生在《罗马规约》的缔约国境内，也不论犯罪嫌疑人是否是《罗马规约》缔约国的国民。

虽然《罗马规约》没有对联合国安理会向国际刑事法院提交犯罪情势作出限制规定，但事实上，联合国安理会一般只对《罗马规约》的非缔约国境内、非缔约国国民实施的国际犯罪向国际刑事法院检察官提交情势，缔约国境内发生的国际犯罪，一般由缔约国提交情势或由检察官自行调查。

国际刑事法院成立以来，联合国安理会已经向国际刑事法院提交过一个国际犯罪的情势。“2005年3月31日，联合国安理会在经过激烈的辩论和磋商后通过了第1593号决议，决定将2002年7月1日以来苏丹达尔富尔局势问题移交国际刑事法院检察官。检察官于2005年6月5日宣布

① 参见张磊：《中国与国际刑事法院：现状与展望》，217～218页，北京，中国人民公安大学出版社，2009。

在达尔富尔地区展开调查。这是国际刑事法院成立以来安理会提交的第一个情势，而且苏丹并非国际刑事法院的缔约国。”①

缔约国、联合国安理会向国际刑事法院检察官提交情势后，检察官应当就收到的犯罪情势资料的严肃性进行分析。在分析的过程中，检察官如果认为犯罪情势资料不充分或者含混不清，或者认为有关资料没有提供，可以要求提交犯罪情势的缔约国、联合国安理会提供进一步的资料。检察官也可以通过其他缔约国、联合国其他机构、政府间组织、非政府组织或者检察官认为适当的其他可靠来源提供进一步资料。检察官也可以在国际刑事法院所在地接受书面或者口头的证言。

3. 检察官自行调查。《罗马规约》第 15 条第 1 款规定：“检察官可以自行根据有关本法院管辖权内的犯罪的资料开始调查。”这就是在国际社会颇受争议的“检察官自行调查权”。根据这条规定，检察官可以在没有缔约国、联合国安理会提交国际犯罪情势的情况下，主动对国际刑事法院管辖的犯罪进行调查。当然，检察官自行调查的犯罪，必须具备以下条件：第一，它们是国际刑事法院管辖的四种犯罪；第二，这些犯罪必须发生在《罗马规约》的缔约国内，或者是缔约国国民实施的犯罪。对于非缔约国境内发生或者非缔约国国民在非缔约国境内实施的犯罪，检察官不得自行调查。因为根据《罗马规约》的规定，只有联合国安理会才可以对非缔约国境内发生的或者非缔约国国民在非缔约国境内实施的犯罪，提交国际刑事法院管辖。

在司法实践中，政府间组织、非政府组织甚至每一个自然人，都可以向国际刑事法院提供国际犯罪发生的资料，要求国际刑事法院进行管辖。但是，这些均非启动国际刑事法院管辖权的正规方式，它们的这些举报和要求，可以成为检察官自行调查的材料来源。

国际刑事法院的检察官对于缔约国、安理会提交的犯罪情势以及自行调查的国际犯罪材料进行分析和必要的初步调查以后，如果认为有关资料不构成进行正规调查的合理根据，即应当通知提供资料的缔约国、安理会和举报人。检察官如果认为有合理根据而决定进行调查的，应当向国际刑事法院的预审分庭提出授权调查的请求，并附上支持其请求成立的辅助材料。在这个过程中，被害人可以依照《程序和证据规则》向预审法庭作出

---

① 张磊：《中国与国际刑事法院：现状与展望》，218 页，北京，中国人民公安大学出版社，2009。

陈述。

国际刑事法院的预审分庭在对检察官的请求及辅助材料进行审查以后，如果认为具备以下条件的，授权检察官开始调查：第一，有进行调查的合理根据；第二，案件显然属于本法院管辖权内的案件；第三，案件具有可受理性。预审分庭如果认为不符合上述条件的，应当拒绝授权调查。①

笔者认为，在国际刑事法院的预审分庭作出授权调查决定后，国际刑事法院的管辖权才正式启动，国际刑事法院的检察官才可以对案件进行正式的调查。

（六）国际刑事法院管辖权与国家管辖权冲突的协调

国际刑事法院管辖权与国家管辖权的冲突，是一个非常容易发生的问题。因此，《罗马规约》在其序言和正文中，规定了协调国际刑事法院管辖权和国家管辖权的原则和制度。

1. 国家管辖权优先、国际刑事法院管辖权补充的原则。

《罗马规约》在其序言中，"强调根据本规约设立的国际刑事法院对国内管辖权起补充作用"，在第 1 条中，《罗马规约》再次明确"对国家刑事管辖权起补充作用"。因此，当《罗马规约》规定的国际犯罪发生后，如果有关国家和国际刑事法院都拥有刑事管辖权时，应当先由有关国家对案件进行管辖，国际刑事法院不应受理案件，不启动调查、起诉和审判程序。根据《罗马规约》第 17 条的规定，如果国际刑事法院预审分庭在审查检察官提出的授权调查请求时，发现案件有下列情况之一的，应当作出案件具有"不可受理"的裁定，不授权检察官进行调查：(1) 对案件具有管辖权的国家正在对该案件进行调查或起诉，除非该国不愿意或不能够切实进行调查或起诉；(2) 对案件具有管辖权的国家已经对该案进行调查，而且该国已决定不对有关的人进行起诉，除非作出这项决定是由于该国不愿意或不能够切实进行起诉；(3) 有关的人已经由于作为控告理由的行为受到了有关国家的审判。

关于什么是"有管辖权国家不愿意、不能够切实进行调查或起诉"的问题，《罗马规约》第 17 条规定了判断的情况、标准以及判断的机构。判断的机构是国际刑事法院，具体点说是其预审法庭。判断的标准是"根据国际法承认的正当程序原则"。构成"不愿意调查、起诉"的有以下几种

① 参见《罗马规约》第 15 条第 4、5 款和第 17 条。

情况：第一，已经或正在进行的诉讼程序，或一国所作出的决定，是为了包庇有关的人，使其免负《罗马规约》第5条所述的本法院管辖权内的犯罪的刑事责任。第二，诉讼程序发生不当延误，而根据实际情况，这种延误不符合将有关的人绳之以法的目的。第三，已经或正在进行的诉讼程序，没有以独立或公开的方式进行，而根据实际情况，采取的方式不符合将有关的人绳之以法的目的。构成“不能够切实进行调查、起诉和审判”的情况是：国家司法系统完全瓦解，或实际上瓦解或者并不存在，因而无法拘捕被告人或取得必要的证据和证言，或在其他方面不能进行本国的诉讼程序。

上述这些规定，对于确定国际刑事法院的管辖权以及解决它与国家管辖权的冲突是有一定意义的。确定“国家管辖权优先、国际刑事法院管辖权补充的原则”也体现了对国家主权的尊重。但是，由国际刑事法院自行判断国家是否属于“不愿意、不能够切实进行调查或起诉”的问题，有失公允。把“根据国际法承认的正当程序原则”作为判断标准，也欠妥当。这些规定，不仅在国际法学界产生较大争议，也引起人们对国际刑事法院能否尊重国家主权，不干涉国家内政，公正处理案件的怀疑。这些问题，笔者将在下文中进行较为详细的论述。

2. 对国际刑事法院管辖权的质疑制度。

对国际刑事法院管辖权的质疑，是《罗马规约》规定的解决国际刑事法院与有关国家之间管辖权冲突的制度。当一个国家或者有关个人认为国际刑事法院对案件没有管辖权，或者认为应当由某个国家行使管辖权的，都可以对国际刑事法院已经启动的管辖权提出疑问，要求它不行使管辖权。

根据《罗马规约》第19条的规定，有权对国际刑事法院管辖权提出质疑的，有以下主体：第一，被告人或根据《罗马规约》58条已对其发出逮捕证或者出庭传票的人。这些人相当于国内刑事诉讼中的犯罪嫌疑人、被告人，由于他们是被追究刑事责任的对象，当然有权对国际刑事法院的管辖权提出质疑。第二，对案件具有管辖权的国家。对案件有管辖权的国家，如果本国的有关机关已经开始了对案件的调查或起诉，也可以对国际刑事法院管辖案件进行质疑，请求它放弃管辖，交给国家来管辖。第三，根据《罗马规约》第12条规定需要其接受国际刑事法院管辖权的国家。这些国家如果认为国际刑事法院不应当对某个案件行使管辖权，或者认为本国不应当接受国际刑事法院管辖权的，也可以对国际刑事法院的管辖权提出质疑。上述国家和个人一般只可以对国际刑事法院的管辖权提出一次质疑，提出质疑的时间是在审判开始前或者开始时。在特殊情况下，经过国际刑事法院许可，可以提出多次质疑或者在审判开始后提出质疑。如果有关国家、个人提出管辖权质疑是在确认指控前提出的，由国际刑事法院的预审分庭受理并作出裁判，如果是在确认指控后提出质疑的，由国际刑事法院的审判分庭受理并作出裁判。对于国际刑事法院就管辖权问题作出的裁判，提出质疑的国家和个人不服的，可以提出上诉。

对国际刑事法院管辖权提出质疑的理由①，一般包括以下几项：(1) 有关国家已经开始对案件进行调查或者起诉；(2) 有关国家有能力对案件进行管辖；(3) 有关国家对某人作出不起诉决定或者其他决定，是根据国内法律进行的，没有违背国际法承认的正当程序原则，不属于"不愿意"追究某人刑事责任、或者包庇某人的情况；(4) 案件缺乏足够的严重程度，案件不具备"可受理性"；(5) 案件已经过其他司法机构的审判；(6) 有关国家已经进行的调查没有发生不当的延误，或不存在"这种延误不符合将有关人绳之以法的目的"这种情况；(7) 有关国家已经或正在进行的诉讼程序，是"独立和公正的"，不存在"采取的方式不符合将有关的绳之以法的目的"这种情况。

《罗马规约》还对提出质疑的效力作了规定。有关国家提出质疑后，在国际刑事法院还没有就质疑作出裁判前，检察官也应当暂停调查。对国际刑事法院管辖权提出的质疑，不影响检察官在此之前采取的任何行动，也不影响国际刑事法院在此之前发出的任何命令或逮捕证的有效性。在国际刑事法院就管辖权质疑作出裁定之前，国际刑事法院的检察官可以请求法院授权进行以下工作：第一，采取必要调查步骤，保全证据。根据《罗马规约》第 19 条第 8 款、第 17 条第 6 款的规定，在检察官暂停调查期间，如果出现取得重要证据的独特机会，或者面对证据日后极可能无法获得的情况，检察官可以请预审法庭作为例外，授权他采取必要的调查步骤，保全证据。第二，录取证人的陈述或证言，或完成质疑前已开始的证据收集和审查工作。第三，与有关各国合作，防止已被检察官根据《罗马规约》第 58 条请求对其发出逮捕证的人潜逃。

① 这些理由是根据《罗马规约》第 17 条的规定总结出来的。

二、国际刑事法院管辖权存在的问题

自从国际刑事法院成立后，不少人对它给予了很多的赞美和希望。曾任联合国秘书长的科菲·安南指出："国际刑事法院成立的前景，让我们看到了普遍正义的希望，一个简单的令人兴奋的希望。这个希望快要实现了。我们将始终不懈地朝着这个目标尽自己的努力。我们希望你们……也尽你们的努力，共同奋斗，确保没有一个统治者、国家、军人集团或者军队能够在任何地方侵犯人权并逍遥法外。届时，深陷战争的无辜者们才能放心，知道自己会得到正义的保护，可以无忧无虑，并且知道，他们也享有权利，侵犯权利的人将会受到惩罚。"① 我国也有相当多的学者认为：国际刑事法院的建立，"是人类和平和民主进程中的重大进步，反映了国际社会打击日趋严重的国际犯罪的共同愿望"②。自 2002 年 7 月 1 日国际刑事法院正式成立以来，十年过去了，虽然它也作出了一些成绩，但也存在相当严重的问题，我们结合司法实践中存在的问题，再回头研究《罗马规约》中关于管辖权问题的规定，可以为国际刑事法院下一步的发展、完善找到出路。

（一）国际刑事法院管辖权在司法实践中的主要问题

国际刑事法院在司法实践中出现的主要问题有：

1. 投诉多，成案少。自 2002 年 7 月 1 日成立到 2003 年年底，国际刑事法院收到几百起案件的受理申请，其中大多数与伊拉克战争有关，但法院一直没有正式受理。③ 到 2005 年，国际刑事法院收到不同途径转来的材料已达 1 300 多件。④ 可到目前为止，国际刑事法院仅仅对乌干达、民主刚果、苏丹达尔富尔、中非共和国、利比亚等区区数个情势展开了调查，形成的案件不到两位数，抓获的犯罪嫌疑人只有 2 个，这还是民主刚果抓到后移交给他们的。大多数案件的逮捕令下发了很长时间，犯罪嫌疑人至今仍逍遥法外，有的甚至仍然大权在握，过着幸福的生活，国际刑事法院束手无策。国际刑事法院没有审结过一起案件，只有个别案件进行了

① 中国人民大学刑事法律科学研究中心促进国际刑事法院发展项目办公室、亚洲法律资源中心合编：《国际刑事法院手册》，3 页，北京，中国人民公安大学出版社，2005。

② 黄俊平、胡陆生：《也谈国际刑事法院的管辖权》，载赵秉志：《国际刑事法院专论》，128 页，北京，人民法院出版社，2003。

③ 参见徐军：《国际刑事法院终于"开张"了》，载《法制日报》，2004-01-31。

④ 参见刘仁文：《建立一个独立、公正和有效的国际刑事法院——与国际刑事法院检察长路易斯·莫雷诺·奥坎波先生一席谈》，载《检察日报》，2005-11-08。

初次审判。随着考察的深入，有学者开始强烈质疑国际刑事法治的历史与现状，立场日趋谨慎和悲观。[①]

2. 扯皮多，效率低。国际刑事法院受理的为数不多的案件，不仅逮捕令执行不了，犯罪嫌疑人不能到案，而且法院在处理这些案件时都遇到了不少的麻烦，内部纠纷（主要指检察官、法官以及其他法院职员之间的纠纷，作者注）不断。以“检察官诉托马斯·戴伊洛·卢班加案”为例。自提交情势开始（2004 年 4 月 9 日），截至 2007 年 12 月 31 日，诉讼详情已经经历了将近四年。……归结起来主要争议问题如下：第一，预审阶段：“情况会商”召集权力问题之争；被害人参加诉讼问题之争；“法庭之友”申请参加诉讼问题之争；“秘密交易”与“滥用程序”问题之争；确认起诉裁决问题之争；代理律师变幻不定问题之争等等。第二，审判阶段：律师服务问题的继续争论；超期羁押问题的继续争论；确认指控问题的继续争论；被害人参见诉讼问题的继续争论；“法庭如何开庭”的密集争论；弗莱默律师“订正口误”问题之争；“阳光法院的电子法庭建设”问题之争；“法院听讯视听现场直播信息”问题之争；对庭审同时进行法语现场记录问题之争；“证据披露”问题之争；“一造”诉讼应采纳的程序问题之争；“证人校样”问题之争；预审分庭听讯过的证据和裁决在审判诉讼中的地位问题之争等等。[②] 这些大量出现的法院内部争议，使每一个案件的处理举步维艰，不仅效率低下，而且耗费了大量的时间、金钱、人力和物力。

3. 管辖案件的地区性特征明显。到目前为止，国际刑事法院管辖的案件，全部是非洲地区发生的案件，让人感觉好像国际刑事法院是专为非洲而设的。其他地区就没有案件发生吗？恐怕不是。难道没有对其他地区的国家和人员投诉吗？更不是！如前所述，到 2003 年年底，国际刑事法院收到几百起案件的受理申请，其中大多数与伊拉克战争有关，也有数十件是投诉美国在伊拉克犯下罪行的案件，但法院一直没有正式受理。这也让人对国际刑事法院的公正性产生怀疑。尽管国际刑事法院一再声称“法

---

① 参见宋健强：《国际刑事法院诉讼详情实证研究》，43 页，哈尔滨，哈尔滨工业大学出版社，2008。

② 参见宋健强：《国际刑事法院诉讼详情实证研究》，154～155 页，哈尔滨，哈尔滨工业大学出版社，2008。

院要力争不受政治的干扰"①，可越来越多的人感到"国际刑事法院正在成为国际政治警察"。朝、韩两国"延坪岛事件"发生后，2009年12月7日，国际刑事法院宣称将对朝鲜展开战争罪调查。检察官奥坎波在一份简短声明中称，检察官办公室已开始初步调查，以评估延坪岛炮袭和"天安舰"事件中是否存在战争罪行，如证明朝鲜军方领导人构成战争罪，将发布拘捕令。② 自国际刑事法院成立以来，国际上发生了许多战争，如伊拉克战争、阿富汗战争、泰国、柬埔寨边境冲突等。这些战争、武装冲突的规模比"朝、韩两国延坪岛事件"的规模和影响，要大上不知道多少倍，国际刑事法院怎么不去调查？2011年6月27日，国际刑事法院签发了针对利比亚领导人穆阿迈尔·卡扎菲的逮捕令。国际刑事法院这次发令逮捕卡扎菲的行动，速度之快是历史罕见的，而且这也是首次在武装冲突还在进行过程中就开始对其中的一方展开调查。这种情况颇耐人寻味。据法新社统计的数字显示，截至27日，已有数千人在利比亚军事冲突中丧生，约65万人逃离。③ 造成这么多人丧生和逃离，反对派武装有没有责任？北约成员国轰炸有没有责任？国际刑事法院为何不一并调查？为何单单调查卡扎菲？再者，即使责任全在利比亚政府一方，为什么仅仅逮捕卡扎菲父子和另外一个人？按照《罗马规约》的规定，任何一个在武装冲突中实施谋杀、灭绝、奴役、强奸等侵犯人权行为的人，都要受到惩罚。笔者相信，即使利比亚确有数千人丧生，除了卡扎菲等三人外，绝对还有具体罪行的实施者要承担刑事责任，为何不追究那些人的罪行？如果说事情还来不及详细调查，那么为何这么匆忙地宣布逮捕卡扎菲？这不是为政治服务又是什么？在国际刑事法院逮捕令发布之前，分析人士认为，作为西方孤立卡扎菲逼其下台的一项新策略，国际刑事法院通缉卡扎菲的可能性非常大。④ 而在国际刑事法院发布逮捕令后，欧盟马上通过外交事务发言人发表声明：卡扎菲必须下台。⑤

越来越介入政治的国际刑事法院使越来越多的人感到失望，他们发布的"逮捕令"的正当性成为了国际社会争议的焦点。第63届联大主席布

① 刘仁文：《建立一个独立、公正和有效的国际刑事法院——与国际刑事法院检察长路易斯·莫雷诺·奥坎波先生一席谈》，载《检察日报》，2005-11-08。

② 参见薛洪涛：《国际刑事法院将矛头指向主权国家引发争议》，载《法治周末》，2010-12-14。

③ 参见新华社：《国际刑事法院下令逮捕卡扎菲》，载《中国青年报》，2011-06-28。

④ 参见苏楠：《国际刑事法院对卡扎菲发布逮捕令》，见人民网，2011-05-16。

⑤ 同注③。

罗克曼曾在日内瓦的记者会上表示，国际司法要想取信于人，实现和平目标，很重要的一点就是，要从起诉那些强权国家的人开始，而不是小国家。①

（二）国际刑事法院管辖权存在的制度性缺陷

国际刑事法院管辖权在司法实践中出现上述问题的原因，主要有两个：一是西方大国把持国际刑事法院，企图用他们的价值观左右世界；二是国际刑事法院的管辖权制度存在重大缺陷，限制了它在司法实践中发挥作用。限于本书的主题，笔者在这里只对第二个原因进行分析。

根据《罗马规约》的规定，这些制度性缺陷主要有以下几个方面。

1. 国际刑事法院管辖权缺乏坚强的后盾。国际刑事法院和国内的司法机构一样，都要从事对犯罪的调查、起诉、审判等刑事诉讼工作，在这个过程中，不仅要获得民众的认同与支持，也要运用强制的力量逮捕犯罪嫌疑人、被告人和执行法院作出的判决。因此，任何一个司法系统要想有良性的运行，至少必须具备以下三个条件：第一，管辖区内的民众有一个统一的公平正义观，或者是大体上一致的公平正义观念。这个公平正义观念可以使民众对什么是犯罪，什么不是犯罪有一个大体一致的判断，这是司法机关处理刑事案件的民众基础。有了这个民众基础，司法机关的刑事诉讼工作才能获得民众的支持。第二，有一套系统、明确、完整、科学和公正的刑事法律体系，这是司法机关认定犯罪、进行刑事诉讼工作的具体标准和依据。第三，有必要的强力机构②为支撑，一旦在刑事诉讼中遇到犯罪分子及其同情者的抵抗，司法机关可以依靠这个强力机构迫使犯罪分子就范，保证刑事诉讼的顺利进行。一般来说，一个法制健全，法治状态良好的国家，司法机关都不缺乏这三项保障条件，这三项条件是刑事司法良性运行的坚强后盾。

国际刑事法院就没有那么幸运了。在笔者看来，国际刑事法院在司法实践中出现的问题，与它没有这些坚强的后盾有密切的关系。第一，目前，国际社会还没有形成统一的公平正义观念，国际刑事法院缺乏民众基础。我们这里讲的“公平正义观念”，不是抽象的对公平正义的认同，而是具体的公平正义观念，即民众根据自己的知识、思想、文化和道德伦理对什么是公平、正义作出基本一致的判断。国际刑事法院管辖的范围，远

---

① 参见赵灵敏：《国际刑事法院的逮捕令》，载《南方人物周刊》，2009-03-17。

② 按照马克思主义的国家理论学说，这个强力机构包括但不限于警察、宪兵、监狱甚至军队。

非一国的境内，而是世界上的任何地区。当前的世界，尽管全球化的步伐在加快，但东西差别、南北差别仍然相当巨大，经济、文化发展极其不平衡。对同样一个问题的处理，西方国家认为是公平正义，东方国家可能认为是“霸道”或者“强权”；欧洲民众认为是公平正义，非洲民众可能认为是“邪恶”或者“偏袒”。国际刑事法院对利比亚的领导人穆阿迈尔·卡扎菲和苏丹总统巴希尔发布的逮捕令，在东西方、在欧洲和非洲之间产生了完全不同的反响，这充分说明了国际社会远没有形成统一的公平正义观念。在国际社会这个破碎的公平正义观念面前，国际刑事法院的任何举动，都会得到一部分人的拥护，一部分的人反对。第二，国际刑事法院缺乏强力机构的支持。根据《罗马规约》的规定，国际刑事法院管辖权采取“间接执行”的模式。国际刑事法院没有警察部队，更没有宪兵和军队，抓获犯罪嫌疑人需要缔约国或者与国际刑事法院有司法协助协议国家的配合。当遇到具体的犯罪案件时，有关国家在是否配合上，首先要从本国的价值观念和利益考量出发进行分析，作出是否配合的决定。由于不同的国家有不同的价值观念，有不同的国家利益，他们不可能完全执行国际刑事法院的决定，于本国有利的执行，于本国不利的不执行，甚至反对，这就使国际刑事法院管辖权的执行大打折扣。与国内司法机关不同的是，国际刑事法院管辖的案件，很多犯罪嫌疑人是国家领导人或者是武装集团的头目，他们掌握着国家机器或者一定的武装力量，有一定的政治势力，抓获他们可能会遇到一个团体、一个种族甚至是一个国家的抵抗，这不仅需要相当的力量，还要冒巨大的国际政治的风险。哪个国家愿意花这样的力气冒这样的风险呢？缺乏这两条保障，国际刑事法院就像建在沙滩上的大厦，时常面临着摇摇欲坠的危险，更遑论发挥作用了。

2. 国际刑事法院管辖权与国家的司法管辖权存在难以调和的冲突和矛盾。如前文所述，当今的国际社会，国家仍然是主要的构成要素。世界上发生的犯罪，无不处在国家刑事管辖权的覆盖之下。国际刑事法院管辖的犯罪，如果有关国家也认为是犯罪的话，应该也处在某个国家刑事管辖权的覆盖之下。国际刑事法院如果行使管辖权，必然有一个国家要失去对这个案件的管辖权。这在理论上称为“刑事管辖权竞合”。尽管少数国家鼓吹“人权高于主权”或者“有限主权理论”，但在一个国际犯罪案件发生后，国家把案件拱手让于国际刑事法院，需要当权者有相当的勇气，除非这个国家可以从中获取更大的利益。所以，从理论上来说，国际刑事法院行使管辖权与国家的刑事管辖权发生冲突是不可避免的。而一旦发生冲突，国际刑事法院几乎没有胜算的把握，除非是像第二次世界大战后对德、日战犯审判那样，形成强大的国家联合。

在这种情况下，国际刑事法院的管辖权如何避免与国家刑事管辖权发生激烈的冲突，需要作巧妙的制度设计。从现行的《罗马规约》的规定来看，其设计存在较大的缺陷，这使得国际刑事法院管辖权与国家刑事管辖权发生冲突的几率大大增加。

《罗马规约》序言和第1条明确规定，国际刑事法院对国内刑事管辖权起补充作用，这应该是国际刑事法院行使管辖权的基本原则。但是，《罗马规约》并没有把这个原则贯彻到底，在其后的条文规定中，又使得国际刑事法院的管辖权呈现出扩张性的特色。第一，《罗马规约》第12条第1款的规定，使国际刑事法院具有了强制管辖的特性。《罗马规约》第12条第1款规定：一国成为本规约的缔约国，即接受本法院对第5条犯罪的管辖权。从这一条的字面意思来理解，一国成为《罗马规约》缔约国后，就要把本规约第五条规定的四种犯罪的管辖权都让位于国际刑事法院。这与序言规定的国际刑事法院管辖权的补充性特征是相矛盾的。这个矛盾性的规定，为国际刑事法院扩张自己的管辖权埋下了伏笔。如果司法实践中国际刑事法院果真如此办理，与国家刑事管辖权的冲突将不可避免。第二，根据《罗马规约》第13条第2款的规定，不论是缔约国或非缔约国，联合国安理会根据《联合国宪章》第7章行事，向国际刑事法院提交情势，他们都要接受国际刑事法院的管辖权。这条规定，不仅违反了《维也纳条约法公约》的规定，也使国际刑事法院的管辖权扩张至非缔约国，必然引发与非缔约国刑事管辖权的激烈冲突。同时，对缔约国来说，未经自己主动提交情势，而由联合国安理会提交，国际刑事法院就具有了管辖权，违背了国家自愿接受管辖的原则，也会引起国际刑事法院与缔约国管辖权的冲突。第三，含糊不清的检察官自行调查权的规定，也为国际刑事法院管辖权的扩张暗含玄机。《罗马规约》第13条第3项规定，检察官依照第15条开始调查一项罪行，是国际刑事法院管辖权发动的一种方式。检察官调查案件的范围要不要局限在第12条规定的“行使管辖权的先决条件”内，这条没有规定，学术界存在不同的理解①，这也为国际刑

① 笔者在前文中认为，检察官自行调查的案件，只能是发生在缔约国内的案件。赵秉志教授对此有不同的理解。参见赵秉志：《国际刑事法院专论》，524页，北京，人民法院出版社，2003。

事法院管辖权的扩张留下隐患，加剧了与国家刑事管辖权的冲突。第四，《罗马规约》第 17 条规定的国际刑事法院自行判断案件是否具有“可受理性”的制度，使得国际刑事法院凌驾于国家司法权之上，必然引起有关国家的强烈抗议，引发与国家刑事管辖权的严重冲突。按照《罗马规约》第 17 条的规定，对案件有管辖权的国家，只要“正在对案件进行调查、起诉”，“或者调查后作出了不起诉规定”，“或者案件已经受到了审判”，国际刑事法院就不得对该案行使管辖权。如果仅仅这样规定，国际刑事法院管辖权的补充性原则就贯彻到底了，就不容易发生与国家刑事管辖权的冲突了。可是，《罗马规约》充满了对国家刑事管辖权的不信任，它有以下“担心”：有管辖权的国家不愿意或不能够切实进行调查或起诉；国家进行的诉讼程序发生不符合将有关的人绳之以法目的的不当延误；国家的决定是为了包庇有关的人；国家没有以独立或公正的方式进行诉讼等。因此，它要根据“国际法承认的正当程序原则”自行进行判断，只要有管辖权的国家进行的诉讼发生了它担心的那几种情况，国际刑事法院将无视有管辖权的国家已经进行或正在进行的诉讼，强行对案件予以管辖。

这个条文规定得太霸道了！它使《罗马规约》序言和第 1 条规定的国际刑事法院补充性管辖原则荡然无存。按理，国际刑事法院与国家的司法机构是平等的司法机关，谁也不能凌驾于对方之上。可是，这条的规定，使国际刑事法院有了对所有国家司法机关作出的决定进行评价的权力，自然凌驾于国家法院和其他司法机关之上了。这是对国家主权的严重侵犯。众所周知，各国都有与他国不同的实体法和程序法，国际社会并不存在各国都承认的“统一的正当程序原则”，拿一个统一的标准去评价千差万别的法律制度和司法程序，会有什么结果大家可想而知：国际刑事法院如果认为你“是不愿意或不能够切实进行调查或起诉”，你就是；国际刑事法院如果认为你“进行的诉讼程序发生了不符合将有关的人绳之以法目的的不当延误”，你就得承认；国际刑事法院如果认为你的决定是“为了包庇有关的人”，你不承认也不行；国际刑事法院如果认为你“没有以独立或公正的方式进行诉讼”，你也没有任何办法。这样一个制度安排，一旦真的实施起来，国际刑事法院不想与国家刑事管辖权发生冲突都难。

三、国际刑事法院管辖权的重新定位

上文对国际刑事法院管辖权在实践中存在的问题和制度设计上的缺陷进行的分析，并非要否定国际刑事法院的正当性。笔者认为，国际刑事法院管辖权的合理定位及其正确行使，是保证国际刑事法院正当性的条件和基础。

（一）国际刑事法院的正当性

正当性是指一个事物具有的合理合法的品质，所以，我们研究国际刑事法院的正当性，主要从其合理性和合法性两个方面考察。

国际刑事法院的存在有没有合理性呢？要论述这个问题，笔者认为应当从“国际社会存在大量的犯罪”、“国际社会存在的犯罪仅靠国家处置是不够的”、“国际刑事法院成立后不会冲击原有的犯罪处罚体系，而且有助于促进这个体系”来展开。

首先我们来看，当今的国际社会是否存在国际犯罪呢？这一点的答案是毋庸置疑的。“20 世纪人类经历了有史以来最严重的暴力行动。过去 50 年内，各地爆发了超过 250 场冲突；死亡的平民超过 8600 万人，其中大多数是妇女和儿童；超过 1.7 亿人被剥夺了权利、财产和尊严。这些被害人大多数为人们所遗忘，受到审判的犯罪者少之又少。”① 这从事实上说明，国际刑事犯罪大量存在，而仅靠国家是难以惩罚和遏制国际犯罪的。在全球化日益深入发展的今天，有必要设立常设的国际刑事司法机构。

根据刑事管辖权的一般理论和各国法律的规定，国家刑事管辖权包括属地管辖权、属人管辖权、保护管辖权和普遍管辖权。因此，世界各国的刑事管辖权几乎可以覆盖地球上的每一起犯罪和每一个犯罪嫌疑人。既然如此，为什么有些国际犯罪得不到惩治呢？笔者认为原因有以下几个：第一，有的国家不愿意惩治国际犯罪。这包括国家当局实施的犯罪、国家工作人员（军人）为执行国家的政策实施的犯罪、国家领导人授意下属实施的犯罪。第二，有的国家不能惩治国际犯罪。主要是因为有的国家因为内乱，使国家机器处于瘫痪的状态，本国的司法系统完全瓦解。第三，有的国际犯罪发生后，因为有不止一个国家要求行使管辖权，出现国家刑事管辖权的严重冲突。在国家不愿意或者不能够惩罚国际犯罪的情况下，仅靠国家处置国际犯罪是不够的，因而需要国际刑事司法机构的存在。

国际刑事司法机构成立后，如果会冲击原有的国家惩罚犯罪系统，那将是得不偿失的。因为大量的犯罪还必须依靠国家来处理。国际刑事司法机构设立后，会不会冲击国家刑事司法体系，关键要看如何对国际刑事司

① 中国人民大学刑事法律科学研究中心促进国际刑事法院发展项目办公室、亚洲法律资源中心合编：《国际刑事法院手册》，10 页，北京，中国人民公安大学出版社，2005。

法机构的管辖权进行定位。如果定位合理，则不仅不会冲击，可能还会有补充作用。像二战后纽伦堡国际军事法庭、东京国际军事法庭对战犯的审判，在这方面就是一个很好的范例。如果定位不合理，则会冲击国家的刑事管辖体系，影响了对国际犯罪的处理。

国际刑事法院是根据《罗马规约》设立的。自第二次世界大战以后，国际社会就致力于国际刑事法院规约的起草制订工作，经过了几十年的努力，终于在1998年获得通过。这次在罗马召开的联合国全权外交代表大会，经过一个多月的激烈讨论，《罗马规约》最终以129票赞成，21票弃权、7票反对的结果获得通过。2002年，加入规约的国家达到了法定的数量，《罗马规约》生效，这使得国际刑事法院的成立具有了一般的合法性。因此，设在海牙的国际刑事法院具有正当性。

（二）对国际刑事法院管辖权重新定位的必要性与可行性

如上文所述，国际刑事法院管辖权的合理定位及其正确行使，是保证国际刑事法院正当性的条件和基础，相反，国际刑事法院管辖权的制度性缺陷与错误行使，将会对国际刑事法院的正当性产生不良的影响。在上一部分，笔者总结了国际刑事法院成立以来在司法实践中出现的种种问题，分析了《罗马规约》规定的国际刑事法院管辖权的制度性缺陷。这些缺陷如果不能得到纠正和弥补，国际刑事法院将丧失其存在的正当性。因此，对国际刑事法院管辖权进行重新定位是非常必要的。

对国际刑事法院管辖权进行重新定位，必然涉及《罗马规约》的修改与完善。《罗马规约》是一个国际公约，它的制定与修改都是非常复杂的。在刚刚实行了十余年的今天，谈论修改有没有可行性呢？笔者认为，修改的可行性一是来自于实践的检验，二是来自于法律依据。国际刑事法院运行以来的种种问题，为修改《罗马规约》提供了借鉴，《罗马规约》第121条的规定，为它的修改提供了法律依据。

《罗马规约》第121条规定，本规约生效7年后，任何缔约国均可以对本规约提出修正案。任何提议修正案的案文应提交联合国秘书长，由秘书长从速将其分送所有缔约国。《罗马规约》还就修正案的通过、生效、批准、接受等问题，作了明确的规定。因此，《罗马规约》的缔约国可以通过提出修正案的方式，来对国际刑事法院的管辖权进行重新定位。

（三）对国际刑事法院管辖权重新定位的基本思路

《罗马规约》生效后，国内外法学界都有“改革”国际刑事法院管辖权的议论。一种观点是扩大或强化国际刑事法院的管辖权。持“强化论”

的学者认为，既然管辖权问题是制约国际刑事法院效能的最主要因素，那么，提高国际刑事法院的地位，进一步发挥其作用就应先从强化国际刑事法院管辖权入手。① 这种观点希望“在对《罗马规约》进行修改时，将国际刑事法院管辖的犯罪进行一定的划分，对特别严重地危害人类与国际和平，主要由一国当权者发动和实施的犯罪，如灭绝种族罪、侵略罪等，应规定国际刑事法院的绝对管辖权，即此类犯罪只能由国际刑事法院进行审理，相关国家必须将犯罪嫌疑人移交国际刑事法院”②。

笔者认为，强化或者扩大国际刑事法院管辖权的观点是不足取的，至少现在是不足取的。发表这些观点的学者，大多是在国际刑事法院刚刚成立的那段时间，他们研究了《罗马规约》之后，发现与想象中的国际刑事法院有不少差距，从理论推理出发，得出上述结论。这种观点的最大缺陷是缺乏实践经验的支撑，如果他们对国际刑事法院运行的现实进行一番考察后，可能得出不同的结论。宋健强教授就有这种思想变化：“2002 年 7 月 1 日，《罗马规约》生效，世界政治家和学术大师盛赞有加，认为其意义不亚于联合国成立，作者也曾跟风附议，目前缔约国已达到 105 个。随着考察的深入，作者开始强烈质疑‘国际刑事法治’历史与现状，立场日趋谨慎和悲观。”③

基于前文的分析，笔者认为，当前对国际刑事法院管辖权进行重新定位，必须坚持以下基本思路。第一，正视国际社会现实，放弃理想化的超前想法。“国际刑事法院的成立与运作，必须面对和正视国际社会现实——主权国家是国际社会的基本主体，必须从目前的国际现实情况出发和考虑问题——国家在现阶段对国际刑事法院的接受和信任程度。”④ 国际刑事法院运行以来，不少国家担心国际刑事法院有可能成为干涉当事国内政的工具，因此要求限制国际刑事法院的权限。“一些过于‘超前的’规定，很可能造成国家接受国际刑事法院的困难和障碍。”⑤ 第二，摒弃人权高于主权的西方观念，切实尊重国家主权。毋庸置疑，国际刑事法院

① 参见张旭：《国际刑事法院：一个中国人的理解》，载赵秉志：《国际刑事法院专论》，89 页，北京，人民法院出版社，2003。

② 张旭：《国际刑事法院：一个中国人的理解》，载赵秉志：《国际刑事法院专论》，90 页，北京，人民法院出版社，2003。

③ 宋健强：《国际刑事法院诉讼详情实证研究》，42～43 页，哈尔滨，哈尔滨工业大学出版社，2008。

④ 高燕平：《国际刑事法院》，17～18 页，北京，世界知识出版社，1999。

⑤ 高燕平：《国际刑事法院》，18 页，北京，世界知识出版社，1999。

的设立及其管辖权暗含的扩张性规定，受到了西方国家特别是欧盟的“人权高于主权的理念”的影响，“作为常设性国际刑事审判机构的国际刑事法院也是一个主要由西方人首创、满足西方社会的需要、以西方社会文化为基础创立的，体现西方文化价值观的世界组织。而且，《罗马规约》自诞生之日起，就因其反映的西方大国的价值观而受到发展中国家的质疑，因此仍有众多发展中国家尚未批准”①。上文分析的国际刑事法院管辖权的制度性缺陷，充分反映了这种以“人权保护”为借口藐视国家主权的思路。在当今多数国家仍然非常看重国家主权的今天，这种观念属于一厢情愿，难以为国际社会广泛接受。第三，树立谦抑、渐进的发展思路。国际刑事法院是一个“新生事物”，需要在实践中摸索经验，也需要国际社会的慢慢认同。因此，它所管辖案件的范围一开始不要过大，不要与国家刑事管辖权发生过多的冲突。如果建立之初就咄咄逼人，会加大国际社会的担忧，甚至引起民众的反感而“破产”。所以，国际刑事法院管辖的案件，先从国际社会广泛认同的犯罪开始，不要管辖争议太大、抵制太多的案件，不要介入国际政治冲突，更不要成为某些国家推行新殖民主义和霸权主义的工具。国际刑事法院管辖的案件，应该由少到多，不断树立公正的司法形象，获得国际社会的信任。第四，把“补充性管辖权”的原则坚持到底。《罗马规约》序言规定的“补充性”管辖原则，非常切合国际社会现实，如果认真坚持下去，国际刑事法院会得到国际社会的广泛认同。可惜的是，其条文中的一些扩张性规定，几乎改变了这个原则。如果想要使国际刑事法院顺利运行下去，应当坚持这个原则，删除与这个原则不相符合的条文。

（四）国际刑事法院管辖权重新定位的具体建议

基于上述思路，笔者建议对国际刑事法院管辖权的具体内容作以下修改：第一，国际刑事法院管辖案件的范围，局限在缔约国境内发生的案件。缔约国国民在非缔约国实施的国际犯罪，如果有关国家之间发生争议，提交国际刑事法院管辖的，也由国际刑事法院行使管辖权；第二，非缔约国主动请求国际刑事法院管辖的案件，国际刑事法院可以管辖；第三，联合国安理会提交的情势，也应当局限在缔约国境内或者缔约国之间发生的国际犯罪案件；第四，取消检察官主动调查案件的规定。检察官调

① 张磊：《中国与国际刑事法院：现状与展望》，16页，北京，中国人民公安大学出版社，2009。

查案件的前提是在有关国家、联合国提交犯罪情势之后。没有有关国家、联合国安理会提交情势，检察官不得进行调查，国际刑事法院不得进行管辖。第五，取消国际刑事法院对以下情形的自行判断权，如果有关国家和国际刑事法院对这些情形是否存在有争议的，交给国际法院仲裁："有管辖权的国家不愿意或不能够切实进行调查或起诉；国家进行的诉讼程序发生不符合将有关的人绳之以法目的的不当延误；国家的决定是为了包庇有关的人；国家没有以独立或公正的方式进行诉讼"等。只要有关国家行使了对案件的管辖权，国际刑事法院就不要再予以管辖。第六，取消"国内武装冲突中的战争罪纳入国际刑事法院管辖范围"的规定，国内武装冲突中发生的问题，是国家主权范围内的事情，由国家自行解决，除非该国家或者安理会向国际刑事法院提出管辖的要求。

四、国际合作——国际刑事法院实现管辖权的基本途径

（一）国际合作概述

1. 国际合作的基本含义。

根据国际刑法的一般理论，国际刑事合作和刑事司法协助是国际上打击犯罪的主要途径和方法。长期以来，学术界对这两个概念存在不同的认识。一种观点认为，这两个概念是不同的，它们之间是一种并列的关系。王秀梅教授认为，国际合作实质上是一种实体意义上的合作，即拥有管辖权的国家是否同意国际刑事法院就同一事实行使管辖权。国际司法协助是一种程序法意义上的合作，即国际刑事法院诉讼活动过程中，各有关国家在某些方面提供的信息和帮助。① 另一种观点认为刑事司法协助是国际刑事合作的组成部分。如赵永琛教授认为：国际刑事司法协助是国际司法合作的重要组成部分。② 张智辉教授在论述国际刑事合作的主要内容时，把开展刑事司法协助作为国际刑事合作的一项内容。③ 笔者认为，一般而言，国际刑事合作是一个大的宽泛的概念，国际刑事司法协助是一个小的相对狭窄的概念，国际刑事合作包括国际刑事司法协助。但是，在不同的语境下，国际刑事合作与国际刑事司法协助又是并列的，不存在相互包容的关系。比如，就对国际刑事法院行使管辖权的支持而言，缔约国为国际

① 参见王秀梅：《国际刑事法院研究》，372～373页，北京，中国人民大学出版社，2002。

② 参见赵永琛：《国际刑法与司法协助》，152页，北京，法律出版社，1994。赵秉志主编：《国际区际刑法问题探索》，59～66页，北京，法律出版社，2003。

③ 参见赵秉志主编：《国际区际刑法问题探索》，59～66页，北京，法律出版社，2003。

刑事法院进行的移交犯罪嫌疑人、收集证据等工作，应当属于刑事司法合作，非缔约国为国际刑事法院进行的移交犯罪嫌疑人、收集证据等工作，应该属于刑事司法协助。

笔者认为，作出这样的区分不是文字游戏，而是有深刻的法律意义。首先，《罗马规约》第九编用了《国际合作和司法协助》编目，把国际合作与司法协助并列，说明二者之间不是简单的包容关系，如果是包容关系，只用国际合作就可以了。再看具体的条文规定，凡是要求缔约国提供某项支持时，大多用的是“合作”。例如，第 86 条规定：“缔约国应依照本规约的规定，在本法院调查和起诉本法院管辖权内的犯罪方面同本法院充分合作。”凡是请求非缔约国提供支持时，用的大多是“协助”。如第 87 条第 5 款规定：“本法院可以邀请任何非本规约缔约国的国家，根据特别安排、与该国达成的协议或任何其他适当的基础，按本编规定提供协助。”其次，在支持国际刑事法院行使管辖权的活动中，进行“合作”还是提供“协助”，表现了有关国家不同的法律地位和责任。“合作”的字面意思是“互相配合做某事或共同完成某项任务”①。因此，合作的各方都具有主体地位，都是主动的、有责任的。按照《罗马规约》的规定，国际刑事法院是各缔约国共同设立的，体现了缔约国共同打击国际犯罪的决心。国际刑事法院管辖案件，是他们的共同愿望和责任，在支持国际刑事法院诉讼工作方面，他们都是主体，他们都有责任，因此，缔约国为国际刑事法院所做的移交犯罪嫌疑人、收集证据等工作，从性质上来说是他们自己的事，当然属于“合作”的范畴。“协助”的字面意思是“帮助、辅助”②，协助者处于辅佐者的地位。根据“条约相对性原则”，条约对非缔约国不发生法律效力，非《罗马规约》缔约国为国际刑事法院提供的一些“支持”工作，不属于他分内的事情，不是依据责任和义务，而是依据本国的自愿和与国际刑事法院达成的协议。它所做的一切，是对另一个平等司法主体的“从旁帮助”。因此，这样的区分，也体现了对国家主权的尊重。

根据上面的分析，本章所称的国际合作，是指在《罗马规约》框架下，缔约国对国际刑事法院管辖的国际犯罪案件提供的各种形式的支持。

---

① 中国社会科学院语言研究所词典编辑室：《现代汉语词典（汉英双语）》，784 页，北京，外语教学与研究出版社，2002。

② 中国社会科学院语言研究所词典编辑室：《现代汉语词典（汉英双语）》，2119 页，北京，外语教学与研究出版社，2002。

在性质上，这种国际合作，也是国际刑事合作，因为国际刑事法院管辖的案件，都是刑事案件。与国与国之间、非缔约国与国际刑事法院之间的刑事司法协助相比，它有以下特征：(1）国际合作的特定性。这里讲的特定性，包括以下三点内容：第一，合作对象是特定的。缔约国对国际刑事法院提供的各种支持，都是为了打击《罗马规约》规定的国际犯罪。或者说，各缔约国为国际刑事法院所提供的移交犯罪嫌疑人、收集证据等工作，是为国际刑事法院起诉、审判《罗马规约》规定的国际犯罪案件服务的。第二，合作目的是特定的。缔约国为国际刑事法院提供的各种支持，是为了国际刑事法院对《罗马规约》规定的国际犯罪行使管辖权。除此之外，没有其他目的。第三，合作程序是特定的。这里讲的程序特定，是指缔约国在为国际刑事法院提供各种支持时，都要遵守《国际刑事法院规约》、《程序与证据规则》和《犯罪要件》等司法文件。(2）国际合作的义务性。这里讲的义务性，是指缔约国在批准、接受、核准或加入《罗马规约》后，就产生了对国际刑事法院合作的义务，国际刑事法院不需要另行与各缔约国签订刑事合作等相关的条约。各缔约国必须按照《罗马规约》规定的程序和方式，应国际刑事法院的要求提供合作，不得拒绝提供。如果有缔约国拒绝提供合作，国际刑事法院有权把这种情况提交缔约国大会，由它进行处理。

根据《罗马规约》的规定，缔约国为国际刑事法院提供的合作，包括以下内容：(1）逮捕并移交有关的人；(2）查明某人的身份和下落或物品的所在地；(3）取证，包括宣誓证言，及提供证据，包括国际刑事法院需要的鉴定意见和报告；(4）讯问任何被调查、被起诉的人；(5）送达文书，包括司法文书；(6）为有关人员作为证人或鉴定人自愿到国际刑事法院出庭提供便利；(7）临时移送有关人员；(8）勘验有关地点或场所，包括掘尸检验和检查坟墓；(9）执行搜查和扣押；(10）提供记录和文件，包括官方纪录和文件；(11）保护被害人和证人，及保全证据；(12）查明、追寻和冻结或扣押犯罪收益、财产和资产及犯罪工具；(13）国际刑事法院调查和起诉管辖权内的犯罪需要的、被请求国法律不禁止的其他形式的协助。上述国际合作的内容广泛而深入，是一般国际刑事司法协助所不可能达到的。这些合作，主要集中在案件调查方面，从内容来看，涵盖了国内犯罪案件侦查的方方面面，这也说明，《罗马规约》规定的国际犯罪的调查（侦查）工作，是在国际刑事法院检察官的指导下，基本上依靠各缔约国来完成的。

2. 国际合作的必要性。

对于国际刑事法院来说，缔约国的国际合作是非常必要的。没有缔约国的国际合作，国际刑事法院不仅不能完成国际犯罪案件的调查工作，也无法进行正常的起诉和审判。为什么这么说呢？原因有以下三点：

（1）国际刑事法院组织结构的“缺陷性”，决定了它管辖案件时必须进行国际合作。根据《罗马规约》第四编的规定，国际刑事法院由院长会议、法庭（上诉庭、审判庭和预审庭）、检察官办公室和书记官处四个机构组成，它没有属于自己或者专门为自己服务的警察和监狱，只有一小队调查人员和临时的拘留设施。这样的机关设置和人员配置，显然无法完成艰巨的查明国际刑事犯罪的任务。

大家知道，现代刑事诉讼，不论是国内刑事诉讼还是国际刑事诉讼，虽然以审判为中心，但侦查是必不可少的，它是起诉、审判的基础和前提，不通过侦查抓获犯罪嫌疑人，收集充分的控诉证据，起诉和审判都无从谈起。侦查需要花费大量的人力、物力和财力，没有强大的侦查力量和资源，就抓获不到犯罪嫌疑人，收集不到足够的证据。国际刑事法院没有刑事警察，单靠几个检察人员和少量的调查人员，是不能完成国际犯罪的侦查（调查）任务的。

（2）国际犯罪的复杂性要求必须进行国际合作。《罗马规约》规定的国际犯罪，是国际社会关注的最严重犯罪，不仅罪行性质严重，危害巨大，而且涉嫌犯罪的人一般是具有相当实力的人员，他们可能是国家元首、政府首脑，还可能是军队或其他武装力量的首领。这些人掌握着巨大的人力、物力和资金，有相当的能力来对抗调查、起诉和审判。由于这些人的国际活动能力很强，不仅可以生活、藏匿在不同的国家，还可能获得不同国家、不同集团的支持与帮助。此外，国际犯罪还可能涉及不同的国家或同一国家内武装冲突的各方，不同国家之间发生的刑事管辖权冲突，可能使犯罪人逍遥法外，没有国际合作，就不能形成惩罚犯罪的“合力”。

（3）国际刑事法院实行的正当程序，也要求必须进行国际合作。为了彰显人权保护的功能，体现当代刑事诉讼的文明，国际刑事法院实行的刑事诉讼程序，是一种要求严格的正当程序，它所进行的每一项诉讼行为，必须遵守严格的标准和程序，任何一个不符合法律要求的行为，都可能使诉讼无法进行，惩治国际犯罪的目的都无法实现。

《罗马规约》规定的国际犯罪案件，可能发生在世界各地，诉讼参与人也可能分布在世界上各个国家。抓获犯罪嫌疑人的困难，通知被害人、证人、鉴定人的不便，证人保护的难度，都是国内刑事诉讼所无法比拟的，没有国际社会的通力合作，要完成难度大、要求高的国际刑事诉讼，是完全不可能的。

3. 国际合作的可行性。

缔约国对国际刑事法院的合作有没有可行性，需要考察两个问题：一是是否愿意对国际刑事法院提供合作；二是有没有能力提供合作。如果各个缔约国都愿意为国际刑事法院提供合作，各个缔约国都有能力进行合作，国际合作就具有可行性。

一般来说，作为一个国家，都有完备的警察和司法系统，都有一定的经济实力来支付惩罚犯罪的成本，提供国际合作的能力不是什么问题。只有在少数情况下，由于动乱或者武装冲突严重，一国处于无政府状态，司法系统完全瓦解，无法提供国际合作。从国际经验来看，即使出现了这种状况，也不会是长久的，当新的政府成立后，国家很快会恢复提供国际合作的能力。

缔约国是否愿意提供国际合作，倒是一个值得深思和注意的问题。从道理上讲，一国既然同意批准、接受、核准或加入《罗马规约》，就说明它认同了国际刑事法院管辖国际犯罪的理念，接受国际刑事法院的管辖权，赞成《罗马规约》关于国际合作的安排。据了解，缔约国对《罗马规约》中的国际合作认同度是比较高的，这是国际合作顺利开展的很好条件。"在罗马外交大会上，尽管各国对《国际刑事法院》规约的一些重要条款有比较严重的分歧，但是对国际合作和司法协助问题却一直存在着共识。"①

但是，事情往往是复杂的，当国际刑事法院管辖的国际犯罪与一个缔约国的利益发生冲突时，这个缔约国可能就会不愿意或不那么情愿地提供国际合作。考虑到这种情况可能发生，《罗马规约》第 87 条第 7 款作了保障性规定：如果缔约国未按本规约的规定行事，不执行本法院的合作请求，致使本法院无法行使本规约规定的职能和权力，本法院可以在认定存在这一情况后将此事项提交缔约国大会，或在有关情势系由安全理事会提交本法院的情况下，提交安全理事会。这个条款的目的，是希望缔约国大会发挥作用，督促有关缔约国履行国际合作的义务。

① 高燕平：《国际刑事法院》，243 页，北京，世界知识出版社，1999。

综上所述，笔者认为，缔约国在一般情况下有提供国际合作的意愿和能力，再加上缔约国大会和联合国安理会的监督，国际合作的可行性是有一定保障的。

（二）缔约国的执行逮捕与移交

1. 执行逮捕与移交概述。

执行逮捕与移交，是《罗马规约》规定的缔约国对国际刑事法院进行的一项重要的国际合作。执行逮捕是指缔约国根据国际刑事法院签发的逮捕令，将有关的人捉拿归案。这里的“有关的人”，包括犯罪嫌疑人和已经被定罪的人。[①] 已经被国际刑事法院定罪的人可能在执行前或执行中从羁押中脱逃，为执行所判刑罚，需要缔约国帮助缉拿归案。移交是指有关国家根据《罗马规约》的规定，向国际刑事法院递解人员。在国际刑法中，移交与引渡是性质相同的国际刑事合作（协助）措施。根据《罗马规约》的规定，二者的区别主要是：移交是有关国家向国际刑事法院递解人员，引渡是一国向另一国递解人员。

执行逮捕与移交本来属于两个不同的措施，但在对国际刑事法院的合作中，二者有极其紧密的联系。执行逮捕的目的是向国际刑事法院移交人员，执行逮捕是移交的前提。移交是执行逮捕的目的，如果不是为了移交，就没有执行逮捕的必要。因此之故，我们往往把执行逮捕与移交看作一个国际合作的措施。

缔约国的执行逮捕与移交对国际刑事法院来说是极其重要的。国际刑事法院设在荷兰的海牙，而其管辖的国际犯罪可能发生在世界各地，犯罪嫌疑人也可能分布在各个国家（地区），如果没有各缔约国的合作，犯罪嫌疑人就无法归案，国际刑事法院的起诉、审判工作就无法进行。可以说，就国际刑事法院而言，没有逮捕就没有起诉和审判。国际刑事法院自成立以来，执行逮捕与移交是其面临的主要挑战。检察官办公室在2006年9月12日所作的3年（2003—2006）活动报告中指出，如何执行逮捕令或许就是《罗马规约》创造的体系中最为尖锐和困难的问题。法院没有自己的执行机构。逮捕嫌犯和移交法院起诉是缔约国的义务。国家执行逮捕令困难重重（乌干达）。这是对未来行动的主要挑战。[②] 国际刑事法院

① 参见《罗马规约》第91条。

② 参见宋健强：《国际刑事法院诉讼详情实证研究》，49～50页，哈尔滨，哈尔滨工业大学出版社，2008。

的菲利浦·科斯院长曾经在2007年说过“逮捕越多，审判越多”，“苏丹的两个逮捕令和乌干达的五个逮捕令都没有执行”[①]，法院的后续工作无法开展。法院的成败几乎完全倚重缔约国的执行逮捕和移交。

根据《罗马规约》的规定，缔约国在执行与逮捕方面对国际刑事法院的合作，主要包括3种：第一，正式逮捕与移交。这种正式逮捕和移交是根据国际刑事法院的逮捕令和移交某人请求书进行的，其做法是根据逮捕令指明的人员，将其捉拿归案，并尽快移交国际刑事法院，这是最常见的执行逮捕与移交。第二，临时逮捕。根据《罗马规约》第92条的规定，临时逮捕是指在紧急情况下，在国际刑事法院提出移交请求书及其辅助文件之前，根据国际刑事法院的临时逮捕请求将有关人员捉拿归案。国际刑事法院在要求缔约国临时逮捕有关人员时，应当向缔约国发出书面请求，并附上以下材料：足以确定被要求的人的身份的资料，以及关于该人的可能下落的资料；关于要求据以逮捕该人的犯罪的简要说明，以及被控告构成这些犯罪的事实的简要说明，并尽可能包括犯罪的时间和地点；已对被要求的人发出逮捕证或作出有罪判决的声明；移交被要求的人的请求书将随后送到的声明。缔约国对有关的人临时逮捕后，如果在临时逮捕之日起60日内没有收到移交请求书及其辅助文件，可以释放被临时逮捕的人[②]，但这不妨碍今后可能要求的正式逮捕与移交。如果在上述期限内被逮捕的人同意自己被移交给国际刑事法院，缔约国应尽快将其移交。第三，移交过程中的过境帮助。一个缔约国对于其他缔约国移交给国际刑事法院的人员，需要在其境内经过时，应当根据国际刑事法院的请求给予批准。对于移交的人在缔约国发生计划外降落的，也要根据国际刑事法院的要求给予帮助。过境国应当羁押被递解的人，并帮助执行移交的国家完成过境。

2. 执行逮捕与移交的基本程序。

执行逮捕与移交，是一项严肃的国际刑事诉讼活动，应当按照《罗马规约》和缔约国国内法律的规定进行，其基本程序主要包括四个方面：

第一，由国际刑事法院提出请求。国际刑事法院向缔约国提出逮捕并移交有关人员的请求，是本项国际合作措施启动的前提条件。根据《罗马规约》的规定，逮捕并移交的请求应当以书面的形式提出，请求书应当通

① 宋健强：《国际刑事法院诉讼详情实证研究》，50页，哈尔滨，哈尔滨工业大学出版社，2008。

② 参见《罗马规约》第92条第3款；国际刑事法院《程序与证据规则》第188条。

过外交途径或各缔约国在批准、接受、核准或加入时可能指定的任何其他适当途径传递，也可以通过国际刑事警察组织或任何适当的区域组织传递。请求书及其辅助文件以被请求国事先选择的法定语文制作，也可以用国际刑事法院工作语文制作，但要附上被请求国选择的法定语文的译本。

逮捕并移交犯罪嫌疑人的请求书，应当载有或者附有下列资料：(1) 足以确定被要求的人的身份的资料，以及关于该人的可能下落的资料；(2) 逮捕证副本；(3) 被请求国的移交程序所要求的一切必要的文件、声明或资料。逮捕并移交已被定罪的人，请求书应载有或附有下列资料：(1) 要求逮捕该人的逮捕证副本；(2) 有罪判决书副本；(3) 证明被要求的人是有罪判决书的人的资料；(4) 在被要求的人已被判刑的情况下，提供判刑书副本，如果判刑为徒刑，应说明已服刑期和剩余刑期。逮捕并移交请求书载有或附上这些文件和资料，不仅便于缔约国有关当局核实有关人员的身份，也便于审查请求能否被执行。

第二，由缔约国对国际刑事法院的请求进行审查。根据《罗马规约》的规定，缔约国对于国际刑事法院的请求，一般是应当予以满足的。《罗马规约》中没有规定不予执行的情况。尽管如此，缔约国在接到国际刑事法院的请求书以后，还应当进行审查，以判断执行中的有关情况。

笔者认为，对国际刑事法院逮捕并移交请求的审查，应当规定在国内的有关法律中。《罗马规约》第 88 条规定，缔约国应确保其国内法中已有可供采用的程序，以执行本公约第 9 编规定的各种形式的合作。这说明缔约国的国内法也是执行国际合作的重要依据。

第三，发现国际刑事法院请求中存在问题的，由请求和被请求双方进行磋商。缔约国在审查、执行国际刑事法院请求的过程中，如果发现请求中存在问题，可能妨碍或阻止请求执行的，应与国际刑事法院磋商，以解决有关问题。根据《罗马规约》的规定，需要磋商的问题有：(1) 执行请求所需资料不足。这种情况下，磋商的结果是国际刑事法院补充有关资料，或者对提供的资料进行说明。(2) 缔约国经过积极的努力，无法找到要求移交的人，或者经过调查，发现被请求移交的人不是逮捕证所指的人。在这种情况下，不是执行无法进行下去，就是进行下去可能发生错误，有损诉讼的公正和人权保护原则。(3) 缔约国发现，如果执行国际刑事法院的请求，将使自己违反对另一国所承担的条约义务。在国际社会关系中，一个国家可能与许多国家签订引渡条约或者刑事司法协助条约，或者根据国内法、国际法惯例，对有关国家承担相关条约义务。比如，国际刑事法院要求逮捕并移交的人，是在缔约国享有外交特权和豁免权的他国人员，或者是他国的国民，而根据与他国的相关条约，不得把这些人员移交或引渡给第三方。在这种情况下，缔约国应当与国际刑事法院磋商，请求国际刑事法院出面与有关国家协商。如果有关国家放弃了这些人员的外交特权和豁免权，或者被要求人员的派遣国同意移交的，执行逮捕并移交的缔约国可以把他们逮捕并递解给国际刑事法院。如果经过协商，有关国家同意放弃有关人员的外交特权和豁免权，或者不同意这些逮捕并移交的缔约国移交该国人员的，国际刑事法院应当放弃先前提出的请求。

第四，请求的推迟执行。请求的推迟执行是指缔约国在执行请求的过程中，发现或者发生了影响执行的法定情况而暂停，在规定的期限内不能执行完毕的情况。根据《罗马规约》的规定，推迟执行的情况有以下几种：(1) 被要求移交的人根据一罪不二罚的原则向国内法院提出质疑的；(2) 因执行请求会妨碍正在对请求所涉案件以外的案件进行调查和起诉的；(3) 有关国家、人员对案件的可受理性提出质疑，国际刑事法院还没有就案件是否具有可受理性作出断定的。上述情况发生或发现后，缔约国可以及时向国际刑事法院进行报告，待妨碍执行的情况消失后继续执行，或者在国际刑事法院作出案件不具有可受理性的断定下不再执行。

3. 竞合请求及其处理。

竞合请求是指国际刑事法院的逮捕并移交请求与其他国家的引渡请求发生冲突的情况。竞合请求包括基于同一行为的竞合请求和基于不同行为的竞合请求。

基于同一行为的竞合请求，是指缔约国在接到国际刑事法院移交某人的请求时，另外接到了任何其他国家的引渡请求，针对构成国际刑事法院要求移交该人所依据的犯罪之基础的同一行为要求引渡同一人。这种情况发生后，缔约国应及时将此情况通知国际刑事法院和引渡请求国。如果引渡请求国也是《罗马规约》缔约国，应当区别以下情况进行处理：第一，国际刑事法院事先已经对案件作出了有可受理性的断定，而且该断定已经考虑到了引渡请求国进行的调查和起诉，被请求的缔约国应当优先考虑国际刑事法院的请求；第二，国际刑事法院接到被请求国的请求竞合通知后，作出了案件有可受理性的断定，被请求国也应优先考虑国际刑事法院的请求；第三，国际刑事法院接到竞合请求的通知后，还未对竞合的案件作出可受理性断定，被请求国在等候国际刑事法院的断定时，可以酌情着手处理请求国提出的引渡请求，但在国际刑事法院作出案件不可受理的断定前，不得引渡该人。

竞合请求发生后，如果引渡请求国不是《罗马规约》的缔约国，被请求国应当区别情况进行处理：第一，被请求国没有向引渡请求国引渡该人的国际义务，国际刑事法院也就案件作出了有可受理性的断定，被请求国应当优先考虑国际刑事法院的请求；第二，被请求国没有向引渡请求国引渡该人的国际义务，而国际刑事法院对案件作出了不可受理的断定，被请求国可以酌情处理引渡请求国的请求；第三，被请求国有向引渡请求国引渡该人的国际义务，国际刑事法院也作出了案件有可受理性的断定，被请求国可以平等考虑国际刑事法院和引渡请求国的请求，并自主作出决定。在决定时，被请求国应当考虑如下因素：各项请求的日期；请求国的权益，根据情况包括犯罪是否在其境内实施、被害人的国籍和被要求引渡人的国籍；国际刑事法院与引渡请求国此后相互移交该人的可能性。

基于不同行为的竞合请求，是指缔约国接到国际刑事法院的逮捕并移交请求时，接到任何其他国家的请求，针对构成国际刑事法院要求移交该人所依据的犯罪之基础的行为以外的其他行为要求引渡同一人。这种情况发生后，被请求国应当区别情况作出处理：第一，被请求国没有向引渡请求国引渡该人的现行国际义务，被请求国应当优先考虑国际刑事法院的请求；第二，在被请求国有向引渡请求国引渡该人的现行国际义务时，被请求国可以平等考虑国际刑事法院和引渡请求国的请求，并自主作出决定。在决定时，被请求国应当考虑如下因素：各项请求的日期；请求国的权益，根据情况包括犯罪是否在其境内实施、被害人的国籍和被要求引渡人的国籍；国际刑事法院与引渡请求国此后相互移交该人的可能性；两个请求所涉行为的相对性质和严重程度。

（三）缔约国对国际刑事法院的其他合作

如前所述，国际刑事法院管辖的案件，大多数发生在缔约国境内，国际刑事法院除了在逮捕并移交有关人员方面需要缔约国合作外，在对案件的调查、起诉甚至审判方面，也需要得到缔约国的帮助，否则，就难以查明案件事实，收集到必要的证据，起诉和审判也难以顺利进行。因此，缔约国在“逮捕并移交”之外的其他合作，对国际刑事法院来说，也是非常重要的。

1. 其他合作的类别与评析。

根据《罗马规约》第 93 条的规定，缔约国对国际刑事法院其他形式的合作，目的是帮助它查明案件事实，收集必要的证据，为案件的调查、起诉乃至审判提供便利。因此，我们可以把缔约国对国际刑事法院提供的其他形式的合作分为以下三类：第一，查明事实类的合作。包括查明某人的身份和下落或物品的所在地；查明、追寻犯罪收益、财产和资产及犯罪工具。查明了这些人员、物品和财产后，可以为下一步采取措施做准备。第二，收集证据类的合作。这是其他合作中的重要内容。对刑事诉讼来说，证据是认定案件事实的唯一根据，收集证据是诉讼的核心工作。这方面合作的具体内容有：取证，包括宣誓证言，及提供证据，也包括国际刑事法院需要的鉴定意见和报告；讯问任何被调查或被起诉的人；勘验有关地点或场所，包括掘尸检验和检查墓穴；执行搜查和扣押；提供记录和文件，包括官方纪录和文件；冻结犯罪收益、财产和资产；保全证据等。第三，提供便利和保障类合作。包括：为有关人员作为证人或鉴定人自愿到国际刑事法院出庭提供便利；保护被害人和证人；向国际刑事法院临时移送有关人员。这里讲的"有关人员"，是指在缔约国因为其他案件遭到羁押的人员，把他们移送国际刑事法院，是要他们在国际刑事法院管辖的案件诉讼中，进行辨认、录取证言或其他协助工作。由于他们是在羁押之中，不能像其他证人那样自行前往国际刑事法院，需要缔约国采取特殊的措施移送过去。根据《罗马规约》第 93 条第 7 款的规定，移送这类人员需要满足以下条件：该人在被告知后自愿表示同意移送；被请求国根据与国际刑事法院商定的条件同意移送。

上述这些合作类型，几乎涵盖了刑事侦查（调查）的全部内容。缔约国可能根据国际刑事法院的请求，提供一项或数项合作，甚至提供上述所有的合作。这种合作的广度是国际刑事司法协助中所罕见的。根据《罗马规约》的规定，检察官和预审法庭承担案件的调查工作，他们应当是案件调查的主体。但由于国际犯罪的特殊性，有调查权的检察官和预审法庭可能无法开展实际的调查，因而，案件调查的实际工作多数落到了缔约国有关当局的身上。但是，我们也应当看到，缔约国开展的调查工作，并不是像国内案件调查那样有完全的独立性，他们必须根据国际刑事法院的请求、预审法庭的决定和检察官的指导进行，因而具有从属的性质。

2. 其他合作的基本程序。

其他合作的基本程序与逮捕并移交的程序大体相同，只是在一些具体内容上有些微的差别。根据《罗马规约》第 96 条、第 97 条及其他条文的规定，其基本程序大体如下：

第一，请求的提出。其他合作请求提出的方式、途径与逮捕与移交相同，不同之处是在请求书的内容上。根据《罗马规约》的规定，其他合作根据具体情况，请求书应载有或附有下列资料：（1）关于请求的目的和要求得到的协助，包括请求的法律根据和理由的简要说明；（2）关于为提供所要求的协助而必须找到或查明的任何人物或地点的所在或特征的尽可能详细的资料；（3）与请求有关的基本事实的简要说明；（4）须遵行任何程序或要求的理由及其细节；（5）根据被请求国法律的要求，须为执行请求提供的资料；（6）提供要求得到的协助所需的任何其他资料。

第二，问题协商与磋商。在缔约国执行国际刑事法院其他合作请求的过程中，可能会遇到一些问题，影响请求执行的，《罗马规约》为此安排了协商与磋商的机制。如果被请求国在执行过程中，基于一项普遍适用的现行基本法律原则，不能执行某项请求的，被请求国应从速与国际刑事法院协商，以便找到协助的其他方式、延后执行或者提出协助的附带条件。被请求国如果发现执行请求所需的资料不足的，需要从速与国际刑事法院磋商，以便补足资料或对执行作其他处理。被请求国如果发现执行请求将使自己违反对另一国承担的条约义务的（比如，扣押、冻结的财产、资产涉及另一国的享有豁免权的财产、资产的，如果没有另一国的同意，执行下去会违反对另一国承担的条约义务），被请求国也必须与国际刑事法院磋商。如果经过与国际刑事法院磋商，以及国际刑事法院与有关国家协商，第三国放弃了豁免权的，被请求国可以继续执行国际刑事法院的请求，否则，国际刑事法院应当放弃此项请求。

第三，对请求的拒绝执行。一般来说，缔约国对于国际刑事法院的请求，都应当予以执行。《罗马规约》规定了一种拒绝执行的情况：只有在要求提供的文件或披露的证据涉及被请求国国家安全的情况下，缔约国可以全部或部分拒绝协助请求。被请求的缔约国如果拒绝协助请求，应从速将拒绝理由通知国际刑事法院或检察官。[①]

3. 执行合作的具体方式。

根据《罗马规约》第 99 条的规定，被请求的缔约国执行合作的方式有三种：

（1）由缔约国有关当局根据国际刑事法院的请求，按照《罗马规约》以及其国内法的规定，单独执行，并将有关的证据、文件或情况报告提交国际刑事法院。

---

① 参见《国际刑事法院规约》第 93 条第 4、6 款，第 72 条。

（2）由被请求的缔约国当局执行，但要有国际刑事法院请求书中指定的人到场并提供协助。这种执行方式也是依照执行国的法律和《罗马规约》的要求进行的，“请求书中指定的人到场并提供协助”这种做法是被请求国的法律所不禁止的。

（3）由国际刑事法院直接在被请求的缔约国执行。这种形式属于“直接执行”的方式。“直接执行”应当具备以下条件：1）执行请求无须采取任何强制性措施；2）经与被请求的缔约国协商取得该国同意的；3）所涉及的人员（比如证人或证据持有人）愿意的；4）犯罪是在被请求的缔约国境内发生。这种执行方式包括与某人面谈，向某人取证，检查公共现场或其他公共场所等。

第十一章　刑事管辖权的国际冲突与协调

一、刑事管辖权国际冲突的内涵及成因

（一）刑事管辖权国际冲突的内涵

1985年10月7日，一艘环球航行的意大利籍超级豪华客轮——阿基莱·克劳号，在埃及塞得港以北30海里的海域，被4名自称是“巴勒斯坦解放组织成员”的武装分子所劫持。当时，这艘客轮正从亚历山大港驶向塞得港，船上载有400名游客和乘员。游客中有14人是美国公民。劫持者在劫得客轮后，提出了释放人质的条件：要求以色列当局释放因恐怖活动罪而被关押在监狱里的50名巴勒斯坦人，如果要求得不到满足，则将处死全部人质，且第一批处死的将是被单独隔离的美国公民。劫船事件发生后，有关国家或者发表声明，谴责劫持人质行为；或者紧急磋商，研究解救人质的办法。在一系列的外交接触和磋商后，意大利、联邦德国、埃及和巴勒斯坦解放组织的代表与劫持者进行了谈判，没有结果。1985年10月9日，巴勒斯坦解放组织的代表和埃及官员在国际红十字会代表的陪同下，同劫持者进行了80分钟的谈判，双方达成了协议：劫持者放弃劫持行动，将客轮退还埃及当局，释放所有人质，向埃及当局投降；作为交换，埃及当局为劫持者提供安全渠道，让劫持者去往一个未予披露的地方。在处理劫船事件的过程中，发现一个美国游客被杀害，尸体是在叙利亚海岸被发现的，尸体上有两个弹孔。1985年10月10日，埃及政府将4名劫持者和2名巴勒斯坦谈判代表送上一架埃及的民航客机。客机在飞行途中，遭到美国战斗机的拦截，被迫降落在意大利西西里岛的一个美国和北约组织的联合空军基地。随即，劫持者被意大利当局拘留。在意大利对4名劫持者收审后，美国总统里根要求意大利将4名劫持者引渡到美国。里根认为，劫持者的海盗行为将在意大利受审，而其杀害美国公民的行为则应当在美国受审。美国为此对劫持者签发了拘捕令，并对他们控以

劫持人质罪、公海海盗行为罪等罪状。巴勒斯坦解放组织主席阿拉法特认为，如果4名劫持者是巴勒斯坦解放组织的成员，巴勒斯坦解放组织有权审判。意大利没有理会美国的要求和阿拉法特的意见，他们对这起案件进行了审判。在这4名劫持者中，有3人被定罪，分别被判处15年、24年、30年不等的有期徒刑。第4名劫持者因年少未被定罪判刑。

在这起案件中，犯罪地点在公海，犯罪分子是巴勒斯坦解放组织的成员，被劫持船舶是意大利客轮，有一个美国公民被害，被劫持船舶最后停靠埃及的港口，埃及控制了犯罪嫌疑人。而且，埃及和美国都是1979年《反对劫持人质国际公约》的缔约国。因此，埃及、意大利、美国和巴勒斯坦对本案都有刑事管辖权。埃及因在与劫持者谈判时有承诺，放弃了刑事管辖权。巴勒斯坦虽然声称对本案有管辖权，但是没有采取相应的管辖行动。美国和意大利不仅对本案声称管辖权，而且采取了一定的管辖行动，因此，两国之间发生了实际的刑事管辖权冲突。

在本书的第六章，笔者对我国不同法域间的刑事管辖权的冲突作了若干粗浅的分析。本章所述的刑事管辖权冲突与国内不同法域间刑事管辖权的冲突是不相同的，这里的刑事管辖权冲突超出了一国的范围，属于刑事管辖权的国际冲突。刑事管辖权的国际冲突表现为国家与国家之间、国家与国际组织之间在行使刑事管辖权方面所发生的竞合或者“盲区”。刑事管辖权“竞合”是指，根据国际法和有关国家的国内法规定，有两个以上的国家（国际组织）可以对同一案件行使刑事管辖权。刑事管辖权的“盲区”是指对同一个案件没有一个国家或者国际组织行使刑事管辖权。这种情况在司法实践中一般表现为有义务和条件行使刑事管辖权的国家或国际组织放弃刑事管辖权。例如，在下列案件中，就出现了刑事管辖权“盲区”。1981年3月初，巴基斯坦航空公司的一架波音727客机在从卡拉奇飞往白沙瓦的途中被三名恐怖分子劫持到阿富汗首都的喀布尔机场。当时，苏联的军队实际控制喀布尔机场。阿富汗和苏联都是《关于制止非法劫持航空器的公约》的签字国，都有义务对该劫持飞机的刑事案件进行管辖，采取措施恢复合法机长对航空器的有效控制。但是，阿富汗当局和苏联占领军，听任犯罪分子非法控制飞机13天之久，并伤害一名人质。在司法实践中，刑事管辖权的“盲区”是比较罕见的。从理论上说，刑事管辖权“盲区”可能只是一种暂时的状态，因为有管辖权的国家或者国际组织，在国际社会的压力下，或者在条件成熟时，一般会依法行使刑事管辖权。因此，在下面的论述中，笔者将重点就刑事管辖权的竞合进行研究。

刑事管辖权的国际冲突也包括法律上的冲突和实际上的冲突两个层次。在上述案例中，埃及与意大利、美国之间，就存在法律上的冲突。因为不论是根据埃及、意大利和美国的国内刑法，还是根据《反对劫持人质国际公约》的规定，埃及、意大利、美国对这起劫持案件都享有刑事管辖权。但是，控制了犯罪嫌疑人的埃及并没有采取实际的管辖措施，也没有声称其行使刑事管辖权，所以它与其他国家的刑事管辖权的冲突，仅仅停留在法律规定的层面上，没有发生实际的冲突。在上述案例中，美国和意大利的刑事管辖权冲突，不仅停留在国际公约和他们各自的国内法中间，而且双方都声言有管辖权，并采取了实际的管辖措施，属于实际的刑事管辖权冲突。

刑事管辖权的国际冲突与一国否定另一国的刑事管辖权，是两个既互相联系又相互区别的范畴。刑事管辖权国际冲突的实质，是两个以上国家或国际组织的刑事管辖权的矛盾和对立，其表现是一个国家（或国际组织）的刑事管辖权排斥另一个国家（或国际组织）的刑事管辖权。因此，刑事管辖权国际冲突的前提是必须有两个以上刑事管辖权的存在。对他国刑事管辖权的否定，并不以有两个刑事管辖权的存在为前提。一个对案件完全没有管辖权的国家，也可以在口头上或行动上对他国行使刑事管辖权的行动进行否定。例如，甲国公民 A 在甲国犯杀人罪后，逃至乙国。甲国与乙国没有签署与引渡内容有关的协定，也没有建立外交关系，无法直接从乙国将 A 引渡回国。因此，甲国请求丙国向乙国提出引渡请求。乙国予以拒绝，理由是丙国对本案没有刑事管辖权。在这个案件中，乙国对本案没有刑事管辖权，但它否决了丙国的请求，实际是否定丙国对本案的刑事管辖权。乙、丙两国也没有发生刑事管辖权冲突，因为两个国家对本案都没有刑事管辖权。

刑事管辖权的国际冲突和国际刑事法律的冲突是两个既有联系又有区别的概念。“所谓国际刑事法律冲突，就是指各主权国家对国际性犯罪适用刑法而产生的冲突。进一步讲，就是指各主权国家对国际犯罪、跨国犯罪以及含有涉外因素的刑事犯罪是否行使刑罚权、是适用国际刑事规范还是国内刑法，以及适用本国刑法还是他国刑法而产生的冲突。”① 可见，国际刑事法律的冲突，属于法律冲突的一种，刑事管辖权的国际冲突，是国家司法主权在管辖刑事案件时发生的冲突，两者是不同的。但是，由于

① 陈正云主编：《中国刑事法律冲突论》，25～26 页，北京，中国法制出版社，1997。

刑事管辖权与刑事法律有紧密的联系，所以两种冲突不可能是毫不相干的。首先，刑事管辖权的国际冲突，伴随着刑事法律的冲突。在国际社会发生的刑事管辖权冲突，主要由于不同国家的刑法、国际条约在刑事管辖权的规定上发生了竞合引起的。其次，刑事管辖权的国际冲突是刑事法律冲突的一种表现形式。一般来说，一个国家的司法机关在进行刑事诉讼时，只会适用本国的刑事法律，不会适用外国的刑事法律，这与民事诉讼是不同的。所以，当刑事管辖权不发生国际冲突时，当一个国家进行刑事诉讼不需要他国协助时，不存在考虑适用外国刑法的问题，因此，也不会发生国际刑事法律的冲突。但是，当发生了刑事管辖权国际冲突时，就出现了研究别国刑事法律的需要。如果两个国家规定的管辖权出现竞合，两国刑事法律就发生了冲突。此外，在需要他国提供刑事司法协助时，请求国与被请求国之间也发生了按照哪国刑事法律的规定提供刑事司法协助的问题。因此，笔者认为，国际刑事法律的冲突与刑事管辖权的国际冲突虽属不同的范畴，却有不可分割的关系。

（二）刑事管辖权国际冲突的成因

在国际社会，刑事管辖权的冲突是经常发生的。造成刑事管辖权国际冲突的因素，有以下几个方面：

1. 各国法律在刑事管辖权的规定上发生竞合。

国家的刑事管辖权，不仅针对发生在本国领域内的案件，而且在某些时候也适用于发生在本国领域外的案件。当今世界，刑事管辖权主要由国家行使，多数国家为了维护自己的主权，在国内的刑事法律中，不仅规定领域管辖权，而且还规定属人管辖权、保护管辖权和普遍管辖权。这样，国家不仅对发生在自己领域内的犯罪行使刑事管辖权，而且对某些发生在其领域外的犯罪，也享有一定的刑事管辖权。在多数国家都作这样规定的情况下，刑事管辖权的竞合就成为极其普遍的现象。例如，一国公民在他国犯罪，犯罪地国对该案拥有领域管辖权，犯罪人国籍国对该案拥有属人管辖权。如果案件的被害人是第三国的公民，被害人国籍国对本案还拥有保护管辖权。在这一个案件上，三个国家的刑事管辖权就发生了竞合。

2. 多数国际公约中关于“多重管辖权”的规定，加剧了国家间刑事管辖权的冲突。

为了打击严重的国际犯罪，严密法网，防止缔约国不履行条约义务致使犯罪分子逍遥法外，国际社会签订的一些国际公约，大多都规定了“多重性的刑事管辖权”，既允许缔约国依照条约的规定行使刑事管辖权，也希望缔约国（甚至非缔约国）按照各自国内法的规定行使刑事管辖权；既允许缔约国根据领域管辖原则行使管辖权，也允许缔约国按照旗（籍）国管辖原则、属人管辖原则、保护管辖原则、普遍管辖原则行使管辖权。这种做法在早期缔结的国际公约中甚为明显，晚近通过的国际公约，虽然注意到了“多重性管辖权制度”可能造成的负面影响而有所改变，但仍未根本解决这些问题。例如，《关于制止非法劫持航空器的公约》（海牙公约）第4条规定：“一、在下列情况下，各缔约国应采取必要措施，对罪行和被指称的罪犯对旅客或机组所犯的同该罪行有关的任何其他暴力行为，实施管辖权：（甲）罪行是在该国登记的航空器内发生的；（乙）在其内发生罪行的航空器在该国降落时被指称的罪犯仍在该航空器内；（丙）罪行是在租来时不带机组的航空器内发生的，而承租人的主要营业地，或如承租人没有这种营业地，则其永久居所是在该国。二、当被指称的罪犯在缔约国领土内，而该国未按第八条的规定将此人引渡给本条第一款所指的任一国家时，该缔约国应同样采取必要措施，对这种罪行实施管辖权。三、本公约不排斥根据本国法行使任何刑事管辖权。”从这条规定可以看出，对劫持航空器的犯罪，航空器登记国、航空器降落地国、承租人的主要营业地国或者永久居所地国、发现罪犯在其领土内的缔约国以及根据本国法有管辖权的所有国家，都可以行使刑事管辖权。这些交织重叠的多重刑事管辖权并存，必然引起实践中冲突的大量发生。2003年10月31日第58届联合国大会通过的《联合国反腐败公约》，虽然对“腐败犯罪管辖权”行使层次进行了划分，但仍没有根本改变多重管辖权并存的状况。①

3. 国际间人员往来频繁，“犯罪与管辖的联系因素”② 涉及两个以上国家的刑事案件大量出现。

随着现代科学技术的迅猛发展，交通方式越来越现代化，不同国家人员往来日益频繁。人员的国际流动加强了国与国之间、不同国家之间人民的交流，这对于推动经济、文化的共同发展，起到了重要的作用。但是，我们已经看到，它也使犯罪现象发生了深刻而复杂的变化，出现了为数不

---

① 参见《联合国反腐败公约》第42条。

② 按照“一国不得对与其毫无关系的人、事、物行使管辖权”的基本原理，行使管辖权的国家（地区）必须和其管辖的犯罪有一定的联系因素，这就是这里说的“犯罪与管辖的联系因素”。这些因素包括：犯罪行为地、犯罪结果地、犯罪行为人的国籍或居住地、被害人的国籍、犯罪行为指向的国家以及有关打击国际犯罪条约的缔约国等。

少的涉及两个以上国家的刑事案件。这些刑事案件主要包括以下类型：

（1）犯罪行为发生在一个国家，犯罪结果却发生在另外的国家。例如，几个中国公民在国内诱骗少女到国外打工，到了国外后，将他们交给国外的犯罪集团，在这些犯罪集团的控制下被强迫卖淫。

（2）犯罪的实行行为、预备行为不在一个国家，兼跨两个或两个以上国家。例如，犯罪分子在阿拉伯的某个国家密谋劫持西方某个国家的飞机，并拟订了实施方案，向参加的人员进行了布置，还准备了不易被机场安全人员发现的凶器，然后潜入亚洲某国，登上了美国的客机，在飞行途中实施劫持行为。

（3）一个人在不同国家连续实施犯罪。例如，某国公民在美国犯下了信用证诈骗案，受到美国警方通缉，逃到香港，又实施同样的犯罪。涉及到的国家都有领域管辖权。

（4）一个人持续在不同的国家犯有一罪。例如，一对日本夫妇，在中国工作期间，丈夫开始虐待妻子，6 个月后回到日本，持续虐待行为。妻子不堪忍受，向警方告发。这个案件中的虐待行为，持续在中日两国发生，中日两国均有领域管辖权。

（5）一个国家的公民在其他国家犯罪。例如，日本公民在美国杀害了自己的同胞，构成杀人罪。美国有领域管辖权，日本有属人管辖权。

（6）一个国家的公民在本国对他国公民或者他国国家犯罪。例如，日本公民在日本杀害中国留学生，日本对此案有领域管辖权，中国对此案也有保护管辖权。

（7）不同国家的公民共同犯罪。这种情况包括：第一，不同国家的公民在一个国家共同犯罪。例如，某中国公民与某俄罗斯公民在莫斯科共同实施诈骗罪，俄罗斯对本案有领域管辖权和属人管辖权，中国有属人管辖权。第二，不同国家的公民在不同国家实施数起犯罪。发生案件的国家有领域管辖权，犯罪人所属国有属人管辖权。

（8）在一个国家登记的船舶或者航空器内犯罪，犯罪时该船舶、航空器在其他国家的领域内。例如，一个美国船员在美国客轮上强奸妇女，而犯罪发生时该船舶正停靠在韩国港口，美国对此案有“旗（籍）国管辖权”，韩国有领域管辖权。

（9）一国公民在公海犯有海盗罪或者其他国际罪行，潜逃到有关缔约国。本人所属国有属人管辖权，发现犯罪嫌疑人的国家有普遍管辖权，被害人所属国有保护管辖权。

4. 两个以上国家对同一个案件提出管辖要求。

两个以上国家对同一个刑事案件提出管辖要求，是刑事管辖权发生实际冲突的必要条件。即使两个国家的法律在刑事管辖权的规定上发生竞合，但在两国之间发生互涉刑事案件后，一国行使了或即将行使管辖权，而他国没有提出异议，也没有采取实际的管辖行动，就不存在实际的刑事管辖权冲突。只有在案件发生后，两个以上的国家（国际组织）都对案件提出了管辖的要求，或者都采取了实际的管辖行动，才发生实际的刑事管辖权冲突。

二、刑事管辖权国际冲突的现状

（一）刑事管辖权国际冲突的表现形式

在国际社会，刑事管辖权发生实际冲突的表现形式有两种，其一是案件发生后还没有处理前的管辖权争夺；其二是一个国家在他国对某个案件行使了刑事管辖权后，再次对该案件进行起诉、审判和处罚。前一个简称“争管”，后一个简称“重新起诉”。

1. 争管。

争管是指当一个刑事案件发生后，与案件有某种联系的数个国家（国际组织），根据其国内法或者国际法的规定，竞相提出管辖该刑事案件的要求，或者在他国进行管辖的过程中，提出异议要求正在管辖案件的国家，放弃管辖，移交本国管辖，而正在管辖案件的国家予以拒绝的。刑事案件的争管发生后，如果没有一方妥协，或者冲突各方不能达成协议，可能出现两种后果：一是由实际控制了犯罪嫌疑人、被告人的国家行使管辖权；二是由于相关国家不能配合，案件事实查不清楚，最后放纵犯罪嫌疑人。有一起犯罪嫌疑人叫杨沃亮的案件就是一个典型的例证。

杨沃亮，男，1959年12月6日生，持香港居民身份证。1989年春节后，杨与广东鹤山县沙坪镇某银行女干部张某建立了恋爱关系。同年年底，张某发现杨沃亮有赌博恶习，且已经欠下他人十多万元赌债。为此，二人关系由热变冷。期间，张某提出中断恋爱关系，杨沃亮不同意，仍对张纠缠不休，最后导致二人关系进一步恶化。1990年6月15日下午6时许，张某被人扼死在她的宿舍里，经侦查，杨沃亮有重大嫌疑。1990年6月21日和22日，广东警方分别致函澳门警方和香港警方，要求协助查缉杀人嫌疑犯杨沃亮。1993年12月5日，广东警方接到澳门警方通报，告知杨沃亮已在澳门被抓获，广东警方经采取指纹鉴定等进一步的侦查措施，确认杨沃亮就是杀人凶手。1993 年 12 月 6 日，广东警方要求澳门警方按照双方达成的默契和惯常做法，将杨沃亮移交内地司法机关处理，但澳门警方以杨沃亮系香港公民为由，希望通过引渡程序解决移交问题。考虑到澳门当时仍在葡萄牙管治下的客观事实，中国政府于 1994 年 1 月通过外交途径告知葡萄牙驻华大使馆，请求葡萄牙将杨沃亮引渡给中方，并表示中国将在对等互惠的基础上，对葡萄牙政府今后类似的请求给予合作。但是，葡萄牙宪法法院根据葡萄牙宪法第 33 条第 3 款的规定，认为被引渡人所犯之罪属于可判死刑之罪，绝对不能引渡，否决了澳门高等法院同意引渡的裁决。在引渡不能的情况下，澳门高等法院命令将杨沃亮交澳门司法机关处理。1995 年 10 月 20 日，澳门刑事预审法院致函新华社澳门分社，希望通知内地司法机关予以配合，将与杨沃亮犯罪事实有关的证据材料交给澳门司法机关。对于葡萄牙的无理要求，我方予以拒绝。1996 年 1 月 16 日，新华社澳门分社致函澳门刑事预审法院，再次重申中国内地司法机关对杨沃亮案具有无可争议的刑事管辖权，并保留对杨沃亮的追诉权。1996 年 1 月 23 日，澳门刑事预审法院以中方不提供合作，令案件无法开审，且犯罪嫌疑人羁押期满为由，宣布释放了杨沃亮。①

在本案中，杨沃亮犯罪事实昭然若揭，只是因为葡萄牙当局的无理要求，形成“争管”，导致杨沃亮逃避了法律制裁的严重后果。

“争管”在当今国际社会是极其普遍的，本章一开始叙述的案例，也是一个典型的“争管”案件。

2. 重新起诉。

所谓重新起诉，是指在其他国家处理了某刑事案件后，另一个国家对他国处理过的案件重新起诉的情况。重新起诉的实质是对他国已经行使过管辖权的案件，再次行使管辖权。这样，一个案件受到两个国家刑事管辖权的覆盖，后行使刑事管辖权的国家，实际上否定了前一个国家的刑事管辖权。

重新起诉作为一项法律制度，存在于很多国家的刑法中。意大利刑法第 11 条（关于重新审判）规定，“在第 6 条规定的情况下，公民或者外国人在意大利接受审判，即使已经在外国受到审判。在第 7 条、第 8 条、第 9 条和第 10 条规定的情况下，如果司法部长提出有关的要求，已经在外国受到审判的公民或者外国人将在意大利重新接受审判”。我国刑法第 10

① 参见赵国强：《杀人嫌疑犯杨沃亮引渡案》，载《判例与研究》，1999 (1)。

条规定：凡在中华人民共和国领域外犯罪，依照本法应当负刑事责任的，虽然经过外国审判，仍然可以依照本法追究，但是在外国已经受过刑罚处罚的，可以免除或者减轻处罚。韩国刑法第 7 条规定："由于犯罪，在外国已经受到刑罚全部或者一部执行的，可以免除或者减轻处罚。"从这条规定可以看出，韩国也规定有"重新起诉"的制度。

在国际社会，也多次发现重新起诉的司法判例。"一个荷兰妇女，由于她同外国人结婚，根据荷兰国籍法丧失了原有的荷兰国籍。就在她失去荷兰国籍以后，在外国犯了罪，并受到犯罪地法院的审判和处罚。后来，她与她的丈夫离婚后返回荷兰，重新取得荷兰国籍。荷兰法院又根据荷兰刑法对她重新提起刑事诉讼并处罚。被告人向海牙上诉法院提出上诉。1952 年海牙上诉法院作出判决，它援引荷兰刑法第 5 条第 2 款的规定，认为在国外犯罪以后才取得荷兰国籍的人，可以在荷兰被起诉。该法院还认为，外国法院已经判罪处刑的事实，不能排除在荷兰对该被告人重新提起刑事诉讼并处罚，只能在量刑时予以考虑。"① 美国历史上也有过重新起诉的案例。意大利公民帕帕吉欧，在纽约犯了杀人罪后逃回意大利。1920 年在意大利被捕并被交付法院审判，意大利法院判处他 6 年 4 个月的有期徒刑（不包括审判前被监禁的 3 年），刑满释放后，他于 1931 年回到美国，纽约州的法院又以杀人罪对他重新进行审判。②

对本国有管辖权的案件重新起诉，尽管可以维护国家的刑事管辖权，但是，对于保护被告人人权来说则是极为不利的。一个人因为一次犯罪而受到两次甚至两次以上的刑事追究，违背了国际社会公认的"一事不再理原则"，也容易发生"罚大于罪"的现象，违背"罪、责、刑相适应的刑法基本原则"。为了求得维护国家刑事管辖权和保障犯罪行为人人权之间的平衡，笔者认为，应当严格限定重新提起诉讼的案件范围，只有在以下情况下，才可以重新起诉：第一，依据本国法律，被告人的行为构成犯罪，而外国法院判决无罪的。第二，被告人的行为严重侵犯国家利益，外国法院判处的刑罚极其轻微，罚不当罪的。第三，本属数罪，外国法院作一罪判决的。第四，外国法院的判决，严重忽视被害人合法权益的。例如，没有判处被告人赔偿被害人经济损失等。第五，其他严重违背本国刑法规定的原则的。

---

① 林欣：《国际法中的刑事管辖权》，22～23 页，北京，法律出版社，1988。

② 参见林欣：《国际法中的刑事管辖权》，26～27 页，北京，法律出版社，1988。

（二）刑事管辖权国际冲突可能带来的严重后果

国际上发生的刑事管辖权的实际冲突，对于有关国家之间的国际关系，甚至整个国际秩序，都是有害的。如果不能依照国际法进行处理，可能会出现以下严重后果：

第一，接续发生侵犯他国主权的事件。在本章一开始就述及的案例中，由于埃及没有按照美国的意愿将劫持客轮并杀害美国公民的犯罪人引渡给美国，导致了美国动用战斗机拦截埃及民航客机的恶性事件。事件发生后，埃及的穆巴拉克总统提出以“航空海盗”行为来控告美国政府，指责美国政府指使其空军拦截埃及的民用航空客机是破坏和践踏国际法的行为。① 这个事件，从性质上来讲，是一起严重侵害埃及主权的大事件。尽管埃及的民航客机上有劫持客轮的犯罪分子，但是，他们的犯罪早已停止，飞机上并没有发生犯罪，它的飞行也是正常的，是不容侵犯的。美国采取霸权主义行径，竟然动用战斗机来对付民航客机，严重威胁了客机及其乘员、乘客的安全，是对埃及主权和国际航空秩序的严重践踏。

第二，造成有关国家外交关系的全面恶化。1988 年 12 月 21 日，泛美航空公司第 103 次航班执行从伦敦到美国纽约的任务。机上的乘客大多数是回家过圣诞节的美国人。飞机从伦敦起飞后 42 分钟，在 31 000 英尺的高空发生爆炸，致使 270 人死难，这就是闻名于世的“洛克比空难”。事情发生后，经过英美两国联合侦查，认定这起空难是利比亚人迈格拉希和费希列两人干的。英国以“属地”为理由主张刑事管辖权，美国以“保护原则”和“航空器注册地”为理由主张刑事管辖权，利比亚以“犯罪嫌疑人为本国公民为理由”也主张刑事管辖权，反对将两个犯罪嫌疑人引渡给英美。1991 年 11 月，迈格拉希和费希列在美国被起诉，但利比亚拒绝将此二人交给美国联邦调查局。1992 年，美国联合英国等国家对利比亚实行经济及其他方面的制裁。“先是禁止航空旅行和军火贸易，还有对利比亚官员出国旅行进行限制。一年以后，制裁进一步加强，包括冻结利比亚在国外的金融资产以及限制该国为石油工业进口设备。据利比亚去年的统计，制裁已经造成大约 265 亿美元的经济损失，因为药物匮乏还造成了 1 万多人的死亡。”② 不仅如此，美国还在 1996 年派出大批飞机到利比亚

① 参见李世光、虞源澄：《意大利阿基莱·克劳号豪华客轮劫持案》，载《中国国际法年刊》，1990。

② 《洛克比空难两疑犯抵荷兰受审》，载《参考消息》，1999-04-07。

首都的黎波里上空进行轰炸，以示报复。因一起刑事案件的管辖权冲突而导致利比亚与美国、英国等西方国家关系全面恶化，在历史上还是空前的。

三、刑事管辖权国际冲突的协调

（一）协调刑事管辖权国际冲突的现状

国际上刑事管辖权的冲突是大量存在的，而目前国际社会又缺乏协调刑事管辖权冲突的有效机制和手段。当两个国家的刑事管辖权发生冲突后，多数是由冲突双方自行解决，这种双方自行解决冲突的结果，往往是强大的国家利用自己的势力，对发生冲突的对方国家施加压力，迫使对方屈服，有的甚至不惜动用武力。势力相差不大的国家，往往是控制了犯罪嫌疑人的国家，最终将获得刑事管辖权。而弱小的国家在冲突中，或者屈服对方的压力，放弃刑事管辖权，或者为行使刑事管辖权付出惨重的代价。也有少数国家在发生纠纷后，通过双方协商解决，协商不成时，共同将纠纷提交国际法院进行审判，以裁决结果来确定由哪一国行使刑事管辖权。“荷花号案件”就是一个典型的例子。

1926年8月，法国邮船“荷花号”在公海撞沉了一艘土耳其轮船波兹——库特号，致使8名土耳其人落水身亡。当“荷花号”驶抵土耳其首都君士坦丁堡后，土耳其当局逮捕了法国邮船上的一名负责守望的法籍船员，连同土耳其轮船的船长，一并以杀人罪向法院提起刑事诉讼。土耳其法院根据土耳其刑法的规定，判处法国邮船上的那位负责守望的法籍船员徒刑和罚金。法国政府为此提出抗议，认为土耳其对于在公海上的外国人在外国船上的行为无管辖权，两国随即发生刑事管辖权冲突。经过多次交涉，法国和土耳其于1926年10月达成协议，将这一争执案件提交海牙常设国际法院，要求海牙常设国际法院对土耳其是否有权管辖“荷花号”案件进行裁决。1927年9月7日，海牙常设国际法院作出裁决，判定土耳其对“荷花号”一案行使刑事管辖权并不违反国际法规定的原则。尽管国际法学界对这个裁决有相当大的争议，但是，法国、土耳其两国还是遵从了国际法院的裁决。① 像法国和土耳其这样达成裁决协议并接受裁决的事例并不多见，因为冲突发生后，由于事关国家主权，冲突双方很难达成协议。

---

① 参见詹宁斯、瓦茨修订：《奥本海国际法》，1卷，1分册，337～338页，北京，中国大百科全书出版社，1995。

在国际犯罪方面，刑事管辖权的冲突不仅是常见的，而且解决起来更加复杂。其原因有以下几个方面：首先，国际社会对国际犯罪的认识仍然存在分歧，这会导致在行使刑事管辖权方面，因为对犯罪性质的认识不同而发生冲突。对于国际犯罪的定义及范围，尽管有相应的国际条约加以界定，但世界上并不是所有国家都参加了国际条约，没有参加的国家对国际条约规定的犯罪，不会当做国际犯罪对待，也不按照条约承担管辖义务。此外，即使都是缔约国，对于实际发生的同一个犯罪，在一国可能认为是国际犯罪，另一国可能就不认为是国际犯罪，这样，一国要适用国际条约，另一国反对适用国际条约，发生冲突就不可避免了。其次，由于当前对国际犯罪的管辖主要是主权国家，而目前相当多的国际条约在对国际犯罪刑事管辖权的规定上，为了防止出现管辖的“盲区”，大都采用了并行管辖的规定，即规定了多个国家都有管辖权。同时，这些统一又鲜有关于行使刑事管辖权先后顺序的规定，也没有规定在刑事管辖权发生纠纷或者冲突时的解决办法，一旦发生刑事管辖权冲突，缔约国不能依靠有关国际条约予以解决。下面以《反对劫持人质国际公约》为例予以说明。该公约第5条规定：“1. 每一缔约国应采取必要的措施来确立该国对第一条所称任何罪行的管辖权，如果犯罪行为是：（A）发生在该国领土内或在该国登记的船只或飞机上；（B）该国任何一个公民所犯的罪行，或经常居住于其领土的无国籍人（如该国认为恰当时）所犯的罪行；（C）为了强迫该国做或不做某种行为；（D）以该国国民为人质，而该国认为适当时。2. 每一缔约国于嫌疑犯在本国领土内，而不将该嫌疑犯引渡至本条第1款所指的任何国家时，也应采取必要措施，对第一条所称的罪行确立其管辖权。3. 本公约不排除按照国内法行使的任何刑事管辖权。”从这个条文可以看出，对劫持人质有关的国际犯罪，以下七种国家都有刑事管辖权：第一，犯罪发生地国；第二，发生犯罪的船籍国、机籍国；第三，犯罪行为人所属国或经常居住地国；第四，被胁迫国；第五，被害人所属国；第六，发现犯罪人的国家；第七，其他根据国内法规定有刑事管辖权的国家。这七种国家都有刑事管辖权，到底由哪一个行使呢？该公约既未明确上述七种国家行使刑事管辖权的先后顺序，亦未规定当发生冲突时的解决办法。因此，在“阿基莱·克劳号”案件发生后，美国置国际法于不顾，不惜出动战斗机拦截埃及的民航客机，妄图实现对案件的刑事管辖权，这个看似荒唐的举动，也就不足为奇了。

从上面的分析可以看出，当今国际社会还没有形成解决刑事管辖权冲突的法定秩序，对刑事管辖权冲突的协调仍然处于无序的状态，这是摆在我们面前急需解决的紧迫任务。

（二）协调刑事管辖权国际冲突的原则

国际上刑事管辖权的冲突，也属于一种国家间司法主权的冲突，是一种国际纠纷。因此，对它的处理需要慎之又慎，不能草率行事。我们必须首先设定协调刑事管辖权冲突的原则和模式，然后才可以研究协调的具体规则。

在国际上，协调刑事管辖权冲突的原则，应当是刑事管辖权发生冲突的各方在协调其冲突时必须遵循的基本准则。根据国际法确认的解决国际争端的原则和协调刑事管辖权国际冲突的特殊性，笔者认为协调刑事管辖权冲突的原则有以下几个。

1. 主权平等原则

主权是一个国家独立自主地处理本国内外事务的最高权力，它是组成国家的基本要素，是国家最根本、最主要的属性。当今国际社会，没有一个凌驾于国家之上的国际组织，尊重国家主权，是处理一切国际事务的出发点和归宿。因此，《联合国宪章》第 2 条在规定联合国及其会员国应当遵循的原则时，将“会员国主权平等原则”作为第一个原则进行了规定。

国际上刑事管辖权冲突是国际争端的一种表现形式，这种冲突的主体主要是主权国家，只有坚持主权平等的原则，才会使刑事管辖权冲突得到公正、合理的解决。

在国际上协调刑事管辖权冲突中贯彻“主权平等原则”，其主要内容有：第一，不论大国、小国，强国、弱国，富国、穷国，在协调刑事管辖权冲突时，其地位是平等的。在确定由哪一国行使刑事管辖权时，不以大小、强弱和贫富为标准，而以案件发生的具体事实和国际法、有关国内法的规定作为衡量依据。在解决刑事管辖权冲突时，坚决反对大国欺负小国，强国欺负弱国，富国欺负穷国。第二，在协调刑事管辖权冲突的过程中，以及在行使刑事管辖权时，应当尊重他国的主权，严禁采取一切有损于他国主权的措施，如强行或秘密到他国境内抓获犯罪嫌疑人或者被告人，以达到本国行使刑事管辖权的目的。第三，在他国选择放弃或者行使刑事管辖权的时候，应当由他国自主决定，不得对其施加压力，干扰他国的自由意志。

2. 和平解决争端原则

《联合国宪章》第 33 条第 1 项规定：“任何争端之当事国，于争端之继续存在足以危及国际和平与安全之维持时，应尽先以谈判、调查、调停、和解、公断、司法解决、区域机关或区域办法之利用或各该国自行选择之其他和平方法，求得解决。”这就是当今国际社会“和平解决国际争端原则”的主要法律渊源。

国际上刑事管辖权的冲突，也属于国际争端的一种，当然要遵循这个原则。经历了太多的战争、流血和人间惨剧之后，人们越来越清楚地认识到，和平与发展是当今社会两大主题，是任何人也阻挡不了的世界潮流。

和平解决争端原则要求冲突的各方，应当选择和平的方式、方法解决冲突。和平的方式包括谈判、调停、司法裁决等。和平解决包括反对一方对他方使用武力或武力威胁，也包括反对采取违反国际法的其他方式、方法。

为了实现和平解决刑事管辖权冲突的原则，国际社会应当为此付出一定的努力。首先，应当建立一套能够为大多数国家所接受的和平解决冲突的规则和模式，以便在谈判、调停和司法解决时有所遵循。其次，当刑事管辖权冲突发生时，非冲突当事国也应当为冲突的和平解决作出努力，不得为任何一方进行武力或武力威胁提供实际或道义上的支持。

3. 有利于打击犯罪和开展刑事诉讼的原则

国家争取刑事管辖权的目的主要是惩治犯罪。因此，当发生冲突时，在通过协商或者其他方式确定由哪一方行使刑事管辖权时，除了考虑维护国家主权外，还应当考虑是否有利于惩治犯罪，方便开展刑事诉讼，否则，即使争取到了刑事管辖权，也可能因为有关当事人、其他诉讼参与人不能出庭，证据无法收集而不能对刑事案件进行有效的刑事诉讼。

由于各国政治、经济和文化背景的差别，不同的国家对犯罪的认识也存在较大的差异。某些行为，在一国看来是犯罪行为，在他国看来可能就不是犯罪，甚至是对国家有益的行为。但是，也有相当数量的犯罪，是各个国家共认的犯罪，是违背人类社会共同的道德伦理的犯罪。这些犯罪除了国际公约规定的国际犯罪外，还包括像杀人、放火、抢劫、强奸等“自然犯罪”。随着不同国家（地区）的人员交往逐渐增多，人类社会对犯罪认识的共同点也在不断增加。所以，打击犯罪、保卫人类社会正常秩序，是摆在人类社会面前的共同任务。为了本国的利益而不顾打击犯罪尤其是打击国际犯罪的客观需要，有违现代社会的法治文明。

随着法治文明的发达，现代各国的刑事诉讼越来越正规化、复杂化。证明犯罪的证据规则、当事人权利保护规则越来越严格，司法机关如果稍有不慎，就违背了刑事诉讼规则，导致对犯罪人的定罪不能而放纵犯罪。从打击犯罪、顺利开展刑事诉讼的角度看问题，管辖刑事案件的国家，最好是犯罪地所在的国家，因为证据主要集中在犯罪地所在国，诉讼参与人也大多处于犯罪地所在国，由犯罪地所在国进行刑事诉讼，不仅方便收集证据，也方便诉讼参与人参加诉讼，对犯罪的惩治比较方便和快捷，刑事诉讼也能够顺利进行。所以，当刑事管辖权发生冲突时，由犯罪地国行使刑事管辖权，最符合刑事诉讼的客观规律。

在协商或者采取其他途径确定刑事管辖权时，有关国家或国际组织在讨论刑事管辖权由哪一国行使时，除了考虑维护国家主权的因素外，还要考虑是否便利惩治犯罪，有效开展刑事诉讼。不管能否开展诉讼而一味争夺刑事管辖权，是不明智的，其结果容易使犯罪人逃避制裁，前文中提到的“杨沃亮案”就是一个典型的例证。

4. 人权保护原则

打击犯罪和保护人权，是当前世界各国刑事诉讼的两个基本任务，也是国家行使刑事管辖权的基本任务。在协调刑事管辖权冲突时，除了遵循上述原则外，还应当注意保护人权。保护人权包括保护被告人（犯罪嫌疑人）的人权和保护被害人的人权两个方面，但主要是保护被告人（犯罪嫌疑人）的人权，因为作为被追究刑事责任的对象，被告人（犯罪嫌疑人）的权利最容易受到忽视甚至是侵犯。

在国家确定刑事管辖权时注意保护人权，主要是要注意防止不必要的“一罪两诉”和“一罪两罚”。不是维护主权的特殊需要，尽量不要在他国对案件行使刑事管辖权后，就同一案件再次行使刑事管辖权。如果为了维护主权的需要，不得不重新起诉、审判的，量刑时也要考虑到被告人在国外是否受到刑罚处罚的情况，否则，被告人可能因一个犯罪事实而承担双份的刑事责任。

当今有些国家刑法规定，对于某些犯罪，即使被告人在外国受到了审判，本国还可以依照本国刑法追究其刑事责任，但在国外已经受到刑罚处罚的，可以免除或者减轻处罚，例如我国刑法第 10 条的规定，就体现了这样的原则和精神。

（三）协调刑事管辖权国际冲突的具体规则

从理论上讲，国际刑事管辖权的冲突，包括国际组织与国家（地区）间刑事管辖权的冲突和国家（地区）间刑事管辖权的冲突两大类。协调这两大类刑事管辖权冲突的规则也应当有所区别。

1. 国际组织与国家（地区）间刑事管辖权冲突的协调规则。

当前，国际社会享有刑事管辖权并在发挥职能作用的国际组织有前南斯拉夫国际刑事法庭、卢旺达国际刑事法庭和国际刑事法院。从理论上讲，它们可能与国家（地区）的刑事管辖权发生冲突。但是，只要我们认真研究《前南斯拉夫国际刑事法庭规约》、《卢旺达国际刑事法庭规约》和《国际刑事法院规约》就会发现，这些国际规约已经就刑事管辖权冲突问题规定了协调规则。根据《前南斯拉夫国际刑事法庭规约》第 9 条的规定，国际法庭和国内法院对在前南斯拉夫境内犯有严重违反国际人道主义法行为的人有并行管辖权，但国际法庭优于国内法院，在诉讼的任何阶段，国际法庭可以根据《前南斯拉夫国际刑事法庭规约》和《国际法庭诉讼程序和证据规则》的规定，要求国内法院服从国际法庭的管辖。根据《卢旺达国际刑事法庭规约》第 8 条的规定，卢旺达国际刑事法庭和国内法院有并行管辖权，但卢旺达国际刑事法庭应优先于所有国家的国内法院，不论在诉讼的任何阶段，卢旺达国际刑事法庭可根据规约及《卢旺达国际刑事法庭程序和证据规则》的规定，要求国内法院服从于国际法庭的管辖。因此，按照上述这些规则，前南斯拉夫国际刑事法庭、卢旺达国际刑事法庭一般不会与国家（地区）的刑事管辖权发生实际的冲突。

按照 1998 年通过的《国际刑事法院罗马规约》的规定，国际刑事法院是一个在全球范围内管辖灭绝种族罪、危害人类罪、战争罪和侵略罪等国际犯罪的常设机构，从理论上讲，它与国家（地区）刑事管辖权发生冲突的可能性是很大的。按照《国际刑事法院罗马规约》序言的规定，国际刑事法院对国内刑事管辖权起补充作用。虽然在《国际刑事法院罗马规约》正文的规定中，国际刑事法院的管辖权有扩张趋势且与国家的刑事管辖权发生广泛冲突的可能，但由于该规约规定了国际刑事法院行使管辖权的条件和程序，以及国际刑事法院与国家（地区）管辖权发生冲突时的质疑——裁决程序①，所以在实践中，“国际法院与国内法院发生管辖权竞权的几率就大为减少”②。

综上所述，有关规约已经就国际组织与国家（地区）刑事管辖权冲突的协调，规定了规则和程序，所以，在本章中我主要分析国家（地区）间

---

① 有关内容我已在本书的第十章作了较为详细的论述，这里不再赘述。

② 赵秉志、周露露：《国际刑法总论问题专题整理》，183 页，北京，中国人民公安大学出版社，2007。

刑事管辖权冲突的协调规则。

2. 国家（地区）间刑事管辖权冲突的协调规则

国家（地区）间刑事管辖权冲突的协调办法，曾引起过学者们广泛的兴趣。很多学者提出了自己的看法和设想。综合起来，有以下几种意见或建议。

第一，在属地管辖权、属人管辖权、保护管辖权和普遍管辖权的关系上，确定属地管辖权、属人管辖权和保护管辖权优于普遍管辖权的行使顺序，即建立“权力优先原则”。“根据权力优先原则，在二者发生冲突时，应当优先适用属地管辖权、属人管辖权和保护管辖权，因为根据其他管辖依据主张管辖权的国家，无论从国内法还是国际法的角度看，显然其地位比根据普遍原则主张管辖的国家要优越一些。只有在其无法适用时，才适用普遍管辖权。”①

第二，确定优先管辖的顺序规则。有学者认为，当国家间刑事管辖权发生冲突时，应当明确一个优先行使管辖权的顺序，根据次序确定刑事管辖权。“在这种情况下，应确立优先管辖的顺序规则。哪个国家与犯罪之间的联系最密切，哪个国家就具有优先管辖权。一般而言，因为行为发生地国与犯罪存在最紧密的联系，应排在首位：其次是行为人国籍国、受害人国籍国、法益受侵害国和行为人所在地国”②。

第三，根据不同的情况，采取不同的解决方法。“这种争议出现时，有关各国应当从最有利于追究国际犯罪人的角度出发，协商解决。如果不能达成协议，应当提交国际法院仲裁，或者交由可能成立的国际刑事法院审判。”③

上述建议都有积极的意义，但都不是很完善的。例如，根据上述建议确定优先管辖的顺序，仍然不能较为彻底地解决国际社会发生的刑事管辖权冲突，因为有优先管辖权的国家不一定能有效控制犯罪嫌疑人，而控制犯罪嫌疑人的国家不能或不愿将该犯罪嫌疑人引渡给有优先管辖权的国家，优先管辖原则仍然难以实现。再如，属地管辖权优先可以解决它与属人管辖权、保护管辖权冲突时的问题，但是，无法解决当一个案件有几个犯罪地时发生的冲突问题。由国际法院仲裁解决刑事管辖权冲突，早已在

---

① 冯军、蒋登巍：《浅析普遍管辖原则的适用限制》，载《法学评论》，1997（5）。

② 高秀东：《刑事管辖权专题整理》，226页，北京，中国人民公安大学出版社，2010。

③ 张智辉：《国际刑法通论》（增补本），76页，北京，中国政法大学出版社，1999。

国际刑事司法实践中使用，但由于国际法院效率低下，而且仲裁时缺乏可以遵守的规则，其效力也难以为国际社会普遍接受。国际刑事法院已经建立并开始管辖国际犯罪的案件，但《国际刑事法院罗马规约》并没有赋予它协调国家（地区）间刑事管辖权冲突的职能，而国家间刑事管辖权的冲突，是国家司法主权的冲突，属于国际纠纷，要裁决国际纠纷，只能是国际法院，而不是国际刑事法院，这是联合国有关文件规定了的。

笔者认为，国际上刑事管辖权的冲突属于国际争端，应当通过协商对话来解决。协商对话的途径包括“事后协商”和“事前协商”两种。所谓“事后协商”，是指在国际刑事管辖权冲突发生以后，由有关各国就由哪一国实际行使刑事管辖权来进行磋商。“事前协商”是指在刑事管辖权还没有发生冲突的情况下，有关各国就如何解决今后可能出现的刑事管辖权冲突达成协议，当刑事管辖权冲突发生时，依照协议执行。“事前协商”有三种途径：其一，有关国家在签订刑事合作协议或刑事司法协助协议时，增加协调刑事管辖权冲突的条款。其二，今后制定惩治国际犯罪的公约时，不能像以前的国际公约那样，仅仅规定哪些国家对国际犯罪有刑事管辖权，还应该在规定哪些国家有刑事管辖权之后，明确有刑事管辖权的数个国家行使刑事管辖权的先后顺序。其三，由国际社会制定专门的协调刑事管辖权国际冲突的公约。

在上述办法中，最要紧的是制定《协调刑事管辖权冲突国际公约》。其理由是：第一，作为一个专门解决刑事管辖权冲突的国际公约，它可以详细规定协调刑事管辖权国际冲突的宗旨、目的、基本原则、行使刑事管辖权的顺序和具体规则，为国际上解决刑事管辖权冲突提供系统和全面的国际法依据。第二，制定《协调刑事管辖权冲突国际公约》，可以弥补以前有关国际公约就国际犯罪刑事管辖权规定方面的不足，解决已有的国际犯罪的刑事管辖权冲突。

《协调刑事管辖权冲突国际公约》的宗旨是促进国际社会的和平、安宁，保证及时、有效地打击国际犯罪和跨国犯罪；目的是防止国际上发生刑事管辖权冲突，以及通过和平的方式解决已经发生的刑事管辖权冲突；基本原则是上文作者论述的四项原则，即“主权平等原则”、“和平解决争端原则”、“有利于打击犯罪和顺利开展刑事诉讼原则”和“人权保护原则”。

确定刑事管辖权行使的顺序是《协调刑事管辖权冲突国际公约》的重要内容。根据学者们较为普遍的观点，其顺序应该这样确定：第一，领域管辖权。即由犯罪发生地国最先行使刑事管辖权。根据国家主权的原则，国家对于其领域内的一切事和所属的一切人，享有最高的管辖权。犯罪发生地国行使管辖权符合有利于打击犯罪、顺利开展刑事诉讼的原则。第二，登记国管辖权。即在一国登记的船舶、航空器内犯罪，由登记国管辖。船舶、航空器是一个相对独立的空间，为了保证它们的安全，船长、机长有处置突发事件的权力，这种权力可以说是登记国授予的。国际社会普遍认为，登记国管辖权是一个仅次于领域管辖权的权力，当船舶、航空器在他国领域内发生犯罪，犯罪发生地国家放弃领域管辖权的，均由登记国行使管辖权。第三，属人管辖权。在犯罪发生地国家、航空器或船舶登记国放弃行使刑事管辖权时，由被告人所属国或者被告人永久居住地国行使刑事管辖权。第四，保护管辖权。当上述国家都放弃管辖权时，国家利益受到侵害或所属公民受到侵害的国家，可以行使刑事管辖权。第五，普遍管辖权。在上述国家放弃刑事管辖权时，享有普遍管辖权的国家才可以行使刑事管辖权。因为“对普遍管辖权的行使只有在尽可能地避免与领土、国籍和保护管辖权的冲突的情况下，才是符合国际社会设立普遍管辖这样一种各国通力合作，各自履行其应尽的国际义务，与犯罪国际化现象作斗争的原则的原义的。”①

刑事管辖权顺序确定后，还需要制定一些协调刑事管辖权冲突的具体规则，只有这样，才能彻底解决刑事管辖权冲突的问题。这些规则包括：

第一，犯罪行为发生在一个国家，犯罪结果发生在另一国的，由犯罪行为发生地国管辖。犯罪嫌疑人在犯罪结果发生地国，根据该国法律不能将其引渡到行为地国的，由犯罪结果发生地国管辖。

第二，犯罪的预备行为、实行行为不在一个国家的，由犯罪实行行为地国管辖。如果犯罪嫌疑人在预备地国，根据该国法律不能引渡犯罪人的，由预备地国管辖。

第三，一个人在不同国家连续犯罪的，由主要犯罪地国管辖。无法确定主要犯罪地的，由最先受理的国家管辖。犯罪嫌疑人在其中一个国家，根据该国法律不能将他引渡给其他国家的，由犯罪嫌疑人所在的犯罪地国管辖。

第四，一个人持续在不同国家实施犯罪的，由最先受理的国家管辖。犯罪嫌疑人在其中一个国家而不能引渡的，由犯罪嫌疑人所在的国家管辖。

---

① 高铭暄主编：《刑法学原理》，1版，1卷，311页，北京，中国人民大学出版社，1993。

第五，一个国家的公民在他国犯罪，由犯罪地国行使刑事管辖权。如果犯罪嫌疑人犯罪后逃回本国，而根据本国法律又不能将其引渡给犯罪地国的，由国籍国管辖。

第六，一个国家的公民在本国对他国国家或者他国公民犯罪，由犯罪地国管辖。

第七，不同国家的公民共同犯罪的，由犯罪地国管辖。犯罪地不在同一个国家的，由主要犯罪地国家管辖；犯罪地国放弃刑事管辖权的，由主犯所属国管辖；主要犯罪地不明确、主犯不明确，或者主犯分别属于不同国家的，由最先受理案件的国家管辖。

第八，在船舶、航空器内犯罪，由船舶、航空器登记国管辖。船舶、航空器在他国领域内，犯罪人被港口、机场所在国司法机关控制的，由港口、机场所在国管辖。

第九，一个国家的公民在本国领域内犯有国际犯罪的，由犯罪地国管辖；犯罪后逃到他国的，仍然由本国管辖，他国应当将犯罪嫌疑人引渡回本国。

第十，一个国家的公民在公海实施国际犯罪的，由犯罪嫌疑人所属国行使管辖权；犯罪后逃到他国的，如果逃入国是惩治该国际犯罪条约的缔约国，或者是犯罪行为受害国、被害人国籍国的，也可以由逃入国行使刑事管辖权；如果逃入国不是有关条约缔约国，也不是受害国、被害人国籍国的，应该将该涉嫌犯罪人引渡给其国籍国管辖。

第十一，某国公民在公海实施国际犯罪以外的罪行，由该国管辖；该国放弃刑事管辖权的，由受害国或者被害人国籍国管辖。

《协调刑事管辖权国际冲突公约》还需要规定刑事管辖权国际冲突的仲裁机构。因为按照上述规则处理刑事管辖权国际冲突，可能还有不足。比如，新问题没有考虑周全；或者发生冲突后冲突一方不遵守规则等。所以，必须有一个冲突的仲裁机构。作为联合国主要司法机构的国际法院，历史上已经担当了刑事管辖权冲突各方的仲裁机构，今后仍可担当此任。因此，在本公约中应该规定一个条文："本公约缔约国如按照本公约的规定不能自行解决所发生的冲突的，任何一方均有权利和义务将冲突提交国际法院仲裁。国际法院根据本公约进行仲裁。其裁决为终局裁决，仲裁各方必须执行。"

另外，《协调刑事管辖权国际冲突公约》还应当规定一事不再理原则，以解决重复起诉、重复审判的问题，保护犯罪行为人的人权。

第十二章　刑事管辖权的国际转移

一、刑事管辖权国际转移的由来

刑事管辖权的国际转移，是指对某个具体的刑事案件无管辖权的国家，根据对案件有管辖权的国家的请求，按照国际法、国内法的规定，把该案件接过来进行管辖的国际刑事合作制度。这种国际刑事合作启动后，案件的管辖权即从一个国家转移到另一个国家，案件的刑事诉讼也从一个国家转移到另一个国家，因此，我国有的学者将这种情况称为“刑事诉讼移管”或“国际刑事案件移交”。赵秉志教授等人在《跨国跨地区犯罪的惩治》一书中认为：“国际刑事案件移交，通常称作刑事诉讼移管，它是指一国的司法主管机关，应有管辖权的他国有关主管机关之请求，根据国际法和本国法的有关规定，对在他国犯有某种罪行的本国公民进行追诉的一种司法合作制度。”① 把刑事诉讼从一个国家转移到另一个国家，首先转移的是刑事管辖权，因此，把这种国际刑事合作称为刑事管辖权的国际转移则更为准确。有些专家在论述“刑事诉讼移管”后也认为，“刑事诉讼移管实际上是刑事管辖权的转移”②。

刑事管辖权的国际转移一般是在国与国之间进行的。随着国际刑事法院的成立并开始管辖国际犯罪案件，国家与国际刑事法院之间也会发生刑事管辖权转移的问题。根据《国际刑事法院罗马规约》第 14 条和第 98 条的规定，国际刑事法院规约的缔约国可以把发生在其境内、本国有权管辖的案件，交给国际刑事法院管辖。这是刑事管辖权国际转移的特殊形式。由于本书中已有专章论述国际刑事法院的管辖权，这里主要探讨国家间刑

---

① 赵秉志、钱毅、赫兴旺：《跨国跨地区犯罪的惩治》，20 页，海口，海南出版社，1999。

② 费宗祎、唐承元主编：《中国司法协助的理论与实践》，210 页，北京，人民法院出版社，1992。

事管辖权转移的问题。

刑事管辖权的转移是 20 世纪 50 年代出现的国际刑事合作方式。第二次世界大战以后，由于科学技术的发展和经济的繁荣，高速、快捷的交通工具被越来越广泛地使用，跨国之间的人员往来也越来越便利，人口的国际流动日益频繁，与之俱来的结果之一是国际犯罪、跨国犯罪的不断增多。按照以前的惯例，固守刑事管辖权不能转让的原则，仅仅开展传统意义上的刑事司法协助，不仅不能适应新形势的要求，而且还会放纵犯罪。因为，如果享有刑事管辖权的国家没有控制到犯罪嫌疑人，它不能对案件进行实际的管辖；而能控制犯罪嫌疑人的国家又因为没有刑事管辖权而无法开展刑事诉讼，甚至不能将其引渡给有管辖权的国家，致使犯罪行为得不到应有的惩罚。例如，意大利人 A 在法国因交通肇事致他人重伤后，在被追诉之前返回了意大利。根据意大利的刑法，过失重伤不适用属人原则，所以意大利对此案没有管辖权。而根据《欧洲引渡公约》的规定，过失重伤罪不属于可引渡的罪行，所以（意大利）不能把 A 引渡到法国，结果导致 A 一直处于不受处罚的状态。①

为了严密打击犯罪的法网，维护国际社会秩序，欧洲的一些国家根据地缘优势，率先开展了刑事管辖权转移的国际合作。1957 年，欧洲各国签订了一部《欧洲引渡条约》，其中第 6 条第 2 项规定：如果被请求国不引渡本国国民，则基于请求国之请求，应将案件提交司法当局，以便进行追诉。为达到追诉的目的，请求国应将有关犯罪的记录、调查报告及物证，无偿送达被请求国。被请求国应将诉讼之结果通报请求国。1958 年，苏联与匈牙利签订的《关于民事、家庭和刑事案件提供司法协助的条约》第 56 条规定：缔约各方有义务根据缔约另一方的请求，按照本国法律对在缔约另一方境内犯有可引渡罪行的本国公民提起刑事诉讼。1964 年 11 月 30 日签订的《欧洲惩处道路交通肇事罪公约》，明确规定了道路交通肇事罪刑事管辖权转移的具体程序。经过十几年的实践，欧洲国家普遍认识到这种国际合作形式值得肯定，故在 1972 年 5 月 15 日签订了 European Convention on the Transfer of Proceedings in Criminal Matters（中文译为《欧洲刑事诉讼转移管辖公约》），对欧洲国家之间刑事管辖权转移的条件、原则、程序等问题作了系统的规定。刑事管辖权转移在国际公约中也有体

---

① 参见［日］森下忠著，阮齐林译：《国际刑法入门》，102 页，北京，中国人民公安大学出版社，2004。

现。联合国1988年通过的《禁止非法贩运麻醉药品和精神药物公约》专门规定了一个移交诉讼的条文。该公约第8条规定："缔约国应考虑对于按第3条第1款规定的犯罪的刑事起诉相互移交诉讼的可能性，如果此种移交被认为有利于适当的司法处置。"1990年联合国预防犯罪和罪犯待遇大会通过了一个《刑事诉讼转移的示范条约》，综合了国际社会开展刑事管辖权转移的实践，号召各国积极开展这一国际刑事合作。

二、刑事管辖权国际转移的特点

刑事管辖权转移是一种新型的国际刑事合作方式。它具有鲜明的特点：

1. 刑事管辖权转移是国家主权"转让"的一种形式。

根据传统的国家主权理论，国家主权是不可转让的。刑事管辖权是国家主权的组成部分，当然也应该是不可转让的。但是，从上述欧洲开展的刑事管辖权转移的法律规定和司法实践来看，刑事管辖权转移，就是将管辖刑事案件的权力从一个国家转到另一个国家，这实际就是国家主权的"转让"。笔者认为，刑事管辖权转移这种国家主权的转让方式，不仅没有损害国家主权，而且还会促进国际社会的合作，有利于人类的进步与和平发展。其理由是：第一，刑事管辖权的转移是在国家间平等进行的，不存在一个国家强迫另一个国家的问题。而且在转移的实践中，转让司法主权的国家是主动的，是它首先提出请求，这就是说，将一个案件的管辖权转移给别的国家，是转移请求国独立自主的主权行为，这与第二次世界大战以前帝国主义在弱小国家使用武力攫取"领事裁判权"是不同的。自觉自愿的主动转让行为对国家的司法主权是无害的。第二，适应了国际形势尤其是国际犯罪形势的变化。世界历史进入20世纪50年代后，犯罪现象和国际关系都发生了很大变化。国际犯罪和跨国犯罪大量出现，对这些犯罪的惩治出现了前所未有的困难。如果不采取新的国际合作方式，相当数量的犯罪分子就会逍遥法外。例如，外国人在他国犯罪后逃回本国，依照本国法本国又没有刑事管辖权，而且本国也不愿意将本国公民引渡给他国审判，如果不把刑事管辖权从犯罪地国家转移给犯罪人国籍国，该刑事案件就无法处理。久而久之，不仅国家主权不能维护，国际社会的秩序也无法维持。第三，符合国际社会合作的大趋势。第二次世界大战后，国际社会的对抗尽管仍很严重，霸权主义、强权政治也没有消失，但是，人类社会要求和平与发展的呼声也越来越高涨。因此，国际合作也在不断加强。在共同打击国际犯罪方面，人类不仅取得了共识，而且开展了卓有成效的行动。在这个大背景下，为了国家的利益转让主权也被一些国家所接受。在当今国际社会，引渡犯罪嫌疑人和开展刑事司法协助需要高昂的成本，有些国家将管辖权转移给别的国家，既减少了惩治犯罪的代价，又打击了犯罪，可谓两全其美。

2. 刑事管辖权转移产生了新的刑事管辖权原则。

在刑事管辖权转移的过程中，至少有两个当事的国家，一个是请求国，另一个是被请求国。请求国对案件有原始的管辖权，被请求国本来对案件没有刑事管辖权，由于两个国家达成了委托行使刑事管辖权的协议，被请求国取得了刑事管辖权，所以，请求国与被请求国之间形成了一个委托代理关系。被请求国的刑事管辖权是接受委托得到的，因此可称为“代理的刑事管辖权”。“代理的刑事管辖权”的根据是有管辖权国家的委托，这种情况被芬兰和德国等欧洲国家的法学家称为“刑事管辖权的代理原则”①。1964 年 11 月 30 日签订的《欧洲惩处道路交通肇事罪公约》最早规定了代理原则。该条约第 3 条规定，居住地国有关司法部门，依据犯罪地国的请求，对犯罪地国发生的道路交通犯罪有权进行追诉。当然，该条约的适用范围仅限于道路交通犯罪。1972 年的《欧洲刑事诉讼转移管辖公约》则把管辖权转移的对象扩大到了全部犯罪行为。

有学者认为，刑事管辖权的转移，是在两个对案件均有管辖权的国家之间进行的。“移转管辖的请求只能向其他有管辖权的国家提出。对转移管辖的犯罪享有管辖权的国家不能将该犯罪移交给没有管辖权的国家，请求没有管辖权的国家对其提起诉讼。”②还有学者认为，“为了解决刑事管辖权冲突，各当事国可通过刑事诉讼移管的方式移交某个国家管辖，委托其代理本国进行审判和处罚”③。笔者认为这种观点是不对的。从理论上来讲，如果被请求国对案件本来就有刑事管辖权，它完全可以根据自己的法律规定行使刑事管辖权，何必接受请求国的委托呢？如果两个或两个以上国家对案件都有刑事管辖权，出现了刑事管辖权的冲突，也不存在刑事管辖权从一个国家转到另一个国家的问题。日本学者森下忠也持同样的观点。他认为：代理原则要解决的问题是，如某国（犯罪地国）对身在外国

---

① 林欣：《论国际刑法问题的新发展》，载《法学研究》，1992（4）。

② 张智辉：《国际刑法通论》（增补本），372 页，北京，中国政法大学出版社，1999。

③ 齐文远、刘代华：《国际犯罪与跨国犯罪研究》，262 页，北京，北京大学出版社，2004。

的犯罪人在事实上和法律上均不能请求引渡，并且该外国（犯罪人现在的国家）对该犯罪人依据属地原则、属人原则、保护原则以及世界原则均不能适用本国刑法，针对这种情况，犯罪人现在所在国代替该某国（犯罪地国）处罚该犯罪人。① 此外，从规定刑事管辖权转移的国际条约和国内法律来看，也没有发现“刑事管辖权的转移是在两个对案件均有管辖权的国家之间进行”这样的条件限制。

3. 刑事管辖权的转移属于深层次的国际刑事合作。

我国有些学者，认为刑事管辖权的转移是一种“最广义”的国际刑事司法协助。②实际上，刑事管辖权的转移不应该属于国际刑事司法协助。刑事司法协助是对“刑事司法”的协助。所谓刑事司法，是指“司法机关依照宪法、法律赋予的刑事司法权，对刑事法律的运用、解释和依照刑事法律对刑事案件侦查、起诉、审判、执行所进行的活动”③。国际刑事司法协助，实际上应该是一国对另一国进行的刑事诉讼提供的协助，它包括送达文书、调查取证、搜查、扣押等。刑事管辖权的转移是国家间通过协商，把某个刑事案件的管辖权从一个国家转移到另一个国家，它转移的是案件的管辖权及刑事诉讼活动，在方式、条件和程序上，都与国际刑事司法协助存在较大的差异。一些西方国家，在它们签订的国际条约中，把刑事管辖权转移与刑事司法协助区别开来。例如，1959 年的《欧洲刑事司法协助公约》仅规定调查取证、送达司法文书和司法裁定、传唤证人、鉴定人和受追诉人出庭、通报刑事诉讼情报以及交换司法档案等内容。至于引渡、刑事管辖权转移（刑事诉讼移管）等制度，则分别制定专门的条约。美国与加拿大签订的刑事司法协助也是这样。再例如，西班牙与意大利签订的《关于刑事司法协助和引渡的条约》、比利时王国与前南斯拉夫签订的《关于引渡和刑事司法协助条约》，也把刑事司法协助限定在“对刑事诉讼进行协助”的范围之内。

还有学者认为刑事诉讼移管（刑事管辖权转移）“有助于弥补引渡程

① 参见［日］森下忠著，阮齐林译：《国际刑法入门》，101 页，北京，中国人民公安大学出版社，2004。

② 参见费宗祎、唐承元主编：《中国司法协助的理论与实践》，156 页，北京，人民法院出版社，1992。

③ 杨春洗、高铭暄、马克昌、余叔通主编：《刑事法学大辞书》，571 页，南京，南京大学出版社，1990。

序中的缺陷”①。刑事管辖权的转移客观上可能产生弥补引渡程序不足的效果，但是绝不能把刑事管辖权转移看作是犯罪人引渡失败时的替补措施。引渡制度与刑事管辖权的转移有着本质的区别，前者是把逃犯（犯罪嫌疑人、被告人或者被判刑人）从逃犯所在国（被请求国）引渡到有管辖权的国家（请求国）。而后者则是请求国（一般是犯罪地国）向被请求国（犯罪人国籍国或居住地国）提出请求，在接受请求的情况下，被请求国在本国对犯罪人进行追诉、审判和执行刑罚的制度。

刑事管辖权转移，是国家间开展的更深层次的刑事合作，远比刑事司法协助要重要得多。刑事管辖权的转移是国家司法主权的转让，这种合作的基础不是一般国家间就能够建立起来的。日本学者森下忠将这种深层次的合作称为“作为刑法适用新原则的代理原则确认缔约国之间形成一个法律的共同体”②。法律作为一国主权和意识形态的重要体现，在国与国之间形成法律共同体是非常困难的。目前，真正开展刑事管辖权转移实践的，一是欧盟各国；二是前《华沙条约》的有关国家，最早是1971年波兰与东德签订的有关刑事诉讼移管的协定，1972年捷克与东德签订的类似协定，波兰在1980年和1982年分别与苏联、匈牙利签订的类似协定。这些国家政治意识形态相近，国家间的关系密切，对于犯罪、刑事诉讼等法律问题、国际问题有比较接近的认识，开展刑事管辖权转移这样深层次的合作有一定的条件。所以，刑事管辖权转移的实际运作，必须是请求国和被请求国之间对于打击国际犯罪等相关问题有相当程度的共识和共同需要，否则难以实现。

刑事管辖权转移虽然不是国际刑事司法协助，但是，在刑事管辖权的国际转移中，一般伴随有刑事司法协助的活动。“比如，请求国应主动将有关证据移交被请求国，特别是有关被告人曾在请求国犯罪的有关证据及相关材料更应移交，以便被请求国证实犯罪，科处刑罚。此外，当被请求国提出某项具体的狭义的司法协助时，诸如请求提供请求国某项法律文件或提供某项鉴定材料，要求协助对某项证据进行司法检验和鉴定，那么，请求国应尽量给予支援和协助。”③

---

① 齐文远、刘代华：《国际犯罪与跨国犯罪研究》，261页，北京，北京大学出版社，2004。

② [日] 森下忠著，阮齐林译：《国际刑法入门》，107页，北京，中国人民公安大学出版社，2004。

③ 赵永琛：《国际刑法与司法协助》，278页，北京，法律出版社，1994。

三、刑事管辖权转移的原则

刑事管辖权转移的原则，应当包括以下几个：

(一) 尊重国家主权原则

《联合国刑事诉讼转移示范条约》序言规定："希望根据尊重国家主权和管辖权的原则以及互不干涉国家内政的原则，进一步加强在刑事司法方面的国际合作与互助。"可见，尊重国家主权原则，是刑事管辖权转移的首要原则。

刑事管辖权转移对于请求国和被请求国来说，都是一个重大的国际问题，这个问题处理得妥当，有助于打击犯罪，也有助于增进国家之间的关系。反之，则会发生严重的后果，引起复杂的国际争端。

在刑事管辖权转移中尊重国家主权，其内容包括以下几个方面：

第一，国家间是否要签订有关刑事管辖权转移条约，由国家自主确定，任何国家和国际组织都不得强迫他国签订或者不签订刑事管辖权转移条约。

第二，一个国家要不要把自己有管辖权的刑事案件转移给其他国家，由它自己决定，他国不得干涉。

第三，一个国家要不要根据他国的要求，将自己没有管辖权的刑事案件接受过来，也应当由自己决定。请求国不得强迫被请求国必须接受它提出的转移管辖权的请求。

第四，刑事管辖权转移后，被请求国对刑事案件的起诉、审判和处罚，属于被请求国的内政，被请求国有权完全根据本国法律以及本国参加、缔结的国际条约进行，请求国及其他任何国家都不得干涉。

第五，在刑事管辖权转移过程中，请求国提出的要求，不得有损被请求国的主权、安全和公共秩序，也不得违反被请求国的法律。被请求国也不得把请求国的请求作为某种借口，实施一些为请求国主权所不允许的司法措施。

刑事管辖权转移中的尊重国家主权原则，也应当包括尊重请求国、被请求国以外的其他国家的主权。如前文所述，在国际社会，刑事管辖权的冲突是常见的现象。在刑事管辖权冲突发生时，冲突的当事国应当本着"和平解决国际争端"等原则，首先解决刑事管辖权冲突。如果在发生刑事管辖权冲突的情况下，不首先解决冲突，而请求将有争议的刑事案件转移给冲突当事国以外的其他国家，是嫁祸于人的不道德行为，这不仅会侵犯冲突当事国的主权，也可能侵犯被请求国的主权。

（二）有助于开展有效的刑事诉讼原则

刑事管辖权的转移是基于打击某些国际犯罪和跨国犯罪的需要而出现的。因此，有助于开展有效的刑事诉讼，应该成为刑事管辖权转移的原则。

在刑事管辖权转移这种国际刑事合作中，请求国本来对刑事案件享有管辖权，由于犯罪嫌疑人不在请求国内，所以对这个刑事案件的起诉、审判和执行都存在种种困难。对这些困难，请求国或者难以克服，或者需要付出相当大的代价及相当长的时间，这使得请求国开展的刑事诉讼可能没有效力与效率。被请求国本来对案件没有刑事管辖权，但是，由于犯罪嫌疑人在被请求国领域内，由它行使刑事管辖权有种种便利条件，再加上请求国的协助，刑事诉讼的效力与效率都会大大提高。

在刑事管辖权转移中遵循“有助于开展有效的司法工作”原则，要求请求国在提出转移管辖权的请求和被请求国在审查请求国的请求并作出是否接受其请求时，除了遵循尊重国家主权原则时，还要充分考虑是否有利于开展有效的刑事诉讼，是否有利于打击犯罪。如果由请求国管辖刑事案件，不能及时和有效开展刑事诉讼的，可以在符合条件的情况下，向有关国家提出转移刑事管辖权的请求。被请求国对请求国转移刑事管辖权的请求审查以后，如果认为由请求国管辖案件确有相当的困难，而由自己管辖确有相当的便利条件，只要不违反国际法和本国法的规定，应当接受请求，采取相应措施，对案件行使刑事管辖权。这样做，犯罪会得到有效的惩治，国际社会的秩序会得到切实的维护，刑事诉讼成本也会降低，社会财富也会被节约，这有利于人类社会的发展与繁荣。

四、刑事管辖权转移的案件范围与条件

（一）刑事管辖权转移的案件范围

关于刑事管辖权转移的案件范围，各国与联合国有关文件规定得都不相同。归纳起来，有以下几种立法例：

规定范围最广泛的是《欧洲刑事诉讼移管公约》。该公约第 8 条第 1 款规定，只要符合下列一种或者数种情况，即可请求移管：第一，嫌疑人通常居住在被请求国；第二，嫌疑人是被请求国国民，或者被请求国是其国籍国；第三，嫌疑人在被请求国正在接受或将要接受涉及剥夺自由的判决；第四，被请求国正在对嫌疑人就同一犯罪或其他犯罪提起诉讼；第五，请求国认为移管诉讼有利于查清案件事实，特别是最重要的证据位于

被请求国境内；第六，请求国认为在被请求国执行刑罚可能促进被判刑人重返社会生活；第七，请求国认为不能确保嫌疑人出席请求国内的庭审，而可以确保其在被请求国出席庭审；第八，请求国认为即便诉诸引渡，它也不能自行执行判决，而被请求国有可能执行。《欧洲刑事诉讼移管公约》还规定，有下列情况之一的，被请求国可以拒绝接受刑事管辖权转移：(1) 请求所依据的理由不正当；(2) 嫌疑人在被请求国没有惯常居所；(3) 嫌疑人不是被请求国的国民而且无居所；(4) 被追诉之罪被认为是具有政治性质或纯军事性质的犯罪或财税犯罪；(5) 追诉请求是基于种族、宗教、民族或政治信仰的考虑而提出；(6) 追诉时效已过；(7) 犯罪是在请求国领域以外实施的；(8) 追诉活动将违反被请求国所承担的国际义务；(9) 追诉活动将违反被请求国法律制度的基本原则；(10) 请求国违反有关程序规则。

有些国家的国内法对刑事管辖权转移的案件范围也做了规定，但范围比《欧洲刑事诉讼移管公约》要窄一些。例如瑞士《联邦国际刑事协助法》规定，在以下四种情况下，瑞士才能代替犯罪发生地国对于境外的犯罪行使管辖权：第一，嫌疑人是不允许引渡的人；第二，被追究人必须在瑞士就其他更严重的犯罪受审；第三，请求国保证在瑞士宣判无罪或执行刑罚后，不因同一罪行对之予以起诉；第四，在瑞士有惯常居所的外国人，引渡不能成立，由瑞士管辖有利于其个人处境和重返社会生活。

还有些国家在与他国签订的有关条约中，没有具体规定刑事管辖权转移的案件范围，仅对其做了大概的限制。例如，我国与土耳其签订的《关于民事、商事和刑事司法协助协定》第 39 条规定的“诉讼的转移”，仅笼统约定“缔约一方有义务根据请求，对于在提出请求的缔约一方境内犯罪的本国公民提起刑事诉讼”。

联合国制定的《刑事诉讼转移示范条约》，也没有规定刑事管辖权转移的案件范围，只是就被请求国拒绝接受转移请求的情况做了规定。因此可以说，除了可以拒绝的四种情况外，其他案件都是可以转移的。这四种拒绝接受转移的理由有：第一，涉嫌者不是被请求国国民或并非该国常住居民；第二，该行为是军法范围内的罪行，而并非普通刑法范围内的罪行；第三，该犯罪行为与赋税、关税和兑换有关；第四，被请求国认为该犯罪行为属政治性罪行。

从上面各国关于刑事管辖权转移的规定可以看出，刑事管辖权转移的案件范围“因国而宜”，不同的国家有不同的规定，不同的国家间有不同的约定。联合国《刑事诉讼转移示范条约》在这方面的概括规定，实际是给开展刑事管辖权转移的相关国家以自由发挥的空间。笔者认为，这样做有非常重要的意义，体现了对各国主权的尊重。各国的国情不同，在打击国际犯罪、跨国犯罪方面遇到的具体问题也不同，在刑事管辖权转移的案件范围上不可能，也不应该有统一的标准。

（二）刑事管辖权转移的条件

刑事管辖权转移需要具备什么条件？应该说，它与刑事管辖权转移的案件范围一样，情况也是千差万别的。但是，既然刑事管辖权转移是一种法律制度，在是否接受转移的问题上应该有共性的东西，这就是刑事管辖权转移的条件。找出这些条件对于不断完善刑事管辖权转移有积极的意义。作者根据各国规定的刑事管辖权转移的案件范围以及拒绝转移的情况，对刑事管辖权转移的条件做一粗浅的分析。

刑事管辖权转移的条件是刑事管辖权进行成功转移的前提，是请求国和被请求国都接受的东西。笔者认为，要想使刑事管辖权在两个国家间成功转移，都需要具备以下条件：

1. 转移的案件在请求国和被请求国看来，都构成犯罪，而且需要追究刑事责任。如果请求国不认为是犯罪，或者虽构成犯罪，但是不需要追究刑事责任，它就不会提出刑事管辖权转移的请求；如果被请求国不认为是犯罪，或者认为不需要追究刑事责任，它就不会接受他国的请求。因为，接受转移后，要按照本国法对接受的案件起诉、审判和处罚，明知不构成犯罪或不需要追究刑事责任，接受转移会使本国司法机关进退两难。所以，在刑事管辖权转移方面坚持“双重犯罪原则”，是一个先决条件。联合国《刑事诉讼转移示范条约》第 6 条规定，提起诉讼的请求只有在据以提出请求的行为如发生在被请求国领土属犯罪行为的情况下，才能遵照执行。根据《欧洲刑事诉讼移管公约》第 7 条第 1 款的规定，只有当被请求追诉的犯罪，根据被请求国法律也构成犯罪且应当受到处罚时，才可以提起刑事管辖权转移的请求程序。

2. 请求国是犯罪发生地国，被请求国是嫌疑人所在国。在《欧洲刑事诉讼移管公约》和瑞士《联邦国际刑事协助法》中，都要求请求国是犯罪发生地国，如果它不是犯罪发生地国，其请求不会被接受。请求国为什么必须是犯罪发生地国呢？因为根据国际惯例，领域管辖权是首要的刑事管辖权，犯罪发生地国对案件具有无可争议的管辖权，要求请求国是犯罪发生地国可以防止刑事管辖权转移过程中发生冲突。被请求国是嫌疑人所在国，包括嫌疑人是被请求国国民，或者具有惯常居所，而且请求提出时，就在被请求国内。否则，被请求国也无法开展有效的刑事诉讼。

3. 转移的案件不是特定的犯罪案件。很多关于刑事管辖权转移的条约和国内法，都规定特定的犯罪案件不予接受。这些特定的犯罪案件包括军人犯罪的案件；与赋税、关税有关的案件；政治性质犯罪的案件；与宗教、民族、种族有关的案件。由于各国的意识形态、政治信仰不同，在涉及政治、军事、财税、宗教、民族和种族方面有不同的政策，涉及这些领域的案件是很敏感的，而且很难有统一的认定犯罪的标准。所以，将这些特定案件排除在管辖权转移的案件之外是妥当的。不过，对于财税案件是否作为不予接受转移的案件范围还存在争议。《欧洲刑事诉讼移管公约》第 11 条第 4 款将财税犯罪和政治犯罪都作为特定的案件排除在刑事管辖权转移的案件之外。联合国《刑事诉讼转移示范条约》第 7 条 C 款也把"该犯罪行为与赋税、关税或兑换有关"规定为请求国拒绝转移诉讼请求的理由之一。有学者认为，鉴于国际贩毒、有组织犯罪、恐怖主义活动的日益猖獗，国际社会已经逐渐趋向为在打击财税犯罪方面的司法合作，因而主张把财税案件纳入刑事诉讼移管的案件范围内。[①] 笔者对这种观点表示赞同。

五、刑事管辖权转移的程序及其效力

（一）刑事管辖权转移的程序

刑事管辖权转移的程序，包括两个步骤：一是请求国提出请求，二是被请求国的审查与决定。由于各个国家的法律制度和司法体制不同，由何种司法机构（或其他国家机构）代表请求国提出请求，都由各个国家自行决定。请求国在提出请求时，必须按照有关条约的规定，制作书面的《请求书》。《请求书》的内容包括对案件事实的叙述、对犯罪嫌疑人个人情况的说明、转移管辖权的法律根据、有关案件的证据等。例如，联合国《刑事诉讼转移示范公约》第 3 条第 1 款，对《请求书》的内容（或附有资料）做了明确规定，其内容包括：提出请求的当局；关于请求对之进行诉讼转移的行为的说明，包括犯罪的具体时间和地点；关于查实某一可疑罪行的调查结果的陈述；请求国据以认为该行为是犯罪行为的法律规定；关

① 参见齐文远、刘代华：《国际犯罪与跨国犯罪研究》，267 页，北京，北京大学出版社，2004。

于涉嫌者的身份、国籍和住处的合理准确陈述。《请求书》送达的途径一般有两种：协议约定的方式或者外交途径。如果请求国和被请求国之间签订了条约，并且约定了文书送达途径的，请求国应当严格按照约定的途径送达《请求书》。如果请求国和被请求国没有签订条约，或者签订的条约没有约定送达方式的，一般通过外交途径和方式送达。联合国《刑事诉讼转移示范公约》第2条对此亦有规定："请求书、佐证文件和随后的函件应通过外交渠道在司法部或缔约国双方指定的任何其他当局之间直接传递。"

被请求国接到请求后，根据有关条约或互惠原则以及国内法的规定进行审查，联合国《刑事诉讼转移示范公约》对此作了明确的要求。该条约第5条规定，被请求国主管当局应审查对该项提起诉讼的请求将采取何种行动，以便根据其本国法律尽可能完全按照请求行事，并应迅速将其决定通知请求国。在接到请求国送达的《请求书》后，在没有启动本国的刑事诉讼程序之前，被请求国可以提前对转移诉讼的案件采取临时性措施，包括关押和扣押。联合国《刑事诉讼转移示范公约》第12条对此也有明确规定。被请求国审查的重点是查明案件是否属于应当接受的案件范围，是否具备刑事管辖权转移的条件。如果请求国提出管辖权转移的案件不违背原则，属于可以转移的案件范围，而且符合管辖权转移条件的，就应当作出接受刑事管辖权转移的决定，通知请求国，同时指定有关国内的司法机关开展刑事诉讼程序。犯罪嫌疑人、被告人可以就刑事管辖权转移，提出自己的意见给请求国和被请求国。如果被请求国不同意请求国转移案件请求的，应当将本国的决定迅速告知请求国。

（二）刑事管辖权转移的效力

刑事管辖权转移后，在请求国和接受国之间发生以下法律效力：第一，接受国对接受转移的案件行使刑事管辖权，依照本国法开始刑事诉讼程序。联合国《刑事诉讼转移示范公约》第11条第1项规定，经协议而转移的诉讼应受被请求国法律的约束。被请求国在按其法律对涉嫌者提出指控时，应就关于该罪行的法律说明中的具体内容作必要调整。在案件管辖权转移之前由请求国进行的诉讼行为，只要不违背被请求国的法律，"均应在被请求国具有同等的效力，如同在该国或由该国当局所进行的一样"①。第二，请求国放弃对转移案件的管辖权，停止已经开展的刑事诉

① 联合国《刑事诉讼转移示范公约》第11条。参见赵永琛：《国际刑法约章选编》，916页，北京，中国人民公安大学出版社，1999。

讼程序，并将有关本案的证据材料移送被请求国，并对被请求国进行的刑事诉讼提供必要的司法协助。联合国《刑事诉讼转移示范公约》第 10 条规定，“一俟被请求国接受对涉嫌者起诉的请求，请求国应暂时停止检控，但必要的侦查，包括对被请求国的司法协助除外，直至被请求国通知请求国已得到最终处理为止。从该日期起，请求国即不应再检控同一罪行。”第三，被请求国进行的刑事诉讼程序结束后，应当将诉讼结果通报请求国，并附送最终的判决书或裁定书（副本）。

在刑事管辖权转移的过程中，从人权保障的原则出发，应当注意保护犯罪嫌疑人、被害人的合法权利。联合国《刑事诉讼转移示范公约》对此作了专门的规定。该条约第 8 条关于“涉嫌者之地位”的规定中，特别明确以下两点：第一，涉嫌者可向请求国或被请求国表示关心诉讼转移，涉嫌者的合法代表或至亲也可表示这种关心。这里讲的“表示关心”，其方式可能多种多样，但核心的是要参与到转移的程序中去，并享有一定的知情权和发表意见的权利，有关国家当局应当为此提供便利。第二，请求国应在提出转移诉讼请求之前，如实际可行，容许涉嫌者对被指控的罪行以及对诉讼转移提出其意见，除非该涉嫌者已经潜逃或以其他方式阻碍司法进程。该条约第 9 条规定，请求国和被请求国在诉讼转移中应确保罪行受害者的权利，特别是受害者追复原物或取得赔偿的权利不应由于诉讼转移而受影响。如对受害者的索赔未能在诉讼转移前得到解决，被请求国按其法律规定有此可能时，应允许将受害者的索赔要求包含在所转移的诉讼中。遇受害者死亡，本规定也相应地适用于受害者的受抚养人。

如果因为某种原因，被请求国拒绝接受管辖权的转移，或者接受管辖权转移后不对犯罪进行追诉的，请求国可以按照本国法律对案件重新进行追诉。《欧洲刑事诉讼移管公约》第 21 条对此有明确的规定。根据这个条文的规定，参加该公约的请求国在下列情形下，可以恢复行使追诉权和执行判决权：被请求国因法定理由无法接受请求国委托的；被请求国拒绝请求国请求的；被请求国撤销对请求的接受；被请求国把关于不提起或不继续实行追诉的决定通知请求国；请求国在被请求国通知它对请求采取行动的决定之前撤回了自己的请求；等等。

第十三章　国际刑事合作与刑事管辖权

在实践的层面，国家刑事管辖权的行使往往遇到两大障碍：一是刑事管辖权冲突，二是案件因为具有“程序上的涉外因素”而难以管辖。对第一个障碍，我们可以通过刑事管辖权的协调来解决；对第二个障碍，我们通过国际刑事合作来解决。通过国际刑事合作来处理涉外案件，是“程序性涉外案件”刑事管辖权实现的必由之路。

一、“程序性涉外案件”及“刑事管辖权的实现”

什么是涉外案件？我国刑事法学界有不同的认识。有的学者认为：“涉外案件是指以下两类案件：一是在中华人民共和国领域内，外国人犯罪的或中国公民侵犯外国人合法权利的案件；二是在中华人民共和国领域外，符合刑法第7～10条规定情形的中国公民犯罪和外国人对中国国家和公民犯罪的案件。”① 这些学者讲的涉外案件，指的是案件在实体上具有涉外因素的案件。在司法实践中，有些案件虽然实体上没有涉外因素，但在程序上具有涉外因素，需要采取特殊的诉讼方式、方法解决的，也应当属于涉外案件，例如，赖昌星案件。赖昌星是中国公民，他实施犯罪的地点在中国领域内，也没有侵犯外国国家、外国公民的合法权利，但因为他犯罪后潜逃国外，我国在追究他刑事责任的过程中，采取了不同于其他案件的特殊措施——引渡，使案件的诉讼程序上具有了涉外的因素。“涉”字的本义是“关联”、“牵连”，“涉外”是指“关联或牵连外国”之意。“程序性涉外案件”从字面意思上说，是案件的诉讼程序关联、牵连外国的案件。本章笔者所说的“程序性涉外案件”，是指那些不论案件在实体上是否具有涉外因素，只要案件的诉讼程序具有涉外因素的案件。

按照国家司法主权的理论，对案件享有刑事管辖权的国家，对具体案

① 陈卫东主编：《刑事诉讼法资料汇编》，671页，北京，法律出版社，2005。

件进行的侦查、起诉、审判和执行，只能在本国领域内进行，在有关国家没有同意的情况下，不能到他国领域内行使这些权力，否则，就会构成对他国司法主权的侵犯。然而，在交通高度发达、人员国际往来极其频繁的今天，犯罪嫌疑人、被告人身在国外的案件，证人和其他诉讼参与人身在国外的案件，证据存在于国外的案件比比皆是，国家要想对这些案件行使刑事管辖权，开展侦查、起诉、审判和执行等活动，必须依靠他国（地区）刑事执法机关的协助与配合，如果没有他国（地区）刑事执法机关的协助与配合，这些案件的诉讼就不能进行。他国（地区）刑事执法机关的协助、配合，实质上是由他国（地区）的执法机关代替（协助）本国的执法机关进行一些刑事诉讼活动，比如，代为逮捕并引渡犯罪嫌疑人、被告人；代为送达诉讼文书；代为调查、收集证据等。这些由他国刑事执法机关代为进行部分诉讼活动的案件，就是“程序性涉外的案件”。

“刑事管辖权的实现”是由“刑事管辖权”和“实现”两个词构成的。在本书的前面几章，我们对刑事管辖权的概念、原则、冲突协调等问题进行了系统的论述。通过上面的论述我们可以清楚地知道，刑事管辖权包括“概念上的”、“法律上的”和“实践上的”三个层次。以国家刑事管辖权为例，我在这里再做些细致的说明。概念上的国家刑事管辖权和国家与生俱来。一个国家成立后，不论它是否颁布了宪法和法律，它都享有主权，当然也享有刑事管辖权。法律上的国家刑事管辖权，体现在国家颁布的宪法和法律里面。例如，国家在其宪法和法律中规定了国家管辖的刑事案件范围，国家设立哪些机关具体负责处理刑事案件以及国家司法机关进行刑事诉讼的程序，都是国家刑事管辖权在法律上的体现。实践中的刑事管辖权是指国家通过设立的刑事执法机关对具体的案件进行了立案、侦查、起诉、审判和执行，开展了具体的刑事诉讼活动。“实现”的字面含义是“使成为现实”。“刑事管辖权的实现”是指“把概念上、法律上的刑事管辖权变成现实”，即把概念层面、法律层面的刑事管辖权变成为实践层面上的刑事管辖权，也即享有刑事管辖权的国家对具体案件开展了有效的刑事诉讼活动。

所谓有效的刑事诉讼，是指国家的侦查、起诉、审判等机关，根据本国的刑法、刑事诉讼法以及缔结、参加的国际条约，对本国享有管辖权的案件，进行侦查、起诉和审判，并在收集到相关的证据、查清了案件事实，查获了犯罪嫌疑人、被告人后，对案件作出了终局性的处理决定，并且实施了这个处理决定。这个处理决定不一定都是有罪的判决，也包括撤销案件决定、不起诉决定和无罪判决等其他终局性决定。

笔者在本章论述的“程序性涉外案件刑事管辖权的实现”问题，主要是国家刑事管辖权的实现问题。因为“程序性涉外案件”中的“外”，是把“领域”或“地域”作为参照物而言的。领域是国家的构成要素，地域是地区的构成要素。国际组织没有主权概念上的“领域”，也没有行使权力的“地域”，它们管辖的案件都是国际公约明确规定了的，是一些特定的刑事案件，不存在“涉外”的问题。国际组织行使其刑事管辖权，也必须要有关国家（地区）协助和配合，这是不言自明的问题，笔者在本书的有关章节已有论述，故本章不再重复。地区是否存在“程序性涉外案件”？这是个复杂的问题。一般来说，没有得到国际社会承认的“割据地区”是不会有“程序性涉外案件”的。因为如上所述，“程序性涉外案件”是要得到他国（地区）的协助与配合的案件，协助与配合的前提是“请求协助、配合方”与“提供协助、配合方”建立有正常的外交关系。“割据地区”一般没有国际法地位，无法与他国（地区）建立正常的外交关系，因此无法通过国际社会处理“程序性涉外案件”，所以也不存在“程序性涉外案件刑事管辖权的实现问题”。当然，有些“割据地区”以国家的名义与个别少数国家（地区）建立有“外交关系”，在他们之间也会发生一些“程序性涉外案件”，只是这种概率比较小，故本章不予论述。合法存在的地区是否有权处理“程序性涉外案件”，要以它所在的国家对它有无授权而定。从法理上讲，如果合法存在的地区的所属国没有授予它处理涉外案件的权力，它就不能处理“程序性涉外案件”，而由它的所属国处理，这样的地区当然不存在“程序性涉外案件刑事管辖权的实现”问题；如果合法存在的地区的所属国授予了它一定的处理涉外案件的权力，它就可以处理“程序性涉外案件”，当然也存在“程序性涉外案件刑事管辖权实现”的问题，例如我国的香港地区。根据《中华人民共和国香港特别行政区基本法》第 96 条的规定，在中央人民政府协助或授权下，香港特别行政区政府可以与外国就司法协助关系作出适当安排。“在此前提下，中华人民共和国香港特别行政区与外国政府签订了一系列刑事司法合作协定、移交逃犯协定、移交被判刑人协定等法律文件，回归前所签订的相关国际协定在基本法框架下也继续保持其法律效力，从而形成了一个比较系统的国际刑事司法合作体系，为香港特别行政区与外国执法机构之间进行刑事司法合作奠定了共同的立法基础。”①

二、国际刑事合作是“程序性涉外案件”刑事管辖权实现的必由之路

如上文所述，国家（地区）刑事管辖权是通过开展有效的刑事诉讼来实现的。就具体案件而言，要开展有效的刑事诉讼，必须具备以下条件：第一，收集到必要的证据，能够对案件事实作出判断或决定；第二，被追究刑事责任的人员处于国家（地区）刑事执法机构的控制之下，即犯罪嫌疑人、被告人在案受审；第三，被害人、证人等其他必须出庭的人员能够出庭参加诉讼。然而，在程序性涉外案件的诉讼中，有的证据在国（境）外；有的犯罪嫌疑人、被告人身处国（境）外，国家（地区）的刑事执法机构无法捕获他们，而按照法律的规定又不能缺席审判；有的必须出庭的被害人、证人身处国（境）外，国家（地区）的刑事执法机构无法有效地通知他们出庭参加诉讼。按照国家主权的理论，一国刑事执法机构只能在本国领域内对案件进行侦查、起诉和审判活动，在未经允许或者默认的情况下，不能到他国开展这些活动，否则将构成侵犯他国主权的不法行为。这些都是影响有效开展刑事诉讼的障碍因素，如果不克服这些障碍因素，就不能开展有效的刑事诉讼，国家（地区）的刑事管辖权也就无法实现。

人类社会在同犯罪斗争的长期实践中，发明了一些有效办法，来克服影响有效开展刑事诉讼的障碍因素。“根据文献记载，公元前1280年，埃及的罗摩西斯（Rameses）二世和赫梯的皇太子哈特西利（Hattusili）三世缔结的和平条约，就规定了有关引渡的条款。”② 在我国春秋战国时期一些诸侯国缔结的盟约中，也有“毋保奸，毋留匿”的约定。“用现代的语言来说就是，国家间不要庇护犯罪者，应驱逐出境。”③ 这些引渡、遣返犯罪者实践发展到现代，成为了国际社会公认的引渡法律制度。相互引渡、遣返犯罪嫌疑人、被告人，可以解决犯罪嫌疑人、被告人不能到案受审的问题。随着引渡实践的广泛开展，国际社会又出现了请求他国协助询问证人、调查取证、代为送达等协助本国进行刑事诉讼的制度。这些制度的出现，保证了有刑事管辖权的国家（地区）能够开展有效的刑事诉讼，从而实现其刑事管辖权。

---

① 赵秉志、黄芳编著：《香港特区国际刑事司法制度研究》，1页，北京，中国人民公安大学出版社，2004。

② ［韩］李万熙：《引渡与国际法》，21页，北京，法律出版社，2002。

③ 赵秉志主编：《国际区际刑法问题探索》，240页，北京，法律出版社，2003。

始于18世纪60年代的工业革命和正在发生的当代信息技术革命，使世界上的大多数国家渐次进入工业社会、信息社会时代。现代交通工具和现代通讯技术的广泛应用，使得任何一个国家再也无法闭关锁国，只能打开国门，迎接八方来客。交通、通讯的便利在给我们带来高水平生活的同时，也使得犯罪呈现出了明显的国际化趋势。这表现在：第一，以人类共同利益为侵害对象的国际犯罪不断增加；第二，跨国、跨地区犯罪案件大量涌现；第三，诉讼参与人、诉讼证据分布不同国家（地区）的案件比比皆是。在这种国际化浪潮的冲击下，关闭国门进行刑事诉讼的传统模式遇到了巨大的挑战，国际社会不得不越来越多地通过刑事合作的方式开展刑事诉讼，以应对犯罪的国际化浪潮。

纵观国际社会缔结的多边国际公约、国家间签订的国际条约以及一些国家国内法的规定，国际刑事合作主要包括以下五方面的内容：（1）引渡；（2）狭义的刑事司法协助；（3）刑事诉讼移管；（4）相互承认和执行刑事判决；（5）刑事警务合作。其中，狭义的刑事司法协助又包括极其丰富的内容。这些内容包括：第一，送达刑事诉讼文书；第二，查找和辨认有关人员；第三，进行专家鉴定和现场司法勘验；第四，向有关人员录取证词；第五，搜查、扣押和移交书证、物证和赃款赃物；第六，安排证人和鉴定人出庭作证；第七，安排在押人员出庭作证；第八，通报刑事诉讼结果；第九，提供有关司法记录和交换法律资料；第十，涉及赃款赃物和归还被害人财物的措施；第十一，在没收程序中提供协助；第十二，为提起刑事诉讼的目的交换有关犯罪行为的信息；第十三，通过视频会议获取证词。① 在上述这些国际刑事合作措施中，引渡、刑事警务合作和狭义的刑事司法协助中的大多数措施，对于国家（地区）刑事管辖权的实现有直接的意义，可以说是程序性涉外案件刑事管辖权实现的必经步骤，缺少了这些国际合作，国家（地区）就无法开展有效的刑事诉讼，当然也无法实现其刑事管辖权。

针对国际社会广泛开展的对他国刑事诉讼进行的协助活动，有的学者把它们称为“广义的国际刑事司法协助”，也有的把它们称为“国际司法合作”②。笔者认为，将它们概括为“国际刑事合作”更为准确。理由是：

① 参见黄风：《国际刑事司法合作的规则与实践》，106～107页，北京，北京大学出版社，2008。

② 赵永琛：《国际刑事司法协助的概念》，载赵秉志主编：《国际区际刑法问题探索》，220页，北京，法律出版社，2003。

第一，用“国际刑事合作”词义贴切。“刑事”是指与犯罪、刑法有关的事情；“合作”是指“社会互动的一种方式，指个人或群体之间为达到某一确定目标，彼此通过协调作用而形成的联合行动。参与者须具有共同的目标、相近的认识、协调的互动、一定的信用，才能使合作达到预期效果。”①上述这些活动都是在国家之间进行的，符合“国际”的含义；这些活动都是围绕着追究犯罪行为人的刑事责任而展开，属于“刑事”活动；这些活动是两个（有时是两个以上）国家的刑事主管当局代表各自国家互动进行的，属于一种“合作”。第二，国际上不同的国家对“司法”的理解是不同的。英美法系的国家使用狭义的司法概念，认为司法就是指法院的审判活动，只有法院才是司法机关。我国和一些大陆法系国家对司法作广义的理解，认为侦查、起诉、审判、执行活动都属于司法，除了法院是司法机关外，至少检察机关也是司法机关。如果把这些活动定义为“司法协助”活动，则会在不同的国家产生认识上的偏差，特别是无法涵盖引渡、侦查合作以及通过国际刑事警察组织开展的刑事警务合作。② 第三，使用“国际刑事合作”，可以把引渡、狭义的刑事司法协助、刑事诉讼移管、相互承认和执行刑事判决和刑事警务合作统统包括进来，同时还为今后可能出现的新的国际刑事合作方式留有空间，符合国际刑事合作发展的潮流与趋势。可以预见，随着国际社会交往的进一步深入，各个国家之间在打击犯罪方面的合作会更加深入和广泛，新的合作方式会不断出现，仅仅把“合作”或者“协助”局限在司法方面，显然是不够的。

三、国际刑事合作的主要内容

上文我提到的引渡、狭义的刑事司法协助、刑事诉讼移管、相互承认和执行刑事判决和刑事警务合作，虽然都属于国际刑事合作，但它们的功能却是不完全相同的。引渡的主要功能是帮助行使刑事管辖权的国家（地区）捕获身在国（境）外的犯罪嫌疑人、被告人；狭义的刑事司法协助，“基本上是紧紧围绕着一个中心，即合作调查取证”③；刑事警务合作的内

① 夏征农、陈至立主编：《辞海》，862页，上海，上海辞书出版社，2009。

② 例如，在黄风所著的《国际刑事司法合作的规则与实践》（北京大学出版社，2008）一书中，他在分析广义、狭义的刑事司法协助时，都没有把“国际刑警组织开展的刑事警务合作”列入国际司法协助的内容中。

③ 黄风：《国际刑事司法合作的规则与实践》，107页，北京，北京大学出版社，2008。

容，包括证据的收集与送达以及合作组织缉捕在逃犯。这三项国际刑事合作方式，能够帮助行使管辖权的国家（地区）克服有效进行刑事诉讼的障碍，直接服务于国家（地区）刑事管辖权的实现，因此，属于“为国家（地区）刑事管辖权实现而开展的国际刑事合作方式”。刑事诉讼移管（也即刑事管辖权的国际转移）与相互承认和执行刑事判决，虽然属于国际刑事合作的主要方式，但它们的功能却主要不是帮助他国（地区）实现刑事管辖权。刑事诉讼移管实际上是刑事管辖权的国际转移，即按照委托代理原则把刑事案件从有管辖权的一国转移到没有管辖权的一国，因而不属于帮助他国实现刑事管辖权的合作方式。相互承认和执行刑事判决，是指在案件判决、裁定生效后，他国承认有刑事管辖权国家（地区）法院作出的裁判，并帮助其执行，这种合作方式主要包括被判刑人移管和对外国财产刑的执行。刑事裁判生效后，国家（地区）的刑事管辖权基本得到了实现，即使裁判不能完全执行（主要指财产刑不能执行），也无碍刑事管辖权实现的大局。况且，被判刑人移管是作出生效裁判的国家（即行使管辖权的国家）根据被判刑人国籍国的请求，将被判刑人移送国籍国服刑，目的是给被判刑人一个熟悉的服刑环境，有助于其刑满释放后回归社会，且方便被判刑人亲友探视，属于一种人道主义措施，与帮助他国（地区）实现刑事管辖权没有直接的关系，故不属于“为国家（地区）刑事管辖权实现而开展的国际刑事合作方式”。因此，笔者在本章中，只就引渡、狭义的刑事司法协助和刑事警务合作这三项合作方式的功能及其与刑事管辖权的关系，进行简要的论述。

（一）引渡

引渡（extradition）的原意是指向外遣送。在现代法学理论上，它是指一国（被请求国）根据有刑事管辖权的国家（请求国）的请求，把在其境内而被请求国指控为犯罪嫌疑人、被告人或已被定罪判刑的人，在条约或互惠的基础上，移交给请求国，以便请求国追究其刑事责任或执行刑罚的一项制度。引渡制度是一种历史悠久的国际刑事合作制度，早期的引渡是迫害政治犯的一种手段，随着现代各国民主法治的发展和司法体系的完善，引渡制度逐渐由一种政治性的合作制度演变成为各国相互为对方实现刑事管辖权提供帮助的“刑事合作”制度。

引渡制度作为当今国际社会重要的刑事合作制度，其主要功能是一国在承认他国刑事管辖权的前提下，协助他国实现其刑事管辖权。依据当今国际社会公认的刑法学理论，一国的刑事管辖权不但适用于本国领域内的犯罪，在特殊情况下还适用于处于本国领域外的本国公民和外国公民。依据国家主权原则，当一国需要追究刑事责任的犯罪嫌疑人、被告人处于另一主权国家的领域内时，一国的刑事司法主权并不当然地在另一国境内发生效力，也就是说一国不能依据本国的刑事管辖权直接对身处另一主权国家境内的犯罪嫌疑人、被告人实施逮捕、拘留等强制其到案受审的措施，否则就有可能侵犯其他国家的司法主权，引起国际纠纷。因此，为了对处于其他国家领域内的犯罪嫌疑人、被告人进行追诉，追诉国必须要获得犯罪嫌疑人、被告人所在国的同意与合作，通过引渡等方式，将犯罪嫌疑人、被告人带回国内实施管辖。

自从现代引渡制度建立以来，适应科技的进步和国际刑事合作的快速发展，在各国司法制度中占着越来越重要的地位。从 1833 年比利时颁布世界上第一部《引渡法》开始，各国都相继颁布了规范和指导引渡实践的国内法律文件，并且缔结了一系列规范引渡实践的双边、多边国际条约。这些国际条约和国内法律的规定，对规范引渡制度，打击刑事犯罪，特别是跨国犯罪，帮助国家对“程序性涉外案件”实现刑事管辖权，都起到了重要的作用。

引渡制度的主要功能是被请求国帮助请求国实现其刑事管辖权。但是，这种帮助不是无原则或无条件的，相反，不论是国际法还是国内法都为被请求国的引渡（称为被动引渡或向外引渡），设置了众多的原则和条件。这些原则和条件，有的是必须遵守的，有的是可选择性的，它们可以为被请求国在决定是否引渡的问题上争取主动，便于对请求国开展的刑事诉讼乃至行使刑事司法管辖权的活动，进行必要的制约。综观国际条约和多数国家国内法的规定，这些原则和条件主要有：（1）缺乏管辖权不引渡。即请求引渡的国家对案件没有刑事管辖权的，被请求国拒绝引渡。（2）本国国民不引渡。即请求引渡的犯罪嫌疑人、被告人或者被判刑人是被请求国国民的，不予引渡。（3）政治犯罪不引渡。即被引渡的人所犯的罪行属于政治犯罪的，不予引渡。（4）军事犯罪不引渡。即请求国请求引渡的人所犯的罪行属于纯粹的军事犯罪的，不予引渡。（5）违背双重犯罪原则的不引渡。即被引渡人的行为，在引渡的请求国和被请求国的法律看来都构成犯罪的，才可以引渡。根据被请求国的法律不构成犯罪的，不予引渡。（6）可能或已经判处死刑的不引渡。即在诉讼引渡中，请求国有可能对被引渡人判处死刑的，不予引渡。行刑引渡中，请求国已经对被引渡人判处了死刑的，不予引渡。（7）违背“一事不再理原则”的不引渡。

即被引渡人已经就同一案件事实受到过追诉，或者正在受到追诉的，不予引渡。(8) 缺席审判的不引渡。即请求国对被引渡人作出的判决，是在其没有参加审判的情况下作出的，不予引渡。这种情况是只有在行刑引渡中才会出现的。(9) 有可能遭遇酷刑、不公正待遇的不引渡。(10) 享有豁免权的不引渡。按照被请求国法律和公认的国际法，被引渡人是享有刑事管辖豁免的人，不予引渡。这些原则和条件，可以使被请求国通过引渡的审查程序，制约请求国正确行使刑事司法管辖权，公正进行刑事诉讼。

引渡被请求国除了通过拒绝引渡制约请求国的刑事司法管辖权外，还可以通过附条件的引渡，对请求国的刑事司法管辖权进行适当约束。所谓附条件引渡是指，“被请求国在同意引渡的同时，要求请求国保证在引渡后做某事或者不做某事，并且以此作为准予引渡的条件”①。引渡请求国就接受这些条件作出承诺后，就必须信守。引渡被请求国提出的这些条件，实际上是对请求国在对被引渡人定罪、量刑等适用法律方面提出了要求，这对引渡请求国的刑事司法管辖权构成了一定的约束。

引渡制度中这些对引渡请求国行使刑事司法管辖权的制约和约束，单从国家刑事司法管辖权行使的角度看，似乎是对国家司法主权的干涉，但这种“干涉”有助于防止刑事司法管辖权的滥用，具有存在的合理性和实践价值。

(二) 狭义的刑事司法协助②

狭义上的刑事司法协助是指与审判有关的刑事司法协助，它包括送达刑事司法文书、询问证人和鉴定人、搜查、扣押、有关物品的移交以及为有关人员赴国（境）外参加诉讼提供便利、提供有关法律资料等。

国际刑事司法协助与刑事管辖权是两个既有联系又属不同范畴的概念。刑事司法协助与刑事管辖权的区别主要表现在：第一，两者的性质不同。刑事司法协助是指一国的法院或者其他的刑事执法机关，根据另一国的法院或者其他刑事执法机关的请求，代为或者协助实行与刑事诉讼有关的司法行为的协助程序；而刑事管辖权是指国家根据主权要求管辖刑事案件的司法权力。一个属于国际刑事合作的范畴，一个属于国家主权范畴。

---

① 黄风：《国际刑事司法合作的规则与实践》，28页，北京，北京大学出版社，2008。

② 这里用“狭义的刑事司法协助”一词，是为了和当前中国法学界主流观点保持一致。如果根据作者的观点，这里仅用“刑事司法协助”一词即可。

第二，两者的内容不同。刑事司法协助的内容，是不同国家进行刑事诉讼协助时的条件、方式、方法和步骤；而刑事管辖权的内容，是确定一个国家管辖的刑事案件的范围以及在不同的国家间如何处理刑事管辖权方面发生的纠纷。

国际刑事司法协助与刑事管辖权的联系也是非常明显的。刑事司法协助和刑事管辖权都具有“国际”的属性，当一个国家处理的刑事案件属于“程序性涉外案件”时，必然涉及这两个问题。国家刑事主管当局既要考虑本国对刑事案件有无刑事管辖权，又要考虑是否需要请求他国进行刑事司法协助。此外，司法实践中进行刑事司法协助，前提之一是请求国与被请求国对司法协助的案件不存在刑事管辖权争议，如果存在刑事管辖权争议，则首先要处理争议，然后才能进行刑事司法协助。可见，明确和没有争议的刑事管辖权是进行刑事司法协助的前提条件。

如前所述，刑事司法协助的主要功能是协助请求国司法机关调查收集证据，通知并协助国外有关诉讼参与人参加诉讼，这是请求国司法机关开展刑事诉讼的必要条件。如果没有这种刑事司法协助，国外的证据不能收集到案，国外的被害人、证人不能出庭，刑事诉讼就不能有效展开，国家的刑事管辖权也就无法实现。所以，刑事司法协助是国家对程序性涉外案件行使刑事司法管辖权的必经之路。

与引渡一样，被请求国对请求国提供刑事司法协助也是有原则和条件的。这些原则和条件有：双重犯罪原则；政治、军事犯罪原则；不协助死刑原则；禁止双重危险原则（一事不再理原则）；保护本国国民原则；等等。这些原则和条件的设定，可以为刑事司法协助的被请求国对请求国的刑事司法管辖权给予一定的制约。

（三）刑事警务合作

刑事警务合作是国家（地区）间的刑事警察部门在预防和打击犯罪方面而开展的合作。这种合作可以是遍布全球的，如在国际刑警组织框架下开展的合作，也可以是区域性的，如申根协定国家刑事警察部门开展的合作；可以是长期存在的制度性的合作，也可以是临时性的个案合作。

国际刑警组织成立于1923年，原名叫“国际刑事警察委员会”，属于非政府间刑事警察合作的国际组织。1956年6月13日，国际刑事警察委员会召开第25次全体大会，通过了《国际刑事警察组织章程与规则》，将组织名称改为“国际刑事警察组织”（简称国际刑警组织），性质由非政府间刑事警察合作的国际组织改为政府间国际组织。目前，国际刑警组织是除了联合国以外的最大的国际组织，截至2014年，它有190个成员，均是国家或地区的官方警察机构。

国际刑警组织的宗旨是“在各国现行法律的限度之内并本着‘世界人权宣言’的精神，保证和促进各刑事警察当局之间最广泛的相互支援。建立和发展可能有助于预防和镇压一般犯罪的各种制度”。从几十年来的实践情况看，国际刑警组织主要做的工作有：第一，在成员国（地区）范围内协调收集和传递犯罪情报；第二，协助送达侦查文书；第三，通缉查控在逃的国际犯罪嫌疑人以及其他重大的犯罪嫌疑人；第四，协调各成员国（地区）间的引渡和囚犯移管。国际刑警组织的工作方式是：当一个成员国（地区）刑事警察机构需要其他国家（地区）的刑事警察机构的帮助时，即向其提出申请，国际刑警组织通过发布“国际通报”的方式进行刑事警务合作。“国际通报”共有五种，分别以红、蓝、绿、黄、黑五种颜色命名。红色通报（Red Notice）俗称红色通缉令，通缉对象是成员国（地区）的司法机关已经发出的逮捕令、要求成员国引渡的在逃的犯罪嫌疑人。接到红色通缉令的成员国（地区）警察当局，应当立即布置本国（地区）警察进行查证，发现犯罪嫌疑人的下落后立即缉捕。然后依法协调有关国家（地区）间的引渡。蓝色通报（Blue Notice）是要求成员国（地区）警察当局协查犯罪嫌疑人，并获取证据。绿色通报（Gerrn Notice）的作用是通报涉及危险的惯犯分子，提醒各国警察机构引起注意并进行预防。黄色通报（Yellow Notice）是关于查找失踪人员信息的。黑色通报（Black Notice）是要求协查死亡者身份的。从这些内容看，国际刑警组织开展的刑事警务合作的内容是丰富的，合作渠道是畅通的，合作方法是便捷的，合作时间上是及时的。国际刑警组织的这些合作，对于及时查找逃亡他国的犯罪嫌疑人、收集相关证据非常有效，它可以较好地保障有关国家（地区）进行有效的刑事诉讼，实现其刑事管辖权。

除了国际刑警组织这种遍布全球的刑事警务合作外，在一些地区，也有区域性的刑事警务合作。例如，开始于20世纪50年代的北欧（丹麦、芬兰、冰岛、挪威和瑞典）刑事警务合作；开始于20世纪50至60年代的比利时、卢森堡和荷兰三国的刑事警务合作；等等。当前比较有名的是“申根协定”26个成员国之间开展的刑事警务合作。这些警务合作的内容包括任何有关警察事务的互助；边境合作检查；跨越边界追捕逃犯；直接交换情报等。[1] 这种警务合作的广度和深度，已经超越了传统主权国家所允许的限度，朝着区域内警务一体化的方向迈进。这对于国家开展有效的刑事诉讼，实现对“程序性涉外案件”的刑事管辖权有极其重要的意义。当然，欧洲这些国家开展的如此深度的刑事警务合作，当前还很难在国际社会的所有国家（地区）推广。

① 参见赵秉志主编：《国际区际刑法问题探索》，255页，北京，法律出版社，2003。

后　记

20 世纪 90 年代中期，在我师从著名刑法学家王作富教授攻读博士学位研究生期间，就对“刑事管辖权问题”产生了浓厚的兴趣。在导师的指导下，我以“刑事管辖权研究”为题，撰写了博士学位论文，并顺利通过了答辩，获得了以高铭暄教授为主席的答辩委员会的好评。中国人民大学出版社的刘志先生知道了我的这篇博士学位论文后，多次建议我将论文在该社出版，但当时我一直未予应允。原因有三：其一，这篇博士论文虽获通过，但我的研究尚属浅陋，有些思考还不成熟，难登大雅之堂；其二，当时，《罗马规约》虽获通过，但国际刑事法院还没有成立，对国际刑事法院管辖权的研究还没有实践依据，无法进行，而国际刑事法院的管辖权，又是刑事管辖权不可或缺的内容；其三，博士论文的字数还达不到出版的要求，而由于作者当时工作繁忙，也无时间进行增补。

博士论文答辩通过后的最初几年里，应一些学术期刊的要求，我先后将博士论文中的部分内容整理成文章发表，也应赵秉志教授的邀请，将论文中的部分章节在他主编的有关论著中呈现，还应邀在澳门举办的学术会议上交流。这些论著见诸于世后，大陆和台湾地区的一些学界同仁向我索要正式出版发行的博士论文，使我感到它还有一定的学术价值，这对我产生了较大的鼓励，坚定了继续研究的信心。

2010 年，我开始集中工作之余的所有时间继续对这个问题进行研究。我先后补充研究了“国家刑事管辖权的特征、渊源等基本问题”，“国际特设刑事法庭的管辖权”，“国际刑事法院的管辖权”，“国际刑事合作与刑事管辖权的关系”等问题，形成了一个较为完整的“刑事管辖权研究框架”，同时，我还对原博士论文的九章内容进行了全面的修订，补充了新的内容，形成了本书。

中国人民大学出版社法律分社的陈松涛社长、杜宇峰编辑对本书的出版给予了很大支持。他们不仅鼓励作者写作本书，而且支持作者申请国家社科基金后期资助。在他们的帮助下，本书获得了国家社科基金后期资助项目（项目编号 11FFX023）。我要对他们的帮助支持表示衷心感谢。同时还要感谢的还有我的老同学、中国人民大学出版社的副社长兼副总编辑刘志先生，正是他最早的提议，使我坚持研究，最终使本书得以出版。

更要感谢的还有我国著名的刑法学家王作富教授、高铭暄教授和赵秉志教授。王作富教授将我收在门下从事刑法学研究，正是在先生的悉心指导下，我完成了本书最初的研究。高铭暄教授作为我的刑法学任课老师，多次对本书的写作给予指导，并纠正了一些研究中的谬误。赵秉志教授是我的同乡，我与他相识二十多年来，保持了亦师亦友的关系。他多次鼓励我将本书的研究推向深入，还在他主编的杂志、书籍中将我的部分研究成果公之于世，因此获得了法学界的肯定。

“刑事管辖权”是一个内涵丰富的课题，其内容涉及刑法学、国际法学两个学科。由于作者水平有限，本书只是探讨了这个课题的基本问题，诚望它能够成为引玉之砖，引起法学界同仁的研究兴趣，展开对刑事管辖权更全面、深入的研究。

敬请各位同仁批评指正！

王新清

主要参考文献

一、学术著作（以出版时间先后顺序排列）

[1]［英］威斯特勒克（J. Westlake）．国际法．伦敦：剑桥大学出版社，1904

[2]［德］奥本海．国际法．1卷．伦敦：Longman Green Co.，1905

[3]［美］冯·格拉恩（Von Glahn）．国家之间的法律．3版．纽约：Macmillan，1976

[4] 曾荣振．刑法总整理．台北：三民书局，1977

[5]［英］斯塔克（J. G. Stark）．国际法概论．8版．伦敦：Butter Worths Co.，1977

[6]［美］亨金，皮尤，沙赫特，斯特米编．国际法：判例和资料．Western Publishing Co.，1980

[7] 高铭暄主编．刑法学．北京：法律出版社，1982

[8] 美国国际法学会主办．美国国际法杂志．78卷．华盛顿，1984

[9] 倪征燠．国际法中的司法管辖问题．北京：世界知识出版社，1985

[10] 刘亚平．国际刑法与国际犯罪．北京：群众出版社，1986

[11] 林欣．国际法中的刑事管辖权．北京：法律出版社，1988

[12] 王作富．中国刑法研究．北京：中国人民大学出版社，1988

[13] 杨建华．刑法总则之比较与检讨．台北：广益印书局，1988

[14] 费宗祎，唐承元主编．中国司法协助的理论与实践．北京：人民法院出版社，1992

[15] 邓小平文选．第3卷．北京：人民出版社，1993

[16] 高铭暄主编．刑法学原理．北京：中国人民大学出版社，1993

[17] 卞建林．刑事起诉制度的理论与实践．北京：中国检察出版社，1993

[18] 黄进，黄风主编．区际刑事司法协助研究．北京：中国政法大学出版社，1993

[19] 高铭暄．刑法问题研究．北京：法律出版社，1994

[20] 赵永琛．国际刑法与司法协助．北京：法律出版社，1994

[21] 马克思恩格斯全集．第3卷．北京：人民出版社，1960

[22] [英] 詹宁斯，瓦茨修订．奥本海国际法．1卷，1分册．北京：中国大百科全书出版社，1995

[23] 陈安主编．海峡两岸交往中的法律问题研究．北京：北京大学出版社，1997

[24] 赵秉志．外向型刑法问题研究．北京：中国法制出版社，1997

[25] 黄风．引渡制度（增订本）．北京：法律出版社，1997

[26] 甄贞主编．香港刑事诉讼法．郑州：河南人民出版社，1997

[27] 陈正云主编．中国刑事法律冲突论．北京：中国法制出版社，1997

[28] 朱奇武．中国国际法的理论与实践．北京：法律出版社，1998

[29] 谢望原．台、港、澳刑法与大陆刑法比较研究．北京：中国人民公安大学出版社，1998

[30] 柳炳华．国际法（上，下卷）．北京：中国政法大学出版社，1998

[31] 高铭暄，马克昌主编．刑法学（上编）．北京：中国法制出版社，1999

[32] 赵秉志主编．海峡两岸刑法总论比较研究．北京：中国人民大学出版社，1999

[33] 赵秉志，钱毅，赫兴旺．跨国跨地区犯罪的惩治．海口：海南出版社，1999

[34] 张智辉．国际刑法通论（增补本）．北京：中国政法大学出版社，1999

[35] 赵永琛．国际刑法约章选编．北京：中国人民公安大学出版社，1999

[36] 高燕平．国际刑事法院．北京：世界知识出版社，1999

[37] 沈娟．中国区际冲突法研究．北京：中国政法大学出版社，1999

[38] 高铭暄，赵秉志主编．中国区际刑法与刑事司法协助研究．北

京：中国方正出版社，2000

[39] 王秀梅．国际刑事法院研究．北京：中国人民大学出版社，2002

[40] 赵秉志主编．国际区际刑法问题探索．北京：法律出版社，2003

[41] 赵秉志．中国区际刑法专论．北京：法律出版社，2004

[42] 贾宇．国际刑法学．北京：中国政法大学出版社，2004

[43] [荷] 格劳秀斯著，[美] A.C. 坎贝尔英译．战争与和平法．何勤华等译．上海：上海人民出版社，2005

[44] 赵秉志主编．国际刑事法院：中国面临的抉择．北京：中国人民大学出版社，2005

[45] 余先予，何勤华，蔡东丽．东京审判．北京：中国方正出版社，2005

[46] 司法部司法协助外事司，司法协助交流中心编．中华人民共和国司法合作条约集．北京：中国方正出版社，2005

[47] 时延安．中国区际刑事管辖权冲突及其解决研究．北京：中国人民公安大学出版社，2005

[48] 何勤华，朱淑丽，马贺．纽伦堡审判．北京：中国方正出版社，2006

[49] 赵秉志，周露露编著．国际刑法总论问题．北京：中国人民公安大学出版社，2007

[50] 宋健强．国际刑事法院诉讼详情实证研究．哈尔滨：哈尔滨工业大学出版社，2008

[51] 黄风．国际刑事司法合作的规则与实践．北京：北京大学出版社，2008

[52] 彭峰．引渡原则研究．北京：知识产权出版社，2008

[53] 赵秉志主编．刑法学总论研究综述．北京：北京师范大学出版社，2009

[54] 赵秉志，黄晓亮编著．中国区际刑法专题整理．北京：中国人民公安大学出版社，2009

[55] 赵秉志，卢建平主编．国家刑法评论．第三卷，第四卷．北京：中国人民公安大学出版社，2009

[56] 黄风，赵林娜主编．国际刑事司法合作：研究与文献．北京：

中国政法大学出版社，2009

［57］王世洲主编．现代国际刑法学原理．北京：中国人民公安大学出版社，2009

［58］梁玉霞．中国区际刑事司法协助研究．北京：中国人民公安大学出版社，2009

［59］洪永红．卢旺达国家刑事法庭研究．北京：中国社会科学出版社，2009

［60］周露露．当代国家刑法基本原则研究．北京：中国人民公安大学出版社，2009

［61］［意］安东尼奥·卡塞斯著，蔡从燕等译．国际法．北京：法律出版社，2009

［62］高秀东编著．刑事管辖权专题整理．北京：中国人民公安大学出版社，2010

［63］凌岩．卢旺达国际刑事法庭的理论与实践．北京：世界知识出版社，2010

二、学术论文（以论文发表时间先后顺序排列）

［1］刘伟民．论国际航空法中的刑事管辖权．法学研究，1983（2）

［2］林欣．论引渡与庇护制度的新动向．中国社会科学，1985（6）

［3］李海东．涉外刑事案件的管辖与审理．人民司法，1987（10）

［4］李海东．论我国的刑事管辖权．法律学习与研究，1988（2）

［5］黄风．关于建立我国引渡制度的几个问题．政法论坛，1988（2）

［6］赵维田．论对袭击民航恐怖行为的惩治（上）．中国法学，1988（3）

［7］赵维田．论对袭击民航恐怖行为的惩治（中）．中国法学，1988（4）

［8］韩德培，黄进．中国区际法律冲突问题研究．中国社会科学，1989（1）

［9］刘大群．论引渡的主体．法学研究，1990（1）

［10］侯国云．我国刑法应增加几个管辖原则．现代法学，1990（1）

［11］张光宇．两岸司法协助制度的构想．台湾法研究学刊，1990（3）

［12］黄太云．论对国际犯罪的普遍管辖权．法学杂志，1990（4）

［13］邵沙平．“一国两制”下区际刑事司法协助初探．法学评论，1990（5）

［14］赵永琛．关于我国建立国际刑事司法协助制度的设想．中国法

学，1990（6）

［15］盖新琪，张建田．香港特区驻军犯罪适用刑法问题研究．现代法学，1991（4）

［16］高铭暄，赵秉志．海峡两岸互涉刑事法律问题的宏观探讨．法律学习与研究，1992（1）

［17］王勇．“一国两制”条件下的区际刑事司法协助．政治与法律，1992（5）

［18］赵秉志，孙力．香港特别行政区与内地间互涉刑事法律问题研究．中国法学，1993（2）

［19］谢望原．论海峡两岸互涉刑事案件的管辖障碍与解决原则．法学评论，1994（2）

［20］于齐生．关于我国刑法空间效力的几个问题．中国法学，1994（3）

［21］柯葛壮．论两岸刑事司法协助．法律科学，1995（4）

［22］李鸿举．国家域外刑事管辖的保护原则．比较法研究，1996（1）

［23］肖蔚云．九七后香港与中央及内地的司法关系．中外法学，1996（2）

［24］李恩慈．论我国刑法空间效力的立法完善．国家检察官学院学报，1997（1）

［25］赵国强．澳门刑法的空间效力原则．法学评论，1997（4）

［26］向党．论外交和领事人员的刑事豁免与管辖．法学杂志，1997（4）

［27］刘蔚文．新刑法关于刑事管辖权的修改．江苏警官学院学报，1998（1）

［28］陈永生．中国内地与香港刑事管辖冲突与解决．法学论坛，1998（2）

［29］陈忠林．关于我国刑法属地原则的理解、适用及立法完善．现代法学，1998（5）

［30］曾令良．国际法发展的历史性突破——《国际刑事法院规约》述评．中国社会科学，1999（2）

［31］向党．论涉外刑事管辖权．公安研究，1999（3）

［32］王秀梅．跨国犯罪与刑事管辖权——一起走私毒品案引发的法律思考．法学家，1999（4）

［33］赵秉志，王秀梅．中国内地与香港刑事管辖权冲突研究．法学家，1999（6）

［34］张旭．国际刑法的展望——简论国际刑事法院．法学评论，2000（1）

[35] 谢望原．域外刑事管辖权及其实现．法学论坛，2000（1）

[36] 吕岩峰．论中国跨法域刑事犯罪的管辖权冲突及其解决．湖南社会科学，2000（5）

[37] 周其华．国家刑法与澳门特区刑法的冲突与协调．法学杂志，2000（6）

[38] 高铭暄，王秀梅．国际刑法的历史发展与基本问题研究．中国刑事法杂志，2001（1）

[39] 黄京平，石磊，蒋熙辉．论普遍管辖原则及其实践．政法论坛，2001（2）

[40] 温树斌，黄家平．论国际犯罪的管辖机制．政法学刊，2001（3）

[41] 高铭暄，王秀梅．国际社会普遍管辖原则的最新规定．中国刑事法杂志，2002（1）

[42] 王新清．特别行政区刑事管辖权论略．中国人民大学学报，2002（1）

[43] 陈静娴．论对恐怖主义犯罪的刑事管辖权．公安大学学报，2002（3）

[44] 赵秉志．中国内地与港澳特别行政区刑事管辖权合理划分论纲．法学家，2002（4）

[45] 成良文．中国区际刑事司法协助中刑事管辖权的界定．现代法学，2002（4）

[46] 黄宏．国际刑事法院和国内法院在刑事司法管辖权上的关系．国际关系学院学报，2002（6）

[47] 朱文奇．国际刑事法院的成立和国际刑法的发展．政治与法律，2003（1）

[48] 马进保．中国区际刑事司法协助论纲．甘肃政法学院学报，2003（3）

[49] 王勇，李嘉．试论国际刑事管辖权——兼谈对我国的启示．犯罪研究，2003（5）

[50] 陈泽宪．国际刑事法院管辖权的性质．法学研究，2003（6）

[51] 马呈元．论被动属人原则．公安研究，2003（6）

[52] 赵秉志，黄芳．论中国刑法典中的国际刑法规范．法学，2003（9）

[53] 梁芙蓉，郭斐飞．论国际刑事法院管辖权．中国刑事法杂志，2004（2）

[54] 刘健．论国际刑事法院管辖权与国家主权．法律科学，2004（5）

[55] 齐文远，刘代华．完善我国刑法空间效力立法的思考．法商研究，2005（1）

[56] 赵秉志，黄俊平．论普遍管辖原则的确立依据．社会科学战线，2005 (3)

[57] 王秀梅．从苏丹情势分析国际刑事法院管辖权的补充性原则．现代法学，2005 (6)

[58] 时延安．中国区际刑法概念及基本体系．南都学坛，2006 (2)

[59] 周露露．试论普遍义务及其对国际刑法的影响．现代法学，2006 (2)

[60] 彭锡华，王孔祥．论国际刑事法院的管辖权．武汉大学学报（哲学社会科学版），2006 (4)

[61] 朱文奇．国际法追究个人刑事责任与管辖豁免问题．法学，2006 (9)

[62] 刘健．国际刑事法院管辖权与联合国安理会职权关系论——罗马规约的妥协性规定评析．现代法学，2007 (5)

[63] 邵维国．刑事管辖权含义辨析．广州大学学报（哲学社会科学版），2007 (6)

[64] 高铭暄，王俊平．中国关注的国际刑事法院问题．人民检察，2007 (7)

[65] 高秀东．论普遍管辖原则．法学研究，2008 (3)

[66] 黄风，徐吉童．略论使馆不是“派遣国领土的延伸”．政治与法律，2008 (5)

[67] 陈雷．论刑事外逃人员管辖权冲突的解决．法学，2008 (6)

[68] 王晓星．国际刑事管辖问题研究．法制与社会，2009 (7)

图书在版编目（CIP）数据

刑事管辖权基本问题研究/王新清著．—北京：中国人民大学出版社，2014.4
（国家社科基金后期资助项目）
ISBN 978-7-300-18854-6

Ⅰ.①刑…　Ⅱ.①王…　Ⅲ.①刑法-管辖权-研究-中国　Ⅳ.①D924.04

中国版本图书馆 CIP 数据核字（2014）第 086907 号

国家社科基金后期资助项目
刑事管辖权基本问题研究
王新清　著
Xingshi Guanxiaquan Jiben Wenti Yanjiu

出版发行	中国人民大学出版社		
社　　址	北京中关村大街 31 号	邮政编码	100080
电　　话	010－62511242（总编室）		010－62511770（质管部）
	010－82501766（邮购部）		010－62514148（门市部）
	010－62515195（发行公司）		010－62515275（盗版举报）
网　　址	http://www.crup.com.cn		
经　　销	新华书店		
印　　刷	涿州市星河印刷有限公司		
开　　本	720 mm×1000 mm　1/16	版　　次	2014 年 4 月第 1 版
印　　张	16.75 插页 2	印　　次	2024 年 5 月第 2 次印刷
字　　数	271 000	定　　价	98.00 元